KB113353

누구나
한번쯤
읽어야할
채근담

누구나 한번쯤
읽어야 할 채근담

개정1판 1쇄 인쇄 2024년 04월 09일
개정1판 1쇄 발행 2024년 04월 15일

엮은이 | 미리내공방
펴낸이 | 최윤하
펴낸곳 | 정민미디어
주 소 | (151-834) 서울시 관악구 행운동 1666-45, F
전 화 | 02-888-0991
팩 스 | 02-871-0995
이메일 | pceo@daum.net
홈페이지 | www.hyuneum.com
편 집 | 미토스
표지디자인 | 강희연
본문디자인 | 디자인 [연;우]

ISBN 979-11-91669-64-0 (03190)

※ 잘못 만들어진 책은 구입처에서 교환 가능합니다.

삶을 일깨우는 고전산책 시리즈 06

누구나 한번쯤 읽어야 할 채근담

미리내공방 편저

읽으면 힘을 얻고
깨달음을 주는 지혜의 고전

정민
미디어

머리말

《채근담茉根譚》은 중국 명明나라 말엽의 유학자 홍자성洪自誠이 지은 책이다. 청靑나라 때 홍응명洪應明이 지은 책으로도 전해지고 있는데, 이 두 사람이 동일 인물인지는 분명하지 않다.

'채근담'이라는 제목은 송宋나라 학자 왕신민注信民의 '인상능교채근 즉백사가성人常能咬茉根卽百事可成', 즉 '사람이 항상 나무뿌리를 씹을 수 있다면 모든 일을 이룰 수 있다'는 말에서 따온 것이다. '비록 사람이 풀뿌리와 나무껍질로 연명한다 해도 매사에 성심을 다해 노력하면 아무리 어려운 일인들 이루지 못할 것이 없다'는 뜻으로, 이것이 이 책의 핵심 주제이다.

《채근담》에는 두 종류가 있다. 홍자성의 것은 모두 359장으로, 전 집前集 225장과 후집後集 134장으로 구성되어 있다. 홍응명의 것은 모두 383장으로, 수성修省 38장·응수應酬 51장·평의評議 48장·한적 閑適 48장·개론槪論 198장으로 구성되어 있다. 이 책은 홍자성의 것을 근간으로 했다. 홍자성의 것은 전·후집으로 나누기도 하고, 자연自然·도심道心·수성修省·섭세涉世 편으로 세분화하기도 한다.

홍자성의 《채근담》은 유교적 교양을 기초로 도교와 불교를 조화한 재치 있는 문장으로 구성되어 있다. 전집에서는 주로 인간 사회의 도덕적 문제와 처세에 관한 훈계 내용을 담고 있고, 후집에서는 자연의 정취 및 인생과 우주의 이치에 관한 내용을 담고 있다. 전·후집은 모두 어록 형식을 취하는데, 절묘한 대구對句 사용으로 문학적인 표현을 극대화하고 있다. 그래서 잘 지어진 한 편의 시詩라고 해도 과언이 아닌 명구名句가 상당히 많다.

《채근담》은 교훈적인 것들을 다루고 있긴 하나, 그 한 구절 한 구절마다 직관적 표현 이상의 심오한 뜻을 품고 있다. 그렇기에 나무뿌리 씹듯 오래 음미하며 그 뜻을 헤아린다면, 《채근담》의 깊은 시각적 풍미와 더불어 생을 꿰뚫는 혜안이 열릴 것이다.

이제 명실상부한 동양 최고의 지혜서이자 처세와 수신의 명고전인 《채근담》을 내 일상에 들여보자. 이 책으로 매일 쌓이는 스트레스와 고민, 걱정의 독소를 해독하며 인격 수양은 물론 생존 처세의 내공까지 키워보자.

한 번 주어진 일생을 제대로 살고자 하는 성인들에게, 특히 나름의 비전으로 인생을 펼쳐나갈 청소년들에게 이 책의 일독을 권한다.

미리내공방

차 례

제3장

지혜로운 자가 되려면

제4장

제5장

온화한 미덕을 지니려면

菜根譚

1

인생의 참뜻을 알려면

각기 다른 사람의 감정

인정 청앵제즉희 문와명즉염 견화즉사배지 우초즉욕거지
人情 聽鶯啼則喜 聞蛙鳴則厭 見花則思培之 遇草則欲去之

단시이형기 약이성천시지 하자비자명기천기 비자창기생의야?
但是以形氣 若以成天視之 何者非自鳴其天機 非自暢其生意也?

사람의 감정이란 꾀꼬리 우는 소리를 들으면 기뻐하고, 개구리 우는 소리를 들으면 싫어하며, 꽃을 보면 가꾸고 싶고, 풀을 보면 뽑아버리고 싶어 한다. 이는 다만 생김새와 그 성질만 가지고 사물을 구분하기 때문이다. 만약 본래의 바탕을 가지고 본다면 무엇이든 천기天機의 울림이 아닌 게 없고, 스스로 삶의 뜻을 펴지 않는 것이 없다.

[후집 50]

연나라의 왕이 인재를 등용하고자 고심하고 있었다. 그러나 여러 중신과 의견이 맞지 않아 선뜻 마음에 드는 사람을 뽑아 쓸 수가 없었다.

그러던 어느 날, 덕행과 학식이 뛰어난 설결이라는 선사를 불러 이 문제에 대한 고견을 들으려고 했다.

"어떤 자를 훌륭하다고 할 수 있소? 또 어떤 자를 쓸모 있다고 할 수 있는 것이오?"

선사는 잠시 생각하다가 입을 열었다.

"글쎄요……."

"아니 선사처럼 학식과 덕이 높은 사람도 명쾌한 대답을 해주지 못하니 어찌 된 일이오?"

"그것은 왕께서 인재를 보시는 기준과 조정의 중신들이 인재를 보는 기준이 서로 다르기 때문입니다."

"그건 무슨 말이오?"

"사람은 고기를 좋아하지만 소는 풀을 좋아합니다. 또한 사람은 쥐를 싫어하지만 독수리는 쥐를 좋아합니다. 그리고 개구리는 뱀을 싫어하지만 뱀은 개구리를 좋아합니다. 이와 같은 이치로 사람은 저마다 좋고 싫음의 기준이 다른 법입니다. 그러므로 인재를 등용할 때도 왕께서 좋아하는 기준으로만 판단하지 마시고, 중신들의 의견에도 귀를 기울이셔야 할 것입니다."

그 말에 왕은 지금까지 인재를 뽑지 못한 근본적인 이유가 무엇인지를 깨닫고 머리를 끄덕였다.

세상에서 가장 위대한 사람

한 소년이 이 세상에서 가장 위대한 사람을 찾기 위해 집을 나섰다. 하지만 여러 날을 헤매며 찾아다녀도 그런 사람을 만날 수가 없었다. 소년은 그래도 단념하지 않고 바다를 건너고 사막을 지나 위대한 사람을 찾아다녔다.

어느 날, 소년은 산중을 헤매다가 지친 몸을 잠시 쉬려고 나무 그늘에 앉았다. 소년이 잠시 졸다가 눈을 떠보니 웬 노인이 소년 앞에 서 있었다.

노인은 흰 수염을 길게 늘어뜨린 채 맑은 눈으로 소년을 쳐다보고 있었다. 소년은 문득 이 노인이야말로 자기가 찾던 사람이 아닐까 하는 생각이 들었다.

노인이 나직한 목소리로 소년에게 물었다.

"왜 이런 산중에서 졸고 있느냐?"

"예, 저는 세상에서 가장 위대한 분을 찾아다니고 있는 중입니다."

소년은 노인에게 자초지종을 설명해주었다. 소년의 이야기를 다 들은 노인이 입가에 잔잔한 미소를 띠며 말했다.

"지금까지 공연한 고생을 했구나. 네가 찾고 있는 사람을 내가 가르쳐 주마."

"예? 정말이세요?"

"지금 당장 네 집으로 돌아가거라. 그러면 네가 찾고 있는 사람이 신발도 신지 않고 달려 나올 것이다."

그 말을 남긴 채 노인은 홀연히 사라졌다.

소년은 노인이 말한 대로 한달음에 집으로 달려갔다. 그러자 과연 누군가가 맨발로 뛰어나와 소년을 반겨 맞았다.

그 사람은 바로 소년의 어머니였다.

家庭有個眞佛　日用有種眞道

人能誠心和氣　愉色婉言　使父母兄弟間

形骸　兩釋　意氣交流　勝於調息觀心萬倍矣

가정유개진불　일용유종진도

인능성심화기　유색완언　사부모형제간

형해　양석　의기교류　승어조식관심만배의

채근담 전집 21

가정에도 하나의 참부처가 있고, 일상 속에도 한 가지 참된 도가 있다.
사람이 성실한 마음과 온화한 기운을 지니고, 즐거운 표정과 부드러운 말씨로
부모 형제를 나와 한 몸처럼 여겨 뜻을 통하게 한다면,
이는 부처님 앞에 앉아 숨을 고르고 내면을 들여다보는 것보다
만 배는 더 나을 것이다.

월트 디즈니와
생쥐

횡 역 곤 궁　시 단 련 호 걸 적 일 부 로 추　능 수 기 단 련　즉 심 신 교 익
橫逆困窮 是煅鍊豪傑的一副鑪錘 能受其煅鍊 則心身交益

불 수 기 단 련　즉 심 신 교 손
不受其煅鍊 則心身交損

역경과 곤궁함은 호걸을 단련하는 하나의 용광로와 망치이다. 능히 그 단련을 받으면 몸과 마음
이 모두 이로울 것이지만, 그 단련을 받지 못하면 몸과 마음이 모두 해로울 것이다.

[전집 127]

　월트 디즈니의 젊은 시절은 몹시 가난했다. 숙식을 해결할 방 한 칸
이 없어 남의 집 차고의 한 귀퉁이에서 먹고 자는 일을 해결했다.
　하지만 그는 자신의 환경을 비관하지 않았다. 즐거운 마음으로 밤
새 그린 그림을 들고 유명 신문사 편집국장에게 찾아가 삽화를 그리
게 해달라고 요청할 정도로 패기가 넘치는 젊은이였다.
　물론 당시에는 무명이었던 월트 디즈니에게 덥석 삽화를 맡길 신문
사는 아무 데도 없었다. 하지만 그는 늘 희망을 버리지 않고 열심히

그림을 그렸다.

그가 기거하는 차고에는 동거자가 있었다. 생쥐였다. 그는 쥐구멍으로 드나드는 생쥐를 친구처럼 여겼다.

비록 자신이 먹을 것도 부족한 형편이었지만, 그는 빵 몇 조각을 떼어 생쥐에게 줄 만큼 마음이 너그러웠다.

그러던 어느 날, 그는 문득 생쥐를 보며 생각했다.

"아, 저 녀석을 그려보자."

그날 이후 그의 스케치북에는 온통 생쥐 그림들만 담겼다.

시간이 흘러 그는 미키 마우스라는 캐릭터로 만화영화를 만들었다. 그것은 대성공이었다. 전 세계의 아이들은 미키 마우스 캐릭터가 박힌 옷을 입고, 그 인형을 가지고 놀았다.

그는 생쥐로 인해 엄청난 돈을 벌었다. 그리고 그는 자신의 불우한 어린 시절을 생각하며 어린이들에게 꿈과 희망을 심어주기 위해 거액을 들여 디즈니랜드를 만들었다.

만약 그가 차고에서의 생활을 비관하여 그곳을 뛰쳐나왔다면 생쥐를 만날 수도 없었을 것이고, 엄청난 부를 누릴 수도 없었을 것이다.

학문보다
소중한 것

긍 고 망 오 무 비 객 기 항 복 득 객 기 하 이 후 정 기 신 정 욕 의 식
矜高妄傲 無非客氣 降伏得客氣下 而後正氣伸 情欲意識

진 속 망 심 소 살 득 망 심 진 이 후 진 심 현
盡屬妄心 消殺得妄心盡 而後眞心現

뽐내고 오만한 것 중에 객기가 아닌 것이 없으므로 객기를 물리친 뒤에야 바른 기운이 자랄 수 있다.
욕망과 사사로운 탐닉은 모두가 망상이므로 이런 마음을 물리친 뒤에야 진심이 나타나게 된다.

[전집 25]

　자신의 학문이 최고이며, 세상에서 자기 실력을 따라올 사람이 없
다며 자만에 빠진 노인이 있었다.

　어느 날, 노인은 강을 건너기 위해 나룻배를 탔다. 뱃사공은 아직 앳
된 소년이었다. 배가 출발하자 노인은 방금 출발했던 나무숲을 그윽
이 바라보며 소년에게 물었다.

　"얘야, 저 숲에 대해 깊이 생각해본 적이 있느냐?"

　노인의 느닷없는 질문에 소년이 대답했다.

"아니요, 저는 그저 나무와 풀과 새들이 어우러져 있는 것이 숲이라고 생각하고 있습니다."

노인이 딱하다는 표정을 지으며 소년에게 말했다.

"그렇다면 너는 인생의 반의반을 잃은 셈이란다."

강의 한복판에 이르자 노인이 다시 소년에게 물었다.

"저 깊은 강물을 보거라. 어디가 흙이고 어디가 물인지 아느냐? 너는 이 지구의 오묘한 이치를 알고 있느냐?"

소년이 고개를 갸우뚱하며 대답했다.

"아니요. 저는 지금까지 노만 저었지, 그런 것은 생각해보지 않아서 모르겠습니다."

"오, 딱하구나. 그렇다면 너는 인생의 반을 잃은 셈이란다."

노인은 아까보다 더욱 측은해하는 표정으로 말했다.

그때 갑자기 소년이 큰 소리로 외쳤다.

"소용돌이에요! 어서 강물로 뛰어드세요!"

노인이 놀라 앞을 보니 아닌 게 아니라 저만치에서 큰 소용돌이가 일고 있었다. 그것을 보자 노인의 낯빛은 하얗게 질려버렸다.

"강물로 뛰어들라고? 나는 수영을 못하는데!"

그러자 소년이 노인의 팔을 잡아끌며 말했다.

"그래도 강물로 뛰어 드셔야 해요. 그렇지 않으면 할아버지는 인생의 전부를 잃게 되거든요."

음식 냄새와
동전 소리

마음이 청렴결백한 사람은 반드시 사치한 자의 의심을 받고 엄격한 사람은 흔히 방종한 지의 미
움을 받기 마련이다. 그러나 군자는 어떤 경우에도 일말의 지조도 변함이 없어야 하고 또한 지나
치게 그 창끝을 드러내어 상대방과 충동해서는 안 된다.

[전집 98]

어느 마을에 부유층들이 드나드는 호화롭고 큰 식당이 있었다. 음식
값이 너무 비싸 가난한 이들은 들어갈 엄두도 내지 못했다. 게다가 식
당 주인도 옷차림이 궁색하면 아예 식당 안으로 들여보내지 않았다.

그 고급 식당에서 멀지 않은 곳에 가난한 사내가 하나 살고 있었다.
그는 그 식당 앞을 지나갈 때마다 코를 찌르는 음식 냄새 때문에 침
을 질질 흘릴 정도였다.

'아, 저 음식들을 한 번만 먹어봤으면…….'

하지만 그럴만한 돈도 없을뿐더러 엄한 주인 때문에 안으로 들어갈 수조차 없었다.

그래서 사내는 한 가지 묘안을 생각해냈다. 식사할 때가 되면 자기가 먹을 음식을 들고나와 가능한 한 식당 쪽으로 가까이 다가가 음식 냄새를 맡으며 먹는 것이었다. 그러면서 사내는 머릿속으로 식당의 음식을 먹는다는 상상을 했다.

비록 냄새뿐이지만 그는 며칠 동안 행복한 식사를 할 수 있었다. 그러나 결국 그것마저도 할 수가 없게 되었다. 사내의 행동을 지켜보며 못마땅하게 여기던 식당 주인이 음식 냄새를 맡은 값을 내라며 계산서를 가지고 온 것이었다.

"내일까지 돈을 가지고 오지 않으면 고발할 테니 그렇게 아시오!"

단단히 화가 난 주인은 사내에게 소리를 버럭 질렀다.

사내는 밤새도록 끙끙 앓다가 새벽녘에서야 묘안을 생각해냈다.

날이 밝자 사내는 동전 몇 개를 깡통 속에 넣고 식당으로 찾아갔다. 그러고는 주인을 불러서 말했다.

"지금부터 계산을 시작할 테니 잘 받으시오."

사내는 동전이 든 깡통을 식당 주인의 귀에 대고 흔들기 시작했다. 한참 동안 깡통을 딸랑딸랑 흔들어댄 뒤 사내가 말했다.

"자, 이만하면 음식 냄새 값을 다 지불하고도 남을 것이오. 거스름돈은 팁이니 그냥 가지시오. 하하하……."

사내는 호탕하게 웃으며 식당 문을 향해 걸어갔으나, 주인은 아무 말도 하지 못했다.

자연의
본성에 따라
사는 삶

아 관 대 대 지 사　　일 단 도 경 기 소 립　　표 표 연 일 야　　미 필 주 동 기 자 차
峨冠大帶之士 一旦睹輕箕小笠 飄飄然逸也 未必不動其咨嗟

장 연 광 석 지 호　　일 단 우 소 렴 정 궤　　유 유 언 정 야　　미 필 부 증 기 권 연
長筵廣席之豪 一旦遇疏簾淨几 悠悠焉靜也 未必不增其綣戀

인 내 하 구 이 화 우　　유 이 풍 마　　이 불 사 자 적 기 성 재?
人奈何驅以火牛 誘以風馬 而不思自適其性哉?

고관대작도 어느 날 도롱이를 쓰고 한가하게 일하는 농부와 어부를 보면, 문득 부러워서 탄식하
지 않을 수 없을 것이며, 백만장자도 발을 드리운 채 책상에 앉아 고요히 책을 읽는 선비를 보면
못내 그리워하지 않을 수 없을 것이다. 그런데 세상 사람들은 어찌하여 성난 소처럼 쫓아 들어가
서 빼앗기를 좋아하고, 권력 있는 자에게는 암내 난 말처럼 달라붙어 아부하여 명리만 취하려 하
는가, 어찌 자기 본성에 유유자적함을 생각하지 않는가?

[후집 67]

《장자莊子》에 지리소라는 사내의 이야기가 나온다.

그는 보통 사람과는 달리 기이한 체형을 갖고 있는 사내이다.

턱이 배꼽 아래까지 오고, 어깨는 이마보다 높이 올라갔으며, 두 넓적다리가 옆구리에 붙은 지독한 곱사등이였다. 한마디로 온몸이 뒤틀린 체형이었다. 그래서 사람들은 그를 가리켜 아무짝에도 쓸모없는 자라고 손가락질했다.

하지만 남들이 전쟁터에 불려 나갈 때 그는 기이한 체형 때문에 차출되지 않아 목숨을 구할 수 있었다. 또한 나라에서 구호품이 나올 때마다 늘 구제 대상이 되어 쌀을 모을 수가 있었다. 그는 이른바 늘어진 팔자를 구가하며 한평생을 살았다.

그래서 그는 자신이 곱사등이라는 사실에 대해 한 번도 비하하지 않았다. 하늘이 정해준 자기 몸을 그대로 간직한 채 눈을 감는 그날까지 아무런 걱정 없이 명을 누렸다.

세상에는 그처럼 자연 그대로의 본성을 좇아 생을 마친 자도 드물 것이다.

삶에 대한
부질없는 욕망

염두기처 재각향욕로상거 변만종리로상래 일기변각 일각변전
念頭起處 纔覺向欲路上去 便挽從理路上來 一起變覺 一覺變轉

차시전화위복 기사회생적관두 절막경이방과
此是轉禍爲福 起死回生的關頭 切莫輕易放過

한순간의 생각이 욕망의 길로 나아감을 깨닫게 되면, 곧 되돌려 도리의 길로 나아가게 하라. 그
런 생각이 들자마자 곧 깨닫고, 깨달았으면 재빨리 돌려야 한다. 이것이야말로 불행을 돌려 행복
으로 만들고, 죽음에서 빗어나 삶으로 되돌아오는 기로가 되는 것이니 결코 가볍게 지나쳐서는
안 될 것이다.

[전집 86]

옛날에 인도의 깊은 산속에 천 살이 넘은 도인이 살고 있다는 소문
이 돌고 있었다. 이 괴이한 소문은 멀리 바다 건너 대륙까지 퍼져 서
양인들도 대단한 호기심을 갖게 되었다.

"사람이 정말 그렇게 오래 살 수 있을까? 아, 나도 그렇게 오래 살
수 있다면……."

한 서양인 남자가 그 소문에 푹 빠져 밤낮 그 생각만 하게 되었다.
하던 일도 집어치우고 어떻게 하면 오래 살 수 있는지 그 생각에만

몰두했다.

"그래 직접 그 도인을 찾아가서 비법을 배워 오자."

마침내 남자는 삶에 대한 욕심 때문에 인도로 건너갔다.

도인이 살고 있다는 숲을 찾아갔더니 과연 수염이 길게 늘어진 노인이 하나 있었다. 그러나 아무리 보아도 노인은 천 살을 먹은 것 같지 않았다. 그저 많아야 백 살 정도로밖에 안 보였다. 그래서 옆에서 도인의 수발을 들고 있는 수제자인 듯한 사람에게 물어보았다.

"내 눈에는 도인의 나이가 천 살이 되어 보이지 않는데, 도대체 저분의 정확한 나이가 어떻게 됩니까?"

수제자가 대답했다.

"글쎄요, 나도 지난 이백 년 동안 쭉 가르침을 받아왔지만, 스승님의 정확한 나이는 잘 모르겠습니다."

그러나 남자의 눈에는 수제자의 나이도 삼사십 정도밖에는 되어 보이지 않았다. 그러나 남자는 이미 삶에 대한 부질없는 욕망의 눈으로 세상을 바라보고 있었기 때문에 그들의 말을 믿을 수밖에 없었다.

몹시 추운 겨울의 어느 날이었다. 산속 깊이 들어갔다가 길을 잃은 두 젊은이가 산중을 헤매다가 눈밭에 쓰러져 있는 한 노인을 발견하게 되었다. 다가가서 보니 노인은 아직 숨이 붙어 있었으나 그대로 몇 시간만 두면 숨이 끊어질지도 모르는 상태였다.

"이 노인을 두고 가면 이내 숨을 거두고 말 것 같으니, 우리가 데리고 가세."

한 젊은이가 그렇게 말하자 다른 친구가 펄쩍 뛰었다.

"말도 안 되는 소리 하지 말아! 우리도 지금 길을 잃고 헤매는 처지인데, 거기다가 혹까지 붙이라는 말인가? 난 그렇게 할 수 없으니, 자네가 알아서 하게."

이내 친구는 훌쩍 떠나버렸다.

혼자 남게 된 젊은이는 생각했다.

'이렇게 죽으나 저렇게 죽으나 마찬가지가 아닌가. 어차피 나도 길을 찾지 못하면 지금 이 노인처럼 눈밭에 쓰러져 숨을 거두고 말 텐데.'

젊은이는 이미 자신은 죽은 목숨이라고 생각하고 노인을 둘러업었다. 숨을 헐떡거리며 한참을 걸어가다 보니 또 한 사람이 저만치에 쓰러져 있었다. 노인을 내려놓고 가까이 가서 보니 아까 혼자 떠나버린 친구였다.

"이 친구야, 정신 차려! 이게 어떻게 된 일이야?"

그러나 친구의 몸은 이미 싸늘하게 식은 채 숨을 거둔 뒤였다.

젊은이는 이미 죽은 사람보다는 아직 숨이 붙어 있는 사람을 업고 가는 것이 낫겠다는 생각에 다시 노인을 업고 길을 떠났다.

마침내 젊은이는 노인을 둘러업고 며칠 동안 산속을 헤맨 끝에 길을 찾아내 마을로 돌아오게 되었다.

살을 에는 듯한 혹한 속에서도 젊은이가 살 수 있었던 것은 하늘의 뜻이라고 말할 수밖에 없었다. 젊은이는 노인을 업고 뛰느라고 온몸이 땀에 젖었고, 등에 업힌 노인도 젊은이의 체온을 받아 얼어 죽지 않고 살 수가 있었던 것이다.

결국 젊은이는 남의 목숨을 구해주려다가 자신의 목숨을 건지게 된 셈이었다.

試思未生之前　有何象貌　又思既死之後　作何景色
則萬念灰冷　一性寂然　自可超物外遊象先

<small>시사미생지전 유하상모 우사기사지후 작하경색
즉만념회랭 일성적연자가초물외유상선</small>

채근담 후집 97

시험 삼아 이 몸이 생겨나기 전에 어떤 모습이었을까를 생각해보고,
또 죽은 후에 어떻게 될지를 생각한다면 곧 일만 가지 허욕과 근심이 다 사라져서
식은 재와 같아지고, 본성만이 고요히 남아 속세의 얽매임에서 벗어나
천지 만물이 창조되기 이전의 세계에서 노닐 수 있을 것이다.

화로 속에 던진
한 냥

處富貴之地 要知貧賤的痛癢 當小壯之時 須念衰老的辛酸

부귀한 처지에 있을 때는 마땅히 빈천한 처지의 고통을 알아야 하고, 젊을 때는 모름지기 노쇠한
처지의 괴로움을 생각해야 한다.

[전집 187]

옛날에 돈 많은 노인이 살았는데, 그에게 하나 있는 아들이 영 게으
르고 거만했다. 아버지 재산만 믿고 도무지 일할 생각을 하지 않았다.
게다가 돈 알기를 우습게 알고, 가난한 사람들을 무시했다.

"참, 큰일이구나. 저래서야 앞으로 내가 죽으면 어떻게 살아갈 수 있
단 말인가……."

노인은 자나 깨나 그것이 걱정이었다. 그래서 이 궁리 저 궁리를 하
다가 하루는 아들을 불러 말했다.

"네 힘으로 돈 한 냥만 벌어와 보거라."

하지만 평생 돈 한 푼 벌어보지 못한 아들은 어떻게 해야 할지 몰라 우두커니 앉아만 있었다. 다음 날도, 그 다음 날도 아들은 돈 버는 방법을 몰라 밖으로 나갈 수가 없었다.

그래서 보다 못한 아들의 어머니가 몰래 한 냥을 주었다.

"이 돈을 아버지께 갖다드려라."

하지만 아버지는 이 사실을 알고 엄하게 꾸짖었다.

"네가 노력해서 번 돈이 아닌데, 왜 이 늙은 아비를 속이려 드느냐? 그리고 부인은 도대체 아들을 이렇게 나약하게 가르쳐서 어떻게 하려고 그러시오!"

노인은 부인과 아들을 앉혀놓고 호통을 쳤다.

이튿날, 아들은 돈을 벌어 오겠다면서 집 밖으로 나갔다. 그러고는 온종일 땀 흘리며 힘들게 일해 한 냥을 벌어 저녁 늦게 집으로 돌아왔다.

"아버님, 제 힘으로 번 돈입니다."

아들은 아버지에게 한 냥을 내밀었다.

"정말 네 힘으로 번 돈이냐?"

노인은 아들의 눈을 똑바로 바라보며 물었다.

"예, 그렇습니다."

그러나 노인은 갑자기 아들이 준 한 냥을 화롯불 속에 내던지며 소리쳤다.

"내가 보기엔 네 힘으로 번 것 같지 않다!"

그러사 아들은 화들짝 놀라며 뜨거운 화로 속에 손을 넣어 엽전을

꺼내 들었다.

"아니, 아버님! 이 귀중한 돈을 왜 화로에 던져버리십니까?"

노인은 그제야 입가에 미소를 띠며 아들에게 말했다.

"음…… 이제야 정신을 차렸구나."

장왕의
깊은 뜻

오래 엎드려 있던 새는 반드시 높게 날고 먼저 핀 꽃은 홀로 일찍 떨어진다. 사람도 이런 이치를
알면 가히 발을 헛디딜 근심을 면할 수 있고, 가히 초조한 생각을 없앨 수 있다.

[후집 76]

초나라 장왕이 즉위한 지 3년이 지났는데도, 정사에 신경을 쓰지 않
고 허송세월하는 듯했다.

그래서 어느 날, 왕의 곁에 있는 한 신하가 말했다.

"제가 수수께끼를 하나 내겠습니다. 남쪽 산에 살고 있는 새 한 마
리가 있었는데, 3년 동안 날지도 않고 울지도 않은 채 웅크리고만 있
었습니다. 이 새의 이름을 뭐라고 붙이는 게 좋겠습니까?"

장왕은 신하가 말한 뜻을 깨닫고 이렇게 답했다.

"3년 동안이나 날지 않은 것은 장차 더 높이 날고자 날개의 힘을 기르고 있었던 것이다. 또한 소리 내어 울지 않았던 것은 주위 사람들을 관찰하기 위함이었다. 만약 때가 되어 날게 된다면 까마득히 날아오를 것이고, 울기 시작하면 모든 사람이 놀라 귀를 막게 될 것이다. 지금 내게 한 말뜻을 잘 알고 있으니, 그대는 걱정하지 말아라."

그리고 몇 달이 지난 뒤 장왕은 마침내 힘껏 정사를 펼치기 시작했다.

그는 지금까지 살펴온 것을 토대로 잘못되었다고 판단되는 열 가지 법령을 폐지하고, 꼭 필요하다고 생각해두었던 아홉 가지 법령을 만들어 시행토록 했으며, 다섯 명의 무능한 관료를 벌하고, 여섯 명의 숨은 인재를 등용했다.

또한 군사를 일으켜 제나라와 진나라를 치고 마침내 패자覇者의 자리에 등극했다.

선의의 거짓말은
용서된다

은 리 유 래 생 해 고 쾌 의 시 수 조 회 두 패 시
恩裡 由來生害 故快意時 須早回頭 敗時

혹 반 성 공 고 불 심 처 막 변 방 수
惑反成功 故拂心處 莫便放手

재앙은 은혜를 입고 있는 중에 싹트게 되므로 만족스러울 때 빨리 머리를 돌려 주위를 살펴보아라. 또한 실패한 뒤에 오히려 성공할 수도 있으므로 일이 뜻대로 되지 않는다고 해서 서둘러 포기하지 말아라.

[전집 10]

　당唐 태종太宗 이세민李世民은 정치에 힘써 '정관의 치治'를 구가했던 인물이었다. 그러나 그는 645년부터 몇 차례에 걸쳐 대군을 이끌고 고구려를 침공했으나 모두 실패했다. 그 무렵에 있었던 일이다.

　태종은 고구려를 치기 위해 친히 30만 대군을 이끌고 요하에 도착했다. 그런데 날씨가 좋지 않아 바다에는 소용돌이가 무섭게 일고 있어 태종은 감히 건너갈 생각을 못 했다. 그러나 시급히 요하를 건너지 않으면 전세에 막대한 지장을 초래할 터였다. 여건이 좋지 않다고 하여 시간을 지체할 여유가 없었던 것이다.

이때 태종의 부하 장수 설인귀는 한 가지 계책을 꾸몄다. 태종이 갖고 있는 공포심을 덜어주기 위해 선상에 호사스러운 장막을 치고 연회장을 만들었다. 그리고 태종에게 많은 술을 마시게 했다. 그 바람에 태종은 밤새 술을 마시다가 곯아떨어졌다.

다음날 태종은 요란한 파도 소리에 놀라 잠에서 깨어났다. 그러나 그때는 이미 배가 바다 한가운데를 지나고 있었다.

"이게 어찌 된 것이냐?"

태종은 요하를 건너지 말라는 자신의 명령을 어기고 도하渡河를 강행한 설인귀를 벌하려 하였으나, 그 지혜를 높이 사 용서하였다.

이리하여 설인귀의 순간적인 지혜로 태종의 30만 대군은 배를 타고 무사히 요하를 건널 수 있었다.

덧없는 재물과
길이 남는 선행

패 소 어 물 욕　각 오 생 지 가 애　이 유 어 성 진　각 오 생 지 가 락
覇銷於物欲 覺吾生之可哀 夷猶於性眞 覺吾生之可樂

지 기 가 애　즉 진 정 입 파　지 기 가 락　즉 성 경 자 진
知其可哀 則塵情立破 知其可樂 則聖境自臻

물욕에 얽매이면 우리 삶이 슬프다는 것을 깨달을 것이고, 천성에 따라 유유자적하게 선을 행하며 살면 삶이 즐겁다는 것을 깨달을 것이다. 그러므로 물욕의 슬픔을 알면 속세의 욕심이 사라지고, 선행의 즐거움을 알면 저절로 성인聖人의 경지에 이르게 된다.

[후집 73]

《탈무드》에 나오는 이야기이다.

세 명의 친구를 가진 청년이 있었다.

첫 번째 친구는 매우 소중하고 다정하게 생각하는 친구였다.

두 번째 친구는 다정하지만 그렇게 소중하지는 않다고 여기는 친구였다.

세 번째 친구는 별로 관심도 없고 그저 그렇게 여기는 친구였다.

어느 날, 왕이 청년을 궁궐로 불렀다. 그러자 청년은 속으로 생각했다.

'혹시 나도 모르는 사이에 무슨 죄를 지은 게 아닐까?'

청년은 벌을 받지나 않을까 두려워 세 친구에게 동행을 제의했다.

첫 번째 친구는 바쁜 일이 있다며 청년의 제의를 한마디로 거절했다. 자기도 함께 벌을 받을까 봐 두려웠던 것이다.

두 번째 친구는 궁궐 앞까지는 같이 가주겠다고 말했다.

세 번째 친구는 이렇게 말했다.

"물론 함께 가주겠네. 자네는 지금까지 착하게 살았기 때문에 아무 죄도 없다는 것을 내가 잘 알고 있네. 그런데 무엇이 두려운가?"

이 이야기에 나오는 친구들은 모두 상징적으로 쓰였다. 첫 번째 친구는 재산에 비유되고, 두 번째 친구는 친지나 지인知人에 비유되며, 세 번째 친구는 선행에 비유된다.

사람이 죽은 뒤에 재물은 덧없는 것이 되고, 친지나 지인은 자기와 죽음을 함께할 만큼 각별하지 않으며, 오로지 선행만이 죽음 이후에도 오래 기억된다는 교훈을 주고 있다.

아버지 친구와
아들 친구

교 제 자   여 양 규 녀   최 요 엄 출 입   근 교 유   약 일 접 근 비 인
教弟子 如養閨女 最要嚴出入 謹交遊 若一接近匪人

시 청 정 전 중   하 일 부 정 종 자   변 종 신 난 식 가 화
是清淨田中 下一不淨種子 便終身難植嘉禾

자식을 교육하는 것은 처녀를 기르는 것과 같다. 그러므로 출입을 엄하게 하고 친구 사귀는 것을
조심시켜야 한다. 만약 나쁜 친구와 한 번 가까이하게 되면 깨끗한 논밭에 잡초 씨앗을 심는 것
과 같아서 평생토록 좋은 곡식을 심기 어렵다.

[전집 39]

옛날 어느 마을에 아무나 친구로 삼아 어울려 다니는 청년이 있었다.

하루는 친구를 사귀는 데 너무 분별이 없다고 생각한 청년의 아버지가 아들을 불러 말했다.

"네 친구 중에 진정한 친구가 몇이나 된다고 생각하느냐?"

"손으로 꼽을 수도 없을 정도입니다."

아들은 자신 있게 대답했다.

"그래? 그렇다면 오늘 나와 함께 다니면서 네가 진정으로 생각하는 친구들이 몇이나 되는지 한번 헤아려보자."

아들은 자신만만하게 앞장서서 집을 나섰다.

첫 번째 친구 집을 찾아가서 말했다.

"내가 그만 실수를 해서 빚을 많이 지게 되었는데, 오늘 빚쟁이들이 나를 찾아와서 괴롭히고 있다네. 잠시만 나를 좀 자네 집에 숨겨주게."

"뭐라고? 자네를 숨겨주면 빚쟁이들이 우리 집에 와서 난리를 칠 텐데 그 난동을 어떻게 감당하라고 그러나? 미안하지만 난 그럴 수 없네."

다음 친구 집으로 가서 똑같은 말을 했으나 역시 보기 좋게 거절당했다. 한나절이 다 가도록 아들은 친구의 집을 찾아다니며 애걸하다시피 부탁을 했지만 아무도 그의 부탁을 들어주지 않았다.

"자, 이젠 이 아비의 친구 집으로 가 보자."

몹시 상심해 있는 아들의 등을 두드리며 아버지가 말했다.

아버지는 친구 집에 당도하자 이렇게 말했다.

"여보게, 내가 그만 실수로 사람을 죽였네. 지금 나를 잡으려고 포졸들이 쫓아오고 있는데 나를 잠시만 자네 집에 숨겨주게."

그러자 아버지의 친구는 깜짝 놀라며 말했다.

"자넨 사람을 죽일 사람이 아니야. 필경 피치 못할 사정이 있었을 거야. 어서 들어와서 내게 그 사정을 이야기해주게. 내가 포도대장에게 잘 말해줄 테니."

친구의 손에 이끌려 집 안으로 들어가는 아버지의 모습을 보며 아들은 지금까지 자신이 사귀어온 친구들이 얼마나 잘못되었는지를 깨닫게 되었다.

스스로 노력하여 구하라

범 가 지 마　가 취 구 치　약 야 지 금　종 귀 형 범　지 일 우 유 부 진
泛駕之馬 可就驅馳 躍冶之金 終歸型範 只一優游不振

변 종 신 무 개 진 보　백 사　운　　위 인 다 병 미 족 수　일 생 무 병 시 오 우
便終身無個進步 白沙 云「爲人多病未足羞 一生無病是吾憂」

진 확 론 야
眞確論也

수레를 뒤엎는 사나운 말도 길들이면 부릴 수가 있고, 녹으며 튀는 쇠붙이도 결국에는 그릇이 된다. 사람이 하는 일 없이 놀기만 하고 노력이 없으면 평생 아무것도 이룰 수가 없다. 백사 선생이 말하기를 "사람의 병 많음이 근심이 아니라, 평생토록 마음의 병 하나 없는 것이 근심이다"라고 했다. 참으로 옳은 말이다.

[전집 77]

옛날에 한 왕이 현자賢者들을 모아놓은 자리에서 말했다.

"모든 백성이 고루 잘살 수 있는 비결을 적어 오도록 하시오."

왕은 나라 안에서 이름을 떨치고 있는 현자들이 모두 모인 터라 반드시 훌륭한 결과가 있으리라고 생각했다.

몇 달 후, 현자들은 열심히 연구하여 백성들이 잘살 수 있는 비결을 열 권의 책에 적어 왕에게 바쳤다.

왕은 며칠에 걸쳐 열 권의 책을 모두 읽은 뒤 다시 현자들을 불러들여 말했다.

"백성들에게 열 권은 다 읽기에 너무 많으니, 분량을 줄이도록 하시오."

왕의 명을 받들어 현자들은 다시 밤을 새워 연구한 끝에 책을 다섯 권으로 줄여서 왔다. 그러나 왕은 그것도 너무 많다며 다시 분량을 줄이라고 명했다.

현자들은 다섯 권을 다시 세 권으로 줄였다. 하지만 이번에도 왕은 분량을 줄이라고 명했다. 그래서 현자들은 한 권으로 압축하여 바쳤으나, 왕은 그것도 많다며 고개를 저었다.

현자들은 다시 의논을 거듭한 끝에 종이 한 장에 열권의 내용을 압축하여 왕에게 바쳤다.

"이것도 너무 많소. 더 줄이도록 하시오."

마침내 현자들은 한 구절의 말을 만들어 왕에게 바쳤다. 그랬더니 왕은 그제야 무릎을 쳤다.

"옳지, 바로 이것이야!"

모든 백성이 고루 잘살 수 있는 비결이 담긴 말은 바로 이것이었다.

'공짜는 없다.'

마음의
도둑

성 천 징 철　즉 기 식 갈 음　무 비 강 제 신 심　심 지 침 미
性天澄徹　卽饑喰渴飮　無非康濟身心　心地沈迷

종 담 선 연 게　총 시 파 롱 정 혼
縱談禪演偈　總是播弄精魂

천성이 맑으면 기갈을 면할 정도만으로 심신을 건강하게 할 수 있지만, 가장 중요한 심지가 혼미
하여 걷잡을 수 없이 흔들리면 비록 선을 이야기하고 부처님의 진리를 풀이한다 해도 이는 모두
가 정신을 희롱하는 일일 따름이다.

[후집 83]

　　세종 때의 정승 허조는 청백리로 불릴 만큼 생활이 청빈한 인물이
었다.

　　어느 날, 허조가 밤늦게까지 방에서 책을 읽고 있었는데 밖에서 갑
자기 하인의 목소리가 크게 들려왔다.

　　"집에 도둑이 들어왔다 나간 것 같습니다!"

　　하인은 허둥대며 급히 허조에게 아뢰었다. 그 소리를 듣고 안방에
서 자고 있던 허조의 부인도 잠에서 깨어 허둥지둥 밖으로 나왔다.

"대감, 그놈의 도둑이 내 패물함도 모두 들고 갔어요."

부인은 기가 막히는지 마루에 털썩 주저앉았다. 잠시 후, 정신을 가다듬은 부인이 허조에게 따지듯이 물었다.

"아니, 대감께서는 초저녁부터 지금까지 계속 깨어 있었으면서 도둑이 왔다 갔는지도 몰랐단 말이에요?"

부인의 질책에 허조는 난처한 표정을 지었다.

"대답 좀 해보세요!"

부인이 목소리를 높이며 다그치자 허조가 나직이 말했다.

"나도 도둑과 싸우느라 힘들었으니 그만하시오."

"도둑과 싸우셨다고요? 그럼 그 도둑의 얼굴을 보았단 말입니까?"

"아니요. 얼굴은 없는 놈이었소."

"그게 무슨 말씀이세요?"

"내 마음속에 물건을 훔쳐 간 도둑보다 더 큰 도둑이 들어왔었소. 바로 물욕과 잡념이라는 도둑이었소. 그놈을 없앴으니 얼마나 다행이오."

형식에 얽매이지
않는 삶

유 인 청 사　재 재 자 적　고 주 이 불 권 위 환　기 이 부 쟁 위 승
幽人清事 總在自適 故酒以不勸爲歡 棋以不爭爲勝

적 이 무 강 위 적　금 이 무 현 위 고　회 이 불 기 약 위 진 솔
笛以無腔爲適 琴以無絃爲高 會以不期約爲振率

객 이 불 영 송 위 탄 이　약 일 견 문 니 적　변 락 진 세 고 해 의
客以不迎送爲坦夷 若一牽文泥跡 便落塵世苦海矣

은둔자의 맑은 흥취는 모두가 유유자적하는 데에 있다. 그러므로 술은 권하지 않는 것으로 즐거움을 삼고, 바둑은 승패를 다투지 않는 것으로 참된 승부를 삼으며, 구멍 없는 피리와 줄 없는 거문고로써 어떤 음악에도 구애되지 않는 것을 고상하게 여기고, 만남은 기약하지 않는 것을 참됨으로 삼으며, 손님은 마중과 배웅하지 않는 것이 서로 스스럼이 없다고 여긴다. 만약 한 번 겉치레에 이끌리고 형식에 얽매인다면, 곧 속세의 고해苦海로 떨어질 것이다.

[후집 96]

　중국 동진 때의 서예가인 왕희지는 유유자적한 마음을 갖고 있던 사람이었다.

　어느 날 밤에 큰 눈이 내려 세상이 온통 은세계로 변했다. 그는 한밤중에 잠에서 깨어나 무심코 창문을 열었다. 그랬더니 천지가 하얗게 변해 있었던 것이다.

그는 하얀 세상에 이끌려 밖으로 나왔다. 그러고는 눈 위를 거닐다가 문득 먼 데 사는 한 친구가 생각났다. 신비스런 풍경에 도취된 그는 한밤중이었음에도 그 길로 배를 타고 친구에게로 갔다.

밤새도록 노를 저어 새벽녘에야 친구의 집 근처에 도착했으나, 그는 친구를 만나지 않고 그냥 돌아와버렸다.

이 사실을 알게 된 어떤 이가 이상하게 여겨 까닭을 묻자 그는 이렇게 대답했다.

"나 스스로 흥에 취해 친구를 찾아갔다가 흥이 다해 돌아왔는데, 굳이 친구를 만나볼 필요가 있겠는가?"

그는 결코 친구를 소중히 여기지 않아 만나보지도 않고 그냥 돌아온 게 아니었다. 하얗게 변해버린 세상은 보는 순간 가슴 밑바닥으로부터 솟아난 자신의 흥겨운 감정을 조금이라도 더 유지하고 싶어 친구를 만나지 않았던 것이다.

친구를 찾아갔으면 꼭 친구를 만나야 한다는 형식적인 일에 구애를 받았더라면, 그의 흥겨운 감정은 흔적도 없이 사라졌을 것이다.

자연의 위대함

심 경 변 이 징 철   우 춘 풍 화 기
當雪夜月天 心境便爾澄徹 遇春風和氣

의 계 역 자 충 융   조 화 인 심   혼 합 무 간
意界亦自沖融 造化人心 混合無間

눈이 내린 뒤 달 밝은 밤을 맞이하면 심경이 밝아지고, 봄바람의 화창한 기운을 만나면 마음 또한 절로 부드러워지니 자연과 사람은 흔연히 융합되어 조금의 틈도 없다.

[후집 92]

《열자列子》역명편力命篇에 보면 자연에 대한 그의 시각이 잘 나타나 있다.

무릇 사람이 자연의 질서에 따라, 살 수 있을 때 사는 것은 자연이 준 혜택이며, 죽을 수 있을 때 죽는 것 또한 자연이 준 혜택이다. 이와 반대로 사람이 자연의 질서에 따라 살 수 있을 때 살지 못하는 것은 자연이 준 형벌이고, 죽을 수 있을 때 죽지 못하는 것 또한 자연이 준 형벌이다.

　자연의 질서에 따라 살 만할 때 살고, 죽을 만할 때 죽는 것은 자연스럽게 나서 지연스럽게 죽는 것이며, 살 만할 때 살지 않고, 죽을 만할 때 죽지 않는 것은 부자연스럽게 살다가 부자연스럽게 죽는 것이다.

　그런데 사람이 살기도 하고 죽기도 하는 것은, 나 아닌 어떤 물物이 그렇게 시키는 것도 아니고, 또 내가 그러고 싶어서 그렇게 하는 것도 아니다. 이는 모두 자연의 명령이다. 결코 인간의 지혜를 가지고는 어찌할 수가 없는 것이다. 그러므로 자연의 법칙은 저절로 돌아가며, 천지도 어길 수 없고, 성자와 지자도 간섭할 수 없다.

　자연이란 그저 묵묵히 사물을 낳고, 그것들을 제자리에 안정시키며, 또한 그것들이 물러가려고 하면 보내주고 돌아오려고 하면 맞아들일 뿐이다.

돼지보다 암소를 좋아하는 이유

인생감생일분 변초탈일분 여교유감 변면분요 언어감 변과건우
人生減省一分 便超脫一分 如交遊減 便免紛擾 言語減 便寡愆尤

사려감 즉정신불모 총명감 즉혼돈가완 피불구일감이구일증자
思慮減 則精神不耗 聰明減 則混沌可完 彼不求日減而求日增子

진질곡차생재
眞桎梏此生哉

사람의 한평생은 무슨 일이고 한 푼을 덜어내면 곧 한 푼을 벗어나는 것이다. 만약 교류를 줄이면 시끄러움을 면하고, 말을 줄이면 허물이 작아지며 생각을 줄이면 정신이 소모되지 않고, 총명함을 덜면 본성을 보전할 수 있다. 날로 덜어내는 데 열중하지 않고, 날로 더하는 데만 열중하는 자는 스스로 자기 인생을 속박하는 것이다.

[후집 131]

엄청난 재물을 갖고 있는 부자가 살고 있었다. 그는 평생 모을 줄만 알았지 도무지 남에게 베푸는 법이 없어 뭇사람들에게 지독한 구두쇠라는 손가락질을 받고 있었다. 그래서 하루는 그가 큰마음을 먹고 관청으로 찾아가 이렇게 말했다.

"내가 죽으면 전 재산을 내놓을 테니 가난하고 헐벗은 사람들에게 나눠주시오."

그는 우쭐거리며 관리에게 말한 뒤 집으로 돌아왔다.

며칠 뒤 이 사실을 전해 들은 가난한 친구가 그의 집으로 찾아왔다. 그 친구는 비록 가난하지만 식견이 뛰어난 선비였다.

친구가 찾아오자 그는 얼굴을 붉혀 흥분하며 넋두리를 늘어놓았다.

"며칠 전에 내가 직접 관청으로 찾아가 내 전 재산을 내놓겠다고 했는데 왜 아직도 사람들이 나를 구두쇠라고 손가락질하는지 모르겠네. 도대체 내가 어떻게 해야 사람들이 욕하지 않겠나?"

친구가 빙긋이 웃으며 입을 열었다.

"자네가 사람들에게 손가락질당하지 않으려면 그렇게 해서는 안 되네."

"그럼 어떻게 하란 말인가?"

"내가 암소와 돼지 이야기 하나를 들려줄 테니 잘 들어보게."

선비 친구는 천천히 이야기를 시작했다.

"어느 날, 암소와 돼지가 만나서 이야기했네. 돼지가 불만이 가득 찬 표정으로 말했다네. 왜 사람들은 자기보다 암소를 더 좋아하는지 모르겠다고 말일세."

부자가 끼어들며 말했다.

"그야, 암소가 돼지보다 훨씬 비싸기 때문이 아닌가?"

선비 친구가 여전히 빙긋이 웃음을 머금은 채 대답했다.

"물론 그렇기도 하겠지만, 그것이 중요한 이유는 아니라네. 한번 생각해보게."

"음…… 세상에 돈보다 좋은 게 어디 있나? 아무리 고상한 척하는 사람들도 돈 앞에서는 사족을 못 쓰지 않는가? 더 생각할 것도 없이 암소가 돼지보다 값이 더 나가기 때문이네."

그러자 선비 친구가 그에게 물었다.

"돼지는 살아 있을 때 사람들에게 무엇을 주는가?"

"그야…… 밤낮 먹기만 하지 주는 것은 별로 없지. 하지만 죽어서는 맛있는 고기와 뼈를 제공하지 않나?"

"그럼 암소는 살아 있을 때 사람들에게 무엇을 주나?"

"그야……."

부자는 뭔가 깨달은 것이 있는 듯 말을 잇지 못했다.

"암소는 죽어서 고기와 가죽과 뼈를 사람들에게 제공하는 것은 물론이고, 살아 있을 때도 우유를 준다네. 사람들이 돼지보다 암소를 좋아하는 가장 큰 이유는 바로 그 때문이라네."

선비 친구의 말에 부자는 비로소 자신이 예나 지금이나 사람들에게 손가락질받는 까닭을 알게 되었다.

菜根譚

2

마음을 수양하려면

손가는 대로,
마음 가는 대로

수 불 파 즉 자 정   감 불 예 즉 자 명   고 심 무 가 청   거 기 혼 지 자 이 청 자 현
水不波則自定, 鑑不翳則自明 故心無可淸 去其混之自而淸自現

낙 불 필 심   거 기 고 지 자 이 락 자 존
樂不必尋 去其苦之者而樂自存

물은 물결만 일지 않으면 스스로 고요하고, 거울은 먼지만 끼지 않으면 스스로 밝은 것이다. 그러므로 마음도 애써 맑게 할 것이 아니라, 괴롭게 하는 것만 버린다면 절로 맑아질 것이다. 또한 즐거움도 굳이 찾을 것이 아니라, 괴롭게 하는 것만 버린다면 절로 즐거워질 것이다.

[전집 151]

옛날 충청도 지방에 이름난 효자 두 사람이 살고 있었다. 그들은 각각 박씨 성과 윤씨 성을 가진 사람들이었다. 두 사람은 남들이 다 아는 이름난 효자였지만, 정작 두 사람은 서로 만난 적이 없어 각자의 부모를 어떻게 모시고 있는지 알지 못했다.

그래서 어느 추운 겨울날, 윤씨 효자가 박씨 효자의 효행을 알아보기 위해 그의 집으로 찾아갔다.

"하늘도 감동한다는 효성을 지니셨다 하여 배우러 왔습니다."

윤씨는 공손하게 인사를 했다.

"별말씀을요. 저도 형씨의 효성을 들어 익히 알고 있습니다. 들어오시지요."

방으로 들어오자 박씨는 이름난 효자답게 먼저 윤씨 어머니의 안부부터 물었다.

"날씨가 매우 찬데 요즘 자당慈堂께서는 어떻게 지내고 계십니까?"

"그러잖아도 요즘 날이 너무 추워서 안방 아랫목에 두툼한 비단 이불을 깔아드리고 입이 심심하실까 맛난 다과를 만들어 차려드리고 있습니다. 그런데 형씨의 자당께 인사를 여쭈어야 할 텐데 아까부터 뵙지를 못하겠군요. 어디 외출하셨나요?"

박씨는 대답 대신 가만히 뒤꼍으로 나 있는 쪽문을 열었다. 그러자 뒤꼍 채마밭에서 백발이 성성한 노파 하나가 언 땅에 호미질을 하고 있는 게 보였다.

"아니, 저분이 형씨의 자당이십니까?"

"그렇습니다."

"내가 잘못 찾아온 것 같군. 세상에 이런 불효가 어디 있단 말이오? 난 이만 돌아가겠소."

윤씨가 화를 내며 일어서자 박씨가 말했다.

"나는 어머님을 모실 때 절대 무엇을 강요한 적이 없습니다. 어머님의 마음이 편하시도록, 그리고 하고 싶은 일도 마음껏 하시도록 해드린답니다."

그 말에 윤씨는 화를 낸 자신이 부끄러워 얼굴이 붉어졌다.

아버지와
아들의 믿음

천 박 아 이 복 오 후 오 덕 이 아 지 천 노 아 이 형 오 일 오 심 이 보 지
天薄我以福 吾厚吾德 以迓之 天勞我以形 吾逸吾心 以補之

천 액 아 이 우 오 형 오 도 이 통 지 천 차 아 내 하 재?
天阨我以遇 吾亨吾道 以通之 天且我奈何哉?

하늘이 나에게 복을 박하게 준다면 나의 덕을 두텁게 하여 맞아들이고, 하늘이 내 몸을 수고롭게
한다면 나의 마음을 편하게 하여 도울 것이며, 하늘이 내 처지를 곤궁하게 한다면 나의 도를 형
통케 하여 길을 열 것이니, 하늘인들 나를 어찌하겠는가.

[전집 90]

어느 날, 아들을 살해하라는 신의 계시를 받은 독실한 신자가 있었
다. 그는 무척 고민했다.

"아, 신은 왜 나를 시험에 들게 하는가……."

그는 한참 고민하다가 신의 뜻을 따르기로 했다.

그는 아들을 산중으로 데리고 가 신의 뜻을 실행하기로 했다.

"애야, 우리 내일 산으로 가자."

그 말에 아들은 야유회를 가자는 줄 알고 기뻐했다.

이튿날 아침, 부자父子는 집을 나섰다. 아들은 여전히 야유회에 대한 기쁨과 흥분으로 들떠 있었다. 그것을 지켜보는 아버지의 심정은 몹시 괴로웠다.

그는 다시 마음을 다잡았다. 절대자인 신의 뜻을 거역할 수는 없다고 생각한 것이다. 반면 아들도 역시 아버지를 절대적으로 믿고 있었다. 두 사람은 각기 다른 상대에 대한 믿음을 갖고 있었다.

그는 아들을 묻기 위해 땅을 파기 시작했다. 아들은 기꺼이 아버지의 일을 도와주었다. 그것이 야유회를 와서 즐기는 놀이인 줄 알았던 것이다.

구덩이를 다 팠을 때 그는 눈물을 흘리며 칼을 빼 들었다. 아들의 목을 베기 위해서였다. 아들은 그것마저도 놀이라고 생각하고 천진난만하게 웃으며 아버지 앞으로 목을 내밀었다.

그때였다. 하늘에서 신의 음성이 들려왔다.

"네 믿음을 확인했으니 이제 멈춰라."

그가 칼을 거두어들이자 아들이 아버지에게 말했다.

"어서 계속하세요. 아직 오늘 야유회의 놀이가 끝나지 않았잖아요?"

아버지가 신에 대한 믿음을 끝까지 지켰듯이, 아들 또한 끝까지 아버지와 함께 야유회를 왔다는 믿음을 버리지 않고 있었다.

인내를 일깨워준
친구의 조언

_{조 성 자 화 치 우 물 즉 분 과 은 자 빙 청 봉 물 필 살 응 체 고 집 자}
燥性者 火熾 愚物則焚 寡恩者 氷淸 逢物必殺 凝滯固執者

_{여 사 수 부 목 생 기 이 절 구 난 건 공 업 이 연 복 지}
如死水腐木 生機已絶 俱難建功業而廷福祉

성질이 조급한 사람은 타오르는 불길과 같아서 보는 것마다 태워버리고, 은혜롭지 못한 사람은 얼음과 같이 차가워서 닥치는 대로 얼려 죽이며, 기질이 융통성이 없고 고집 센 사람은 괴어 있는 물이나 썩은 나무토막 같이 생기가 없다. 이런 사람들은 공업을 세우기가 어려울 뿐 아니라 그 복을 길게 누리지도 못한다.

[전집 69]

옛날에 같은 서당에서 학문을 익힌 친구 두 사람이 있었다. 그들은 열심히 학문을 닦아 한 친구가 먼저 벼슬길에 올랐고, 그로부터 몇 년 뒤에 다른 한 친구도 관직을 얻어 임지로 가게 되었다.

임지로 부임하기 전날, 뒤에 관직을 얻은 자는 친구들을 불러 연회를 베풀었다. 그 자리에는 예전에 함께 학업을 했던 친구도 참석했다. 그는 이제 막 임지로 떠나는 친구에게 꼭 해줄 말이 있다며 이렇게 말했다.

"내가 겪어보니 관직이라는 게 쉽지만은 않네. 앞으로도 많은 일을 참아야 할 것이네."

"알겠네. 자네의 충고를 잊지 않겠네."

시간이 흘러 연회가 거의 끝나갈 무렵, 먼저 벼슬길에 나섰던 친구가 다시 그에게 다가가 말했다.

"다시 한번 말하지만, 어떤 경우를 당하더라도 참아야 하네."

"허허, 알겠네. 꼭 그렇게 하지."

연회가 끝나 친구들이 하나둘 돌아가기 시작했다.

벼슬을 하고 있는 친구는 맨 마지막으로 대문을 나서며 다시 한번 그에게 당부했다.

"꼭 명심하게. 참고 또 참아야 하네."

그러자 그는 지겹다는 표정을 지으며 발끈 화를 냈다.

"이 친구가……. 지금 나를 놀리는 건가? 알았다는데 왜 같은 말을 몇 번씩이나 하나?"

그 말에 친구는 실망스러운 낯이 되어 중얼거렸다.

"그것 보게나. 이제 겨우 같은 말을 세 번 했을 뿐인데 그것도 참아 내지 못하지 않았나? 인내라는 것이 그렇게 어려운 것일세."

그는 친구의 말에 부끄러워 고개를 숙였다.

다스리기
어려운 마음

염 량 지 태　부 귀 갱 심 어 빈 천　투 기 지 심　골 육 우 한 어 외 인
炎涼之態　富貴更甚於貧賤　妬忌之心　骨肉尤狠於外人

차 처　약 부 당 이 냉 장　어 이 평 기　선 불 일 좌 번 뇌 장 중 의
此處　若不當以冷腸　御以平氣　鮮不日坐煩惱障中矣

뜨거웠다 차가웠다 하며 변하는 것은 부귀한 사람이 빈천한 사람보다 더 심하고, 질투와 시기하
는 마음은 남들보다 육친 간에 더욱 심하다. 만약 이때 냉철한 마음이나 평정한 마음으로 제어하
지 않는다면, 기의 번뇌의 가운데 앉아 지내지 않는 날이 없을 것이다.

[전집 135]

　　중국 위나라에 미자하彌子瑕라는 미소년美少年이 있었는데, 위왕인 영
공靈公의 총애를 받고 있었다.

　　어느 날 밤, 미자하는 궁중에 머물고 있다가 어머니가 위독하니 급
히 귀가하라는 전갈을 받았다. 미자하는 급한 마음에 뒷일을 생각하
지도 않고 왕의 명이라고 속인 뒤 왕의 수레를 몰래 타고 서둘러 고
향으로 달려갔다.

　　당시 위나라 법에는 임금의 수레를 몰래 타면 발목을 자르는 월형刖

^刑에 처하게 되어 있었다. 그런데 이러한 얘기를 전해 들은 왕은 미자하의 효심을 가상히 여겨 효자라며 칭찬했다.

그로부터 며칠 뒤, 미자하는 왕과 함께 과수원을 거닐게 되었다. 그때 미자하가 복숭아를 한 입 베어 먹어보니 맛이 아주 달았다. 그래서 자기가 먹던 것을 왕에서 내밀었다.

"이 복숭이가 아주 달고 맛있습니다. 좀 드셔 보세요."

그것을 본 신하들은 깜짝 놀랐다.

"아니, 이게 무슨 버릇없는 짓인가! 감히 자기가 먹다 남은 복숭아를 임금님께 드리다니!"

그러나 왕은 감탄하며 말했다.

"참으로 갸륵하구나. 맛있는 것을 혼자 먹지 않고 나누어주니, 미자하의 마음씨가 얼마나 아름다운가?"

몇 해가 지나자 미자하의 귀여운 얼굴빛도 시들게 되었다. 그러자 왕의 총애도 예전 같지 않고 시들해졌다.

그러던 어느 날 미자하가 아주 작은 실수를 저질렀다. 왕은 크게 노여워하면서 고함을 질렀다.

"미자하라는 녀석이 본래가 그렇게 못된 놈이다. 일찍이 나의 수레를 내 명령이라고 속여 탄 일이 있었는가 하면, 제가 먹다 남은 복숭아를 내게 먹인 일도 있었다."

그런 다음 왕은 미자하에게 벌을 내려 엄히 다스릴 것을 명했다.

팥죽 끓듯이 변하는 사람 마음을 위왕도 제대로 다스리지 못했던 것이다.

어려울 때일수록
침착하라

시 당 훤 잡 즉 평 일 소 기 억 자 개 만 연 망 거 경 재 청 녕
時當喧雜 則平日所記憶者皆漫然忘去 境在淸寧

즉 숙 석 소 유 망 자 우 황 이 현 전 가 견 정 조 초 분 혼 명 돈 이 야
則夙昔所遺忘者又恍爾現前 可見靜躁稍分 昏明頓異也

시끄럽고 번잡한 때를 당하면 평소에 기억하던 것도 멍하니 잊어버리고, 깨끗하고 편안한 곳에 있으면 옛날에 잊어버렸던 것도 뚜렷이 기억난다. 이것으로 고요함과 시끄러움이 조금만 갈려도 마음의 어둡고 밝음이 크게 달라지는 것을 알 수 있다.

[후집 38]

세 마리의 개구리가 우유 통에 빠져 살길이 막막해졌다. 개구리들은 각자 살기 위해서 최선을 다했다.

첫 번째 개구리는 어떻게든 우유 통에서 빠져나오려고 있는 힘을 다해 허우적거렸다. 하지만 시간이 지날수록 힘이 빠져 결국 죽고 말았다.

두 번째 개구리는 아예 처음부터 살려는 생각을 포기한 듯 처음에 몇 번 허우적거리다가 죽었다.

마지막까지 살아남은 개구리는 지나치게 허우적거리지도, 살려는 마음을 포기하지도 않았다.

　그 개구리는 침착하게 자신이 물에서 헤엄쳤던 기억을 떠올렸다. 그러고는 평소에 물에서 헤엄쳤던 대로 천천히 발을 움직였다. 이때 코는 수면 위로 내밀고 앞발로 물을 가르면서 가라앉는 것을 막기 위해 뒷다리로는 계속 우유 물을 갈랐다.

　그런데 한참 지나자 뒷다리에 무언가 딱딱한 물체가 자꾸 부딪혔다. 시간이 더 지나자 이제는 뒷다리로 그 딱딱한 물체를 딛고 설 수가 있었다. 개구리는 그 틈을 타 우유 통 밖으로 얼른 튀어나왔다.

　그 딱딱한 물체는 버터 덩어리였다. 우유를 계속 휘젓는 사이에 버터가 만들어졌던 것이다.

시각의 차이

이 욕 미 진 해 심   의 견 내 해 심 지 모 적   성 색 미 필 장 도
利慾未盡害心 意見乃害心之蟊賊 聲色未必障道

총 명 내 장 도 지 번 병
聰明乃障道之藩屏

이욕利慾이 마음을 해치는 것이 아니라, 독선적인 생각이 마음을 해치는 해충이다. 여색이 도를
가로막는 것이 아니라, 오히려 총명함이 도를 가로막는 장애물이다.

[전집 34]

　

어느 산중의 암자에 기거하는 두 스님이 아침 일찍 마을로 내려와
볼일을 본 뒤 저녁 무렵이 되어 돌아가는 중이었다.

그러던 중에 다리가 없는 냇가에 당도했다.

"이런, 아까 낮에 내린 비로 물이 불었군."

아침에 암자를 나설 때는 비가 내리지 않았으나, 낮에 장대 같은 소
나기가 한두 시간 정도 퍼붓는 바람에 징검다리가 물에 잠겨버렸던
것이다.

그런데 가만히 보니 저만치에서 웬 처녀 하나가 발을 동동 구르고 있었다. 한 스님이 다가가서 까닭을 물었다.

"왜 그러시오?"

"내를 건너야 하는데 물살이 너무 세서 못 건너고 있습니다."

상황을 파악한 스님은 처녀에게 등을 보이며 업히라는 시늉을 했다. 처녀는 잠시 머뭇거리다가 스님의 등에 업힌 채 내를 건넜다.

그사이 다른 한 스님도 혼자 내를 건너와, 두 스님이 다시 길을 걷기 시작했다. 잠시 걷다가 나중에 내를 건너온 스님이 갑자기 큰 소리로 화를 내며 말했다.

"일념으로 도에만 정진해야 할 사람이 처녀의 몸에 손을 대다니, 도대체 정신이 있는 건가?"

처녀를 업어준 스님은 아무 대꾸도 하지 않았다. 그러자 그는 더욱 화를 내며 비난했다. 그래도 처녀를 건네준 스님은 아무 대꾸도 하지 않았다.

한 시간쯤 지나자 두 스님은 암자 입구로 들어서게 되었다. 그때까지도 그는 처녀를 업어준 스님을 심하게 비난하고 있었다. 그러다가 암자 앞에 거의 다다랐을 때 처녀를 건네준 스님이 입을 열었다.

"자넨 힘들지도 않나? 나는 그 처녀를 이미 한 시간 전에 잠시 업었다 내려놓았을 뿐인데, 자네는 아직도 업고 있으니 말일세. 이제 그만 처녀를 내려놓게. 암자 안까지 업고 들어갈 셈인가?"

죄를 인정한
늙은 죄수

人之過誤 宜恕 而在己則不可恕 己之困辱 當忍 而在人則不可忍

남의 허물은 용서해야 하지만 자기의 허물은 용서해서는 안 되며, 자기의 고통은 굳게 참아야 하
지만 남의 고통에 대해서는 방관하지 말라.

[전집 168]

너그럽고 공정한 정책을 펼쳐 백성들의 신임을 두텁게 얻고 있는
왕이 있었다.

어느 날, 왕이 죄수들이 갇혀 있는 감옥을 방문했다. 죄수들은 왕의
마음이 너그럽다는 사실을 알고 있었기 때문에, 이번 기회에 말을 잘
해서 풀어달라고 매달려볼 참이었다.

아닌 게 아니라, 왕이 감옥에 들어서자마자 죄수들은 아우성쳤다.
왕이 한 죄수에게 물었다.

"너는 무슨 죄를 짓고 감옥에 오게 되었느냐?"

그러자 질문을 받은 죄수는 기다렸다는 듯이 대답했다.

"저는 아무 죄도 없습니다. 믿어주십시오."

왕은 아무 대꾸도 없이 다음 죄수에게 물었다.

"너는 무슨 죄를 지었느냐?"

"저는 정말 너무 억울합니다. 못된 놈에게 누명을 쓰고 이 고생을 하고 있습니다. 제발 풀어주십쇼."

왕은 수십 명의 죄수들에게 죄목을 물었으나 모두가 무죄를 호소하며 풀어달라고 애걸했다.

그러다가 왕이 맨 마지막 방에 이르게 되었다. 그 방에는 아우성치는 다른 죄수들과는 달리 늙은 죄수 하나가 고개를 숙인 채 앉아 있었다. 왕이 다가가 물었다.

"너는 무슨 죄를 지었느냐?"

왕의 물음에 늙은 죄수는 다소곳이 일어나 고개를 숙인 채 말했다.

"저는 사람을 크게 다치게 한 죄로 이곳에 오게 되었습니다. 큰 죄를 지었기 때문에 마땅히 벌을 받고 있는 중입니다."

늙은 죄수의 대답을 듣자 왕은 간수를 불러 명령했다.

"이 죄인을 당장 이 감옥에서 내보내도록 하라. 이 감옥에는 모두 죄 없는 자들만 있는데 유독 이 자만이 죄를 지었다고 하니 큰일이 아닌가? 죄 없는 자들이 이 죄인을 통해 악행을 배울까 걱정되는구나."

왕의 명령에 따라 늙은 죄수만이 석방되었다.

냉철한 손자의
용병술

은 의 자 담 이 농　선 농 후 담 자　인 망 기 혜
恩宜自淡而濃　先濃後淡者　人忘其惠

위 의 자 엄 이 관　선 관 후 엄 자　인 원 기 혹
威宜自嚴而寬　先寬後嚴者　人怨其酷

은혜는 박하게 베푸는 것에서 시작하여 두텁게 해야 한다. 처음에는 두텁게 하다가 나중에 박하게 한다면 사람들은 그 은혜를 잊을 것이다. 위엄은 엄격하게 시작하여 너그럽게 해야 한다. 처음에는 너그럽게 하다가 나중에 엄격하게 하면 사람들이 그 가혹함을 원망할 것이다.

[전집 170]

　　춘추전국시대 때 제齊나라의 병법가 손자孫子는 '적을 알고 나를 알면 백 번을 싸워도 백 번 모두 이긴다'는 유명한 말을 남겼다.

　　한번은 손자가 오吳나라의 왕 합려의 초청을 받고 찾아갔다. 합려도 손자가 유명한 병법가라는 사실을 알고 있었다.

　　"그대가 지은 병법 책은 다 읽었소. 실제로 군대를 지휘하는 것을 보고 싶은데 할 수 있겠소?"

　　합려는 직접 그의 지휘력을 확인한 뒤에 병권을 맡길 생각이었다.

"어렵지 않습니다."

손자가 쾌히 승낙하자 합려는 한번 색다른 방법으로 지휘하는 걸 보고 싶어져서 이렇게 말했다.

"여자들도 지휘할 수 있겠소?"

"상관없습니다."

손자는 전혀 개의치 않고 대답했다. 그래서 합려는 궁중에 있는 미녀들 중에서 180명을 불러 모았다.

손자는 미녀들을 2개 분대로 나누었다. 그리고 합려가 가장 아끼는 궁녀 2명을 각 분대의 대장으로 임명하고 창을 들게 한 다음 말했다.

"너희들은 오른손과 왼손, 그리고 가슴과 등이 어디에 있는지 알고 있겠지?"

"예, 잘 알고 있습니다."

두 대장의 대답을 확실히 들은 다음 손자가 명령을 내렸다.

"내 말을 잘 듣거라. 내가 '앞으로!' 하면 가슴을 보고, '오른쪽으로!' 하면 오른손을 보아라. 그리고 '왼쪽으로!' 하면 왼손을 보고, '뒤로!' 하면 뒤를 보아라."

"예, 알겠습니다."

이 같은 규칙을 확실하게 정해둔 다음 손자가 명령을 내렸다.

"오른쪽으로!"

방금 한 규칙대로라면 오른손을 쳐다보아야 하지만 두 여자 대장은 명령에 따르지 않고 키득키득 웃으면서 장난질을 했다. 그러자 손자가 말했다.

"아직 규칙을 잘 이해하지 못한 것 같구나. 그렇다면 규칙을 설명해준 내 책임이 크다."

그러면서 손자는 아까 했던 규칙을 다시 다섯 번이나 반복하여 또박또박 설명해주었다. 그리고 다시 명령을 내렸다.

"뒤로!"

하지만 이번에도 두 여자 대장은 장난을 치며 키득거렸다.

그 모습을 보자 손자가 굳은 표정으로 말했다.

"나는 규칙을 열 번도 넘게 설명해주었고, 명령을 내릴 때도 큰 소리로 잘 들리도록 했다. 그런데도 명령을 이행하지 않은 것은 내 잘못이 아니라 너희 두 사람의 잘못이다."

그러면서 손자는 칼을 뽑아 들어 두 여자의 목을 베려고 했다.

이때 합려는 높은 곳에 앉아서 손자가 하는 행동을 지켜보고 있었는데, 갑자기 손자가 칼을 빼 들면서 자신이 가장 아끼는 두 여인을 죽이려 하자 깜짝 놀라 급히 손자에게 사람을 보내 이렇게 명했다.

"그 정도면 당신의 용병술이 얼마나 뛰어난지 알았으니 이제 그만두고 내가 아끼는 두 여자를 살려주시오. 나는 두 여자가 없으면 밥을 먹어도 맛을 느끼지 못하니 목을 베지 말아주시오."

그러나 손자는 냉정하게 일축했다.

"저는 이미 임금의 명령을 받아 총사령관이 되었습니다. 총사령관이 군대를 지휘할 때는 임금의 명령에 따르지 않는 경우도 있습니다."

손자는 가차 없이 두 여자 대장의 목을 쳤다.

그런 다음 합려가 그다음으로 아끼는 두 여인을 불러내어 새로운

대장으로 삼아 훈련을 계속했다. 그러자 여자들은 전후좌우로 뛰고 일어나며 마치 자로 잰 듯이 일사불란하게 움직였다. 감히 웃는 소리도 들리지 않았다.

합려는 손자를 오나라의 사령관으로 임명했다.

그 후 오나라는 손자의 용병술로 주변의 강대국들을 차례로 제압하며 천하에 위세를 떨쳤다.

자비심의 차이

몽고에서 전해 내려오는 설화이다.

옛날 어느 마을에 마음씨 고운 처녀가 살고 있었다.

어느 날, 처녀가 바느질을 하고 있는데 처마 끝에 집을 짓고 살던 제비 한 마리가 땅에 떨어졌다.

"어머, 불쌍해라."

처녀는 다리가 부러져 날지 못하는 제비를 보고 가엾게 여겨 실로 다리를 동여매주었다. 며칠이 지나자 제비는 다리의 상처가 아물어 날 수 있게 되었다.

이듬해 봄이 되었다.

처녀가 치료해준 제비는 강남에서 박씨 하나를 물고 와 뜰에 떨어뜨렸다. 처녀는 정성껏 박씨를 심었다. 가을이 되자 커다란 박이 하나

열렸다. 처녀가 박을 타 보았더니 그 안에서 온갖 금은보화가 쏟아져 나왔다. 처녀는 큰 부자가 되었다.

이웃집에 사는 심술궂은 처녀가 이 말을 듣고 자기 집에 둥지를 틀고 사는 제비를 잡아다가 일부러 다리를 부러뜨려 실로 동여매주었다.

그 제비도 이듬해 봄에 박씨 하나를 물고 왔다. 그 처녀는 좋아하며 박씨를 심고 가을이 되기를 기다렸다.

가을이 되자 큰 박이 열렸다. 흥이 나서 박을 열어보니 그 안에서는 수많은 독사가 나와 그 처녀를 물어 죽였다.

이 이야기는 우리나라의 흥부전과 유사한데, 일설에 의하면 원元나라 때 몽고에 귀화한 우리 고려 여성들을 통해 유입되었다고 한다.

위서상류반 연아부점등　고인차등염두　시오인일점생생지기
爲鼠常留飯 憐蛾不點燈　古人此等念頭　是吾人一點生生之機

무차 변소 위　토목형해 이이
無此 便所 謂「土木形骸」而已

채근담 전집 173

'쥐를 위하여 항상 밥 덩어리를 남겨 두고, 나방을 불쌍히 여겨 등불을 켜지 않는다'라는
옛사람의 생각은, 우리 인간이 태어나서 자라며 생활하는 데 마땅히 있어야 할 근본적인 것이다.
만약 이런 자비심이 없다면 흙이나 나무와 다름이 없다.

죽음 앞의 공포

<ruby>纏<rt>전</rt></ruby><ruby>脫<rt>탈</rt></ruby><ruby>只<rt>지</rt></ruby><ruby>在<rt>재</rt></ruby><ruby>自<rt>자</rt></ruby><ruby>心<rt>심</rt></ruby> <ruby>心<rt>심</rt></ruby><ruby>了<rt>료</rt></ruby><ruby>則<rt>즉</rt></ruby><ruby>屠<rt>도</rt></ruby><ruby>肆<rt>사</rt></ruby><ruby>糟<rt>조</rt></ruby><ruby>店<rt>점</rt></ruby> <ruby>居<rt>거</rt></ruby><ruby>然<rt>연</rt></ruby><ruby>淨<rt>정</rt></ruby><ruby>士<rt>사</rt></ruby> <ruby>不<rt>불</rt></ruby><ruby>然<rt>연</rt></ruby> <ruby>縱<rt>종</rt></ruby><ruby>一<rt>일</rt></ruby><ruby>琴<rt>금</rt></ruby><ruby>一<rt>일</rt></ruby><ruby>鶴<rt>학</rt></ruby>

<ruby>一<rt>일</rt></ruby><ruby>花<rt>화</rt></ruby><ruby>一<rt>일</rt></ruby><ruby>卉<rt>훼</rt></ruby> <ruby>嗜<rt>기</rt></ruby><ruby>好<rt>호</rt></ruby><ruby>雖<rt>수</rt></ruby><ruby>清<rt>청</rt></ruby> <ruby>魔<rt>마</rt></ruby><ruby>障<rt>장</rt></ruby><ruby>終<rt>종</rt></ruby><ruby>在<rt>재</rt></ruby> <ruby>語<rt>어</rt></ruby><ruby>云<rt>운</rt></ruby>

「<ruby>能<rt>능</rt></ruby><ruby>休<rt>휴</rt></ruby> <ruby>塵<rt>진</rt></ruby><ruby>境<rt>경</rt></ruby><ruby>爲<rt>위</rt></ruby><ruby>眞<rt>진</rt></ruby><ruby>境<rt>경</rt></ruby> <ruby>未<rt>미</rt></ruby><ruby>了<rt>료</rt></ruby> <ruby>僧<rt>승</rt></ruby><ruby>家<rt>가</rt></ruby><ruby>是<rt>시</rt></ruby><ruby>俗<rt>속</rt></ruby><ruby>家<rt>가</rt></ruby>」<ruby>信<rt>신</rt></ruby><ruby>夫<rt>부</rt></ruby>

얽매임과 벗어남은 오직 자기 마음에 달려 있는 것이니 마음에 깨달음이 있으면 푸줏간과 주막도 극락정토요, 그렇지 못하면 비록 거문고와 학을 벗 삼고 꽃과 풀을 가꾸어 그 즐거움이 맑을지라도 끝내 악마의 방해는 있을 것이다. 옛말에 이르기를 '버릴 줄 알면 티끌세상도 선경이 되고 깨달음을 얻지 못하면 절에 있어도 곧 속세이다'라고 했으니, 실로 명언이다.

[후집 88]

십수 년 전에 러시아에서 있었던 일이다.

시베리아 벌판을 달리던 냉동차에 사람이 갇혔다. 사람이 안에 있는 줄도 모르고 그만 냉동실 문을 밖에서 잠그고 말았던 것이다. 냉동실에 갇힌 사내는 필사적으로 문을 열어달라고 외쳤지만, 이미 주행을 시작한 차의 소음 때문에 아무 소리도 들리지 않았다.

사내는 모든 것을 포기했다.

'나는 이제 죽을 것이다. 이미 내 몸은 얼어가고 있다. 의식도 희미해지고 있다. 모든 것이 마지막이다.'

사내는 냉동실의 한쪽에 웅크리고 앉아 만년필로 열차 벽에다가 그렇게 끄적거렸다.

다음 목적지에 다다르자 냉동차가 멈췄다. 물건을 내리기 위해 냉동실 문을 열었을 때 사람들은 깜짝 놀랐다. 사내의 싸늘한 시체가 바닥에서 뒹굴고 있었기 때문이었다.

그런데 놀라운 것은 냉동실의 온도가 사람이 얼어 죽을 만큼 낮지 않았는데도 사내가 얼어 죽었다는 점이었다. 그 냉동실은 고장이 나서 전혀 가동이 되지 않고 있는 상태였다.

결국 사내를 얼어 죽게 만든 것은 치명적으로 낮은 온도 때문이 아니라 죽음 앞에서 벌벌 떨게 한 공포였다.

도둑을 돌려보낸 현령

평민궁종덕시혜　변시무위적공상
平民肯種德施惠　便是無位的公相

사부도탐권시총　경성유작적걸인
士夫徒貪權市寵　竟成有爵的乞人

평민이라도 즐거이 덕을 심고 은혜를 베풀면 벼슬 없는 재상이 되고, 고관대작이라도 권세를 탐하고 은총을 판다면 마침내 벼슬 있는 걸인이 되고 만다.

[전집 93]

　후한 말엽에 덕망이 높은 진식陳寔이라는 사람이 있었다. 그는 작은 고을의 현령縣令으로 있었지만, 너그러움과 공정함으로 백성들을 대해 모든 이에게 존경을 받고 있었다.

　어느 해 마을에 모진 흉년이 들었다. 그래서 하루는 백성들을 흉년에서 구제할 방법을 연구하고 있는데, 지붕의 대들보 위에서 이상한 인기척이 느껴졌다.

　진식은 자신의 머리 위에 도둑이 앉아 있다는 사실을 알았지만 모른 척하고 아들을 불렀다.

"지금 곧 내 방으로 건너오너라!"

아들이 방으로 들어오자 진식은 갑자기 훈계를 시작했다.

"도둑질을 하는 사람도 본래부터 악했던 것은 아니다. 자라면서 습관이 잘못 들어 그것이 마치 자신의 본성처럼 되었을 뿐이다. 지금 저 대들보에 위에 있는 사람도 처음부터 도둑질을 하진 않았을 것이다. 모두가 자라면서 망령된 생각이 깃들어 그리된 것이니 너는 지금부터라도 습관을 잘 들이도록 해라."

그 소리에 대들보 위에 있던 도둑은 깜짝 놀라 황급히 아래로 내려와 진식 앞에 무릎을 꿇었다.

"죽을죄를 지었습니다. 다시는 도둑질을 하지 않고, 지금부터라도 선량한 마음을 기르겠습니다."

진식이 보니 그 도둑의 얼굴에 참회의 빛이 역력하여 죄를 용서하고, 명주 두 필을 주어 돌려보냈다.

이 소문이 마을에 퍼지자 사람들은 진식의 너그러움에 다시 한번 감복하였다.

달팽이 뿔
위에서의 싸움

석화광중 쟁장경단 기하광음? 와우각상 교자논웅 허대세계?
石火光中 爭長競短 幾何光陰? 蝸牛角上 較雌論雄 許大世界?

번쩍 하는 불빛 속에서 길고 짧음을 다툰들 그 시간이 얼마나 길겠는가? 달팽이 뿔 위에서 자웅을 겨룬들 그 세계가 얼마나 넓겠는가?

[후집 13]

제齊나라의 위왕威王이 맹약盟約을 배반하자 위魏나라의 혜왕惠王이 자객을 보내 죽이려고 했다.

이때 양나라 장군 공손연은 군사를 일으켜 제나라를 쳐야 한다고 주장했다. 반면 계사季子라는 신하는 전쟁을 극구 반대했다.

그러자 혜왕은 재상 혜자가 데려온 대진인戴晉人이라는 사람에게 의견을 묻기로 했다. 대진인은 도가 출신의 유명한 현인이었다.

대진인이 혜왕에게 물었다.

"전하, 달팽이라는 미물이 있사온데 그것을 아십니까?"

"물론, 알고 있소."

"그 달팽이의 왼쪽 뿔 위에는 촉씨라는 나라가 있고, 오른쪽 뿔 위에는 만씨라는 나라가 있었는데, 어느 날 그들이 서로 영토를 다투며 전쟁을 시작하여 수만 명이 죽었다고 합니다."

혜왕은 어이없다는 듯 웃으며 말했다.

"세상에, 달팽이 뿔 위에서 어떻게 그런 일이 벌어질 수 있단 말이오?"

대진인이 말을 이었다.

"이 우주를 놓고 볼 때 제나라나 위나라는 한낱 티끌 같은 넓이에 불과합니다. 그러니 지금 전쟁을 일으키신다면 달팽이 위에서 싸움을 벌였던 촉씨 나라나 만씨 나라와 무엇이 다르겠습니까?"

결국 혜왕은 마음을 넓게 갖고 사소한 일로 전쟁을 벌이지 않기로 했다.

닭싸움

심 지 상　무 풍 도　수 재 개 청 산 녹 수　성 천 중　유 화 육　촉 처 견 어 약 연 비
心地上　無風濤　隨在皆青山綠水　性天中　有化育　觸處見魚躍鳶飛

마음속에 바람과 물결이 없으면 이르는 곳마다 모두 푸른 산 푸른 물이요, 천성 가운데 만물을
포용하는 기운이 있으면 이르는 곳마다 물고기가 뛰놀고 솔개가 나는 것을 볼 것이다.

[후집 66]

옛날에 닭싸움을 즐기는 왕이 있었다.

그런데 그동안 수없이 닭싸움을 구경했지만, 뚜렷하게 강한 닭을
찾아볼 수가 없었다.

그래서 하루는 나라 안에서 제일가는 투계 조련사를 불러들였다.

"세상에서 가장 강한 싸움닭을 조련해보아라."

조련사는 왕의 명을 받들어 건강한 닭 하나를 골라 조련에 들어갔다.

조련을 시작한 지 한 달이 지나자 왕이 친히 찾아와 물었다.

"벌써 한 달이 지났는데, 조련은 잘 되어가고 있는가?"

"아직 멀었습니다. 이제 겨우 쓸데없는 기운을 버렸을 뿐입니다."

다시 한 달이 지났다.

"이젠 됐는가?"

"이제 제대로 된 자기 기운을 찾았을 뿐입니다."

또 한 달이 지나 왕이 찾아오자 조련사가 대답했다.

"아직도 멀었습니다. 상대가 그림자만 보여도 사납게 달려들어 싸우려고만 듭니다."

반년이 지났을 때 조련사가 대답했다.

"아직도 멀었습니다. 이제 상대에게 달려들지는 않지만 아직도 버티고 서서 성을 내며 사납게 굴고 있습니다."

드디어 일 년이 지났다. 그제야 조련사는 만족스러운 듯 왕에게 찾아가 말했다.

"이제 됐습니다. 상대가 제아무리 날뛰며 성을 내도 조금도 당황하지 않고 나무처럼 버티고 서서 상대만 살피고 있습니다. 이제 어떤 닭이라도 감히 대들 생각을 못할 것입니다."

진정 행복한 자

복 불 가 요　양 희 신　이 위 소 복 지 본 이 이
福不可徼　養喜神　以爲召福之本而已

화 불 가 피　거 살 기　이 위 원 화 지 방 이 이
禍不可避　去殺機　以爲遠禍之方而已

행복은 억지로 구할 수가 없는 것이므로 스스로 즐거운 마음을 길러서 행복을 부르는 바탕으로 삼아야 한다. 불행은 마음대로 피할 수가 없는 것이므로 남을 해치려는 마음을 제거함으로써 재앙을 멀리하는 방법으로 삼아야 한다.

[전집 70]

어느 나라에 세상 부러울 것 하나 없는 왕이 있었다. 왕은 매일 비단 옷을 걸치고 진수성찬이 차려진 식탁에 앉아 식사를 했다.

그 왕의 밑에서 일하는 관료들도 부러울 것이 없기는 마찬가지였다. 임금이 내려준 옷과 음식으로 호사스런 생활을 하고 있었다.

그러다가 나라에 아주 골치 아픈 문제가 생겼다. 왕은 문제를 해결하려고 며칠 동안 고민했으나 좋은 방안을 찾을 수가 없었다.

그래서 하루는 신하들을 전부 불러들여 좋은 해결책을 제시하도록 했다. 하지만 거기서도 뾰족한 묘안이 나오지 않았다.

그러자 왕이 한숨을 내쉬며 말했다.

"정말 왕 노릇도 힘들어서 못 해먹겠구나."

왕은 머리가 지끈지끈 아파 회의를 파하고 신하들을 물러가도록 했다. 회의를 마치고 궁전을 나오면서 신하들도 저마다 중얼거렸다.

"관료 노릇도 힘들어서 못 해먹겠어. 아이고 골치야……."

신하들은 이마의 땀을 닦아내며 머리를 흔들었다.

그때였다. 어디선가 콧노래 소리가 들려왔다. 가만히 주위를 돌아보니 궁전의 한쪽 구석에서 정원사가 나무를 다듬고 있었다. 콧노래는 바로 그 정원사가 부르는 것이었다.

정원사는 아주 즐겁게 나무를 다듬고 있었다. 그 표정에는 아무런 근심도 없었다. 일을 열심히 해 땀을 흘리고 있기는 했지만, 신하들과는 달리 전혀 힘들어하지도 않았다.

선종왈　기래끽반　권래면　　시지왈　　안전경치구두어
禪宗曰「饑來喫飯　倦來眠」詩旨曰「眼前景致口頭語」

개극고우어극평　지난출어지이　유의자반원　무심자자근야
蓋極高寓於極平　至難出於至易　有意者反遠　無心者自近也

선종에 이르기를 '배고프면 밥을 먹고 고단하면 잠을 잔다'고 했다. 또한 시지에 이르기를 '눈앞의 경치를 평범하게 쓰던 말로 표현하라'고 했다. 대개 가장 높은 것은 가장 평범한 것에 깃들어 있고, 지극히 어려운 것은 지극히 쉬운 데서 나오는 법이니, 뜻을 갖는 이는 도리어 멀어지고, 마음을 두지 않는 이는 저절로 가까워진다.

[후집 35]

중국 선종禪宗의 창시자인 달마대사는 소림사少林寺에서 9년간 면벽좌선面壁坐禪하고 나서, 사람의 마음은 본래 청정하다는 사실을 깨달아야 한다고 주장했다. 그는 이 선법禪法을 제자인 혜가慧可에게 전수했다.

어느 날, 혜가가 스승인 달마에게 물었다.

"제 마음에 걱정이 가득 찬 것 같습니다. 편안히 하려면 어찌해야 합니까?"

달마가 대답했다.

"그렇다면 그 마음을 내게 가져오너라."

스승의 말에 혜가는 자신은 걱정스런 마음의 본체가 어디에 있는지 열심히 찾았다. 그러나 아무리 찾아도 도저히 찾을 수가 없었다. 결국 다시 스승에게 가서 고했다.

"아무리 마음을 찾아보아도 보이지 않습니다."

그러자 달마가 말했다.

"그럴 것이다. 마음이란 따로 있는 것이 아니다. 네가 그렇게 생각하면, 그것이 곧 네 마음이다. 편안하다는 생각을 갖고 세상을 바라보면 마음도 편해질 것이다. 무릇 세상의 모든 일은 네가 마음먹기에 달려 있는 것이다."

세상에서 가장
행복한 사람

옛날에 돈 많고, 어지간한 권세도 누리면 자식도 여럿 둔, 그야말로 남부럽지 않게 살고 있는 사람이 있었다. 그런데 그는 이상하게도 세상 일에 재미를 느끼지 못해 늘 심드렁한 기분에 젖어 생활하고 있었다.

어느 날, 그는 이름난 현자賢者를 찾아가 자신이 즐거운 마음으로 행복하게 살 수 있는 방법이 없느냐고 물었다. 그랬더니 현자가 대답했다.

"이 세상에서 가장 행복하게 살고 있는 사람을 찾아내서 그의 속옷을 얻어 입으면 당신도 즐겁게 행복하게 살 수 있을 것이오."

그는 현자의 말을 듣고 행복하게 사는 사람을 찾아 나섰다. 하지만 그런 사람을 찾는 것은 쉬운 일이 아니었다. 처음에는 재물을 산더미처럼 쌓아놓고 사는 사람을 찾아갔지만, 그 사람은 행복하지 않다고 잘라 말했다.

"나보다는 권력을 가진 자가 더 행복할 것이오."

그러나 호랑이도 벌벌 떨 만한 권세를 가진 사람을 찾아가도 대답은 마찬가지였다. 그 후로 천하에서 둘도 없는 미색을 지닌 여인, 효자 효부를 둔 부모, 예쁜 아내를 둔 남자 등 수없이 많은 사람을 찾아가 보았지만, 그들은 한결같이 행복하지 않다고 대답했다.

그러다가 그는 분명히 행복하게 살고 있을 거라고 소개해준 사람을 찾게 되었다. 그 사람은 아주 많은 사람이 입을 모아 소개해준 자였는데, 산속 깊은 곳에서 혼자 살고 있었다.

그가 그곳으로 찾아갔을 때 그 사람은 누더기 옷을 걸친 채 나무 밑에 앉아 있었다. 그 모습을 바라보니 정말 평화롭기가 이를 데 없었다. 그 자신도 저 나무 밑에 앉아 있기만 하면 금방 행복해질 것 같은 기분이 들었다.

그는 그 사람에게 다가가서 자신이 찾아온 까닭을 설명해주었다. 그랬더니 그 사람은 껄껄 웃으며 말했다.

"그러니 내게 속옷을 한 벌 달라는 말입니까?"

"예, 부탁드리겠습니다."

그러자 그 사람은 자신이 입고 있는 누더기 옷을 펼쳐 보였는데, 맨살이었다.

"보시다시피 저는 속옷 같은 것은 입지 않습니다. 부탁을 들어드리지 못해 죄송합니다."

그는 산을 내려오다가 문득 깨달음 하나를 얻었다.

'그렇다. 그 사람의 속옷은 바로 마음이었어. 즐거운 마음으로 하루하루를 지내는 것, 그것이 바로 행복이구나.'

疾風怒雨 禽鳥戚戚 霽日光風 草木欣欣
可見天地不可一日無和氣 人心不可一日無喜神

질풍노우 금조척척 제일광풍 초목흔흔
가견천지불가일일무화기 인심불가일일무희신

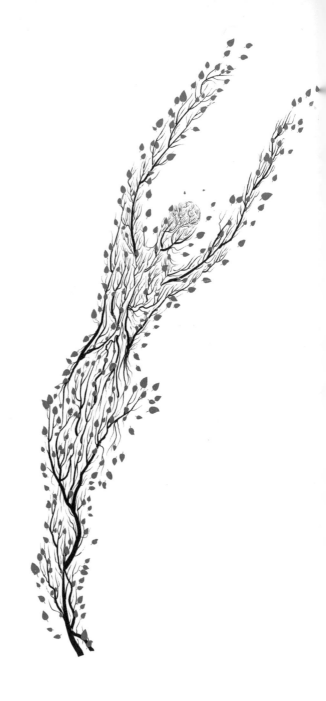

세찬 바람과 성난 빗줄기에는 새들도 근심하고, 갠 날씨와 맑은 바람에는 초목도 싱그러워진다.
그러므로 천지에는 하루라도 온화한 기운이 없어서는 안 되고,
사람의 마음에는 하루라도 즐거운 기분이 없어서는 안 된다는 사실을 알 수 있다.

菜根譚

3

지
혜
로
운

자
가

되
려
면

버룩잡이
소년의 변신

분 충 지 예 변 위 선 이 음 로 어 추 풍 부 초 무 광 화 위 형
糞蟲至穢 變爲蟬 而飮露於秋風 腐草無光 化爲螢

이 휘 채 어 하 월 고 지 결 상 자 오 출 명 매 종 회 생 야
而輝采於夏月 固知潔常自污出 明每從晦生也

굼벵이는 더럽지만 매미로 변하여 가을 바람에 맑은 이슬을 마시고, 썩은 풀은 빛이 없지만 반딧
불로 변해서 여름밤을 빛낸다. 깨끗함은 항상 더러움에서 나오고 밝음은 항상 어둠에서 비롯되
는 것이다.

[전집 24]

옛날에 하루 종일 방에만 틀어박혀 벼룩만 잡는 소년이 있었다. 그는
밭에 나가 일할 생각을 전혀 하지 않았다. 그의 어머니는 애가 탔다.

"도대체 뭐가 되려고 그렇게 쓸데없는 짓만 하고 있니? 적어도 네
밥벌이는 해야 할 게 아니니?"

어머니가 이렇게 다그칠 때마다 소년을 여유 있게 대답했다.

"걱정하지 마세요. 조금만 기다리시면 많은 돈을 벌게 될 테니까요."

소년은 어머니를 안심시키고 이내 벼룩 잡는 일에만 골몰하곤 했다.

몇 달 뒤 소년은 머리카락으로 올가미를 만들어 벼룩을 낚아채는 연습을 하기 시작했다. 다시 몇 달이 지나자 소년은 눈을 감고도 벼룩을 낚아챌 정도의 실력을 갖게 되었다.

"음, 이만하면 산에 올라가 사냥을 해도 되겠군."

소년은 굵은 밧줄로 올가미를 만들어 들고는 산속 깊이 들어갔다. 아주 깊은 산중으로 가니 호랑이 한 마리가 눈에 띄었다.

소년은 재빨리 올가미를 던져 호랑이 목에 걸고는 사정없이 잡아당겼다. 그러자 호랑이는 성을 내며 소년에게 달려들어 통째로 삼켜버렸다.

"호오, 이놈이 제법이군. 하지만······."

소년은 손에 쥔 올가미 줄을 놓지 않은 채 호랑이의 배 속을 지나 항문을 뚫고 나왔다. 그러고는 밧줄을 큰 나무에다 묶었다.

호랑이는 더욱 성을 내며 길길이 날뛰었다. 하지만 날뛸수록 호랑이의 목은 점점 자신의 배 속으로 들어가고, 마침내는 목이 자신의 항문을 뚫고 나와 홀랑 뒤집히고 말았다.

소년은 그제야 나무에 묶은 밧줄을 풀어 호랑이를 끌고 산에서 내려왔다.

그 후 소년은 이런 식으로 숱한 호랑이를 잡아 큰 부자가 되었다고 한다.

엽전의 지혜로
이긴 전쟁

옛날에 한 지혜로운 장수가 병사들을 이끌고 싸움터에 나갔다. 그런데 적의 숫자는 아군의 서너 배에 달했다. 이 사실을 안 병사들은 미리 겁을 먹고 싸움에 나서기를 꺼렸다.

그러자 장군은 병사들을 모아놓고 말했다.

"모름지기 싸움의 승패는 천지신명의 뜻에 달려 있는 것이다. 신은 반드시 우리를 도울 것이다."

"그것을 어떻게 압니까?"

한 병사가 여전히 불안한 목소리로 말했다.

"지금부터 내가 이 엽전을 높이 던질 것이다. 엽전이 땅에 떨어졌을 때 글씨가 있는 면이 보이면 신이 우리를 도울 것이니 공격할 것이고, 그 뒷면이 나오면 신이 우리를 돕지 않을 것이니 퇴각할 것이다. 자,

어떤가?"

"알겠습니다. 장군의 뜻에 따르겠습니다!"

병사들은 신이 돕는다는 말에 약간 사기가 올라 큰 소리로 대답했다. 장군은 엽전을 높이 던져 올렸다.

"와! 글씨가 보인다."

땅에 떨어진 엽전은 과연 글씨가 있는 면이 하늘로 향한 채 떨어져 있었다. 장군은 다시 병사들을 향해 외쳤다.

"자, 아직도 신의 뜻을 확인하지 못한 사병이 있다면 엽전을 다시 한번 던져보겠다. 이번에도 똑같은 결과가 나오면 내 뒤를 따르겠는가?"

"물론입니다. 와아!"

장군은 다시 한번 엽전을 던졌다. 이번에도 글씨가 있는 면이 위로 향해 있었다.

"와! 와! 와!"

병사들은 대번에 사기가 올랐다.

결국 장군의 병사들은 그 기세를 몰아 적을 공격해 승리를 거뒀다.

전쟁이 끝났을 때, 장군의 참모가 물었다.

"우리는 운이 좋았습니다. 만약 엽전이 뒤집혀 떨어졌다면 사기가 더 떨어졌을 텐데 말입니다."

그러자 장군은 빙그레 웃으며 참모에게 엽전을 보여주었다.

그 엽전은 앞뒤에 모두 글씨가 써 있었다.

君子之心事 군자지심사 天青日白 천청일백 不可使人不知 불가사인부지

君子之才華 군자지재화 玉韞珠蔣 옥온주장 不可使人易知 불가사인이지

채근담 전집 3

군자는 마음 씀씀이를 하늘처럼 푸르게 하고 태양처럼 밝게 하여
모든 사람이 알 수 있도록 해야 한다. 그러나 자신의 재주와 지혜는
옥돌이 바위 속에 박혀 있고, 진주가 바다 깊이 잠겨 있는 것처럼
남들이 쉽게 알지 못하게 해야 한다.

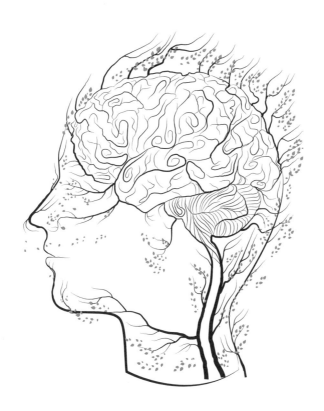

큰형님이 된
자고새

십 어 구 중　미 필 칭 기　일 어 부 중　즉 건 우 병 집　십 모 구 성　미 필 귀 공
十語九中　未必稱奇　一語不中　則愆尤騈集　十謀九成　未必歸功

일 모 불 성　즉 자 의 총 흥　군 자 소 이 녕 묵　무 조　녕 졸　무 교
一謨不成　則訾議叢興　君子所以寧黙　毋躁　寧拙　毋巧

열 마디 말 가운데 아홉 마디가 맞아도 반드시 신기하다면 칭찬하지 않지만, 단 한 마디라도 맞지 않으면 비난의 목소리가 사방에서 들끓는다. 열 가지 일 가운데 아홉 가지를 이루어도 공을 인정하지 않지만, 한 가지만 실패해도 비난의 목소리가 사방에서 빗발친다. 그러므로 군자가 차라리 입을 다물지언정 떠들지 않고, 차라리 모르는 척해버리고 아는 체하지 않는 것은 그 때문이다.

[전집 71]

옛날에 히말라야의 산 중턱에 큰 나무가 한 그루 있었다. 그 나무 주변에는 지혜로운 자고새와 몸집이 큰 코끼리, 그리고 잘난 체를 잘하는 원숭이가 살고 있었다.

원숭이는 늘 자신을 자랑하는 데만 열을 올렸다.

"이 숲에서 내 재주를 따라올 동물은 하나도 없지."

코끼리도 이런 말을 들을 때마다 지지 않고 나섰다.

"나보다 몸집이 큰 동물은 없어. 누가 감히 힘으로 날 당한단 말인가? 자고새야, 그렇지 않니?"

하지만 자고새는 말을 아꼈다. 자기 자랑을 늘어놓는 일이 결국은 자신에게 해가 된다는 사실을 알고 있었기 때문이었다.

그러던 어느 날, 세 마리 동물은 나이를 따져서 큰형님을 뽑기로 하고는 큰 나무 밑에 둘러앉았다.

코끼리가 먼저 나이 자랑을 했다.

"내가 어렸을 때 이 나무는 키가 작아서 내 긴 코를 뻗으면 잎을 따 먹을 수 있었지."

이번에는 원숭이가 자랑했다.

"내가 어렸을 때는 땅바닥에 앉아서도 이 나무의 가장 높은 곳에 있는 열매를 따먹을 수 있었어."

그러자 자고새가 말했다.

"내가 태어났을 때는 지금 이 나무 옆에 아주 큰 나무가 있었지. 그래서 나는 그 나무의 열매를 따 먹고 씨를 심었어. 그랬더니 그 씨에서 싹이 나와 지금처럼 거대한 나무가 된 것이라네."

그 후 코끼리와 원숭이는 자고새를 큰형님으로 받들게 되었다.

술잔에 비친
뱀 그림자

기 동 적 　 궁 영 의 위 사 갈 　 침 석 시 위 복 호 　 차 중 혼 시 살 기
機動的　弓影疑爲蛇蝎　寢石視爲伏虎　此中渾是殺氣

염 식 적 　 석 호 가 작 해 구 　 와 성 가 당 고 취 　 촉 처 구 시 진 기
念息的　石虎可作海鷗　蛙聲可當鼓吹　觸處俱是眞機

마음이 흔들리면 활 그림자도 의심하여 뱀이라 하고, 쓰러진 바위도 호랑이로 보이니 이런 가운
데에서는 모두가 해치는 기운뿐이다. 마음이 가라앉으면 사나운 석호石虎도 바다 갈매기로 길들
일 수 있고, 개구리 울음소리도 음악처럼 들리니 이르는 곳마다 참다운 것을 보게 될 것이다.

[후집 48]

진晉나라에 어려운 생활 속에서도 학문에 전념하여 벼슬길에 오른
악광樂廣이라는 자가 있었다. 그는 매우 지혜로워 관리가 되어서도 매
사를 신중하게 처리하곤 했다.

악광이 하남河南지방의 태수太守에 재임하고 있을 때의 일이다. 그에
게는 절친한 친구 한 명이 있었다. 그 친구는 악광의 집으로 자주 놀
러 와 술자리를 같이하곤 했다. 그런데 한동안 그 친구가 찾아오지 않
았다. 이상하게 생각한 악광이 친구의 집으로 찾아가 보니 얼굴이 몹

시 초췌해져 있었다.

"아니, 얼굴이 왜 그렇게 상했나?"

친구가 힘없는 목소리로 대답했다.

"일전에 자네와 술을 마실 때 내 잔 속에 뱀이 보이지 않겠나? 그때 나는 자네가 무안해할 것 같아 그냥 술을 마셨는데 그 이후로 몸이 쇠약해졌다네."

이상하다고 여긴 악광은 일전에 친구와 함께 술을 마신 곳으로 가 보았다. 그랬더니 그 방의 벽에 뱀이 그려진 활이 걸려 있었다.

'바로 저것이었구나……'

활에 그려진 뱀이 친구의 술잔에 비추어진 것이었다.

이튿날 악광은 다시 똑같은 장소로 친구를 초대해 술자리를 같이 했다. 악광이 먼저 친구에게 술을 따른 다음 물었다.

"술잔 속에 무엇이 보이나?"

친구는 머리를 숙여 술잔을 들여다보았다.

"여전히 뱀이 보이네."

그러자 악광이 웃으며 말했다.

"자네 술잔 속에 비친 뱀의 정체를 나는 알고 있네."

"그게 무엇인가?"

"저 벽에 걸린 활을 보게. 뱀 문양이 그려져 있지? 자네 술잔에 비친 것은 바로 저 뱀의 그림자라네."

친구는 이 말을 듣고서야 마음의 병이 나았다. 그동안 친구는 아무 일도 아닌 것을 가지고 공연히 근심에 싸여 있었던 것이다.

마지막
새끼 꼬기

금 인 전 구 무 념　이 종 불 가 무　지 시 전 념 불 체　후 념 불 영
今人專求無念 而終不可無 只是前念不滯 後念不迎

단 장 현 재 적 수 연　타 발 득 거　자 연 점 점 입 무
但將現在的隨緣 打發得去 自然漸漸入無

지금 사람들은 오로지 생각을 없애려고 애를 쓰나 결국 없애지 못한다. 그러니 앞의 생각을 마음
에 두지 말고, 뒤의 일을 섣불리 추측하지 말며, 단지 현재의 일을 충실하게 처리해 나가면 차츰
무념無念의 경지로 들어가게 된다.

[후집 81]

옛날에 어느 마음씨 좋은 부자가 두 하인을 자유의 몸으로 만들어
주기 위해 마지막으로 일을 맡겼다.

"이제 내일 아침이면 자네들은 자유의 몸이 되는 걸세. 마지막으로
오늘 밤에 할 일을 주겠네. 가늘고 길게 새끼를 꼬아주게. 될 수 있으
면 튼튼하게 엮도록 하게."

주인이 말을 마치고 돌아가자 하인 하나가 투덜거렸다.

"정말 지독한 양반이군. 마지막까지 부려 먹으려고 하니 말이야."

그러나 다른 하인은 주인이 시킨 일을 시작하며 말했다.

"그렇게 불평하지 말게. 내일이면 우리를 풀어주신다니 얼마나 고마운 일인가? 이게 주인님께 해드리는 마지막 일이니 열심히 하세."

그는 새끼를 가늘고 튼튼하게 엮기 시작했다. 그러나 불평을 하던 하인은 대충 얼기설기 엮어놓고는 일찍 잠자리에 들었다.

이튿날 아침, 주인은 하인을 불러 이렇게 말했다.

"자, 이제부터 자네들은 우리 집 하인이 아니고 자유인일세. 그동안 내 집에서 일하느라 고생이 많았으니 어젯밤에 자네들이 엮은 새끼로 여기 돈 궤짝에 있는 엽전을 마음대로 꿰어 가지고 가게."

이렇게 되자 결과는 대조적으로 나타났다.

길고 튼튼하게 새끼를 꼰 하인은 양껏 엽전을 가지고 갈 수 있었으나, 불평을 늘어놓던 하인은 새끼가 너무 굵어 제대로 엽전을 꿸 수가 없었다.

토끼 목숨을 구해준 파리

무 편 신 이 위 간 소 기　무 자 임 이 위 기 소 사　무 이 기 지 장 이 형 인 지 단
毋偏信而爲奸所欺　毋自任而爲氣所使　毋以己之長而形人之短

무 인 기 지 졸 이 기 인 지 능
毋因己之拙而忌人之能

한쪽만 믿음으로써 간계에 속는 사람이 되지 말고, 잘난 체하여 객기를 부리는 사람이 되지 말라. 자신의 장점을 자랑하기 위해 남의 단점을 드러내지 말 것이며, 자기가 졸렬치 않다 하여 남의 재능을 인정하지 않는 자가 되지 말라.

[전집 120]

영리한 토끼 한 마리가 있었다. 어느 날, 하루 종일 아무것도 먹지 못한 토끼는 먹을 것을 찾아 온 숲을 헤매다가 결국 마을까지 내려가게 되었는데, 어디선가 구미를 당기는 냄새가 솔솔 풍겼다.

코를 벌름거리며 냄새나는 곳으로 찾아갔더니 그곳은 콩밭이었다. 이젠 살았구나 하고 토끼는 콩밭으로 펄쩍 뛰어 들어갔지만 그곳은 함정이었다. 사람이 놓은 덫에 걸리고 만 것이었다. 주변을 살펴보니 자신을 구해줄 자는 아무도 없었다.

그때 토끼의 머리 위로 파리들이 윙윙거리며 날고 있었다. 토끼는 순간적으로 꾀를 냈다.

"파리님, 나를 좀 도와주시오. 님이 도와주지 않으면 나는 꼼짝없이 죽게 될 것이오."

평소에 토끼는 파리 따위는 안중에도 없었지만, 자신이 위기를 당하자 파리에게까지도 굽실거리는 신세가 되었다. 하지만 그런 위기 상황에서 꾀를 생각해낸 토끼의 영리함도 대단한 것이었다.

토끼의 말을 듣고 파리는 기꺼이 부탁을 들어주겠다고 했다.

"그런데 저 같은 것이 어떻게 도움을 줄 수 있나요?"

"그건 어렵지 않소. 당신 친구들을 최대한 많이 부른 다음 내 몸에 그냥 앉아 있기만 하면 되오."

파리는 토끼가 시키는 대로 친구들을 부르고는 토끼의 몸 구석구석에 들러붙어 있었다.

잠시 후, 덫을 놓은 사냥꾼이 콩밭으로 들어왔다.

"아니, 웬 파리 떼가 이렇게 몰려왔지? 그새 토끼가 썩어버린 모양이군."

사냥꾼은 덫에서 토끼를 빼내 휙 던져버렸다.

목숨을 건진 토끼는 평소에 하찮게 여겼던 파리들에게 머리 숙여 진심으로 감사를 표했다.

기생과
천생연분인 정승

인 지 일 넘 탐 사　변 소 강 위 유　색 지 위 혼　변 은 위 참　염 결 위 오
人只一念貪私　便銷剛爲柔　塞智爲昏　變恩爲慘　染潔爲汚

괴 료 일 생 인 품　고 고 인 이 불 탐 위 보　소 이 도 월 일 세
壞了一生人品　故古人以不貪爲寶　所以度越一世

사람이 단지 사사로운 이익에만 빠져들다 보면 강직한 기질도 녹아 약해지고 지혜가 막혀 어두
워질 뿐만 아니라, 인자한 마음마저 혹독해지고 결백한 뜻도 더러워져 인간의 본성을 깨뜨리게
된다. 옛 성현들이 탐욕을 멀리한 까닭은, 그것으로 일세―世를 초월할 수 있기 때문이었다.

[전집 78]

조선을 건국할 당시 조정의 중신들 가운데는 고려에서 높은 벼슬을
지낸 사람들이 많았다.

그들 가운데 박씨 성을 가진 한 정승이 같은 무리들과 어울려 기방
을 찾았다. 박 정승이 찾아간 기방에는 미모와 춤 솜씨가 뛰어난 설중
매라는 기생이 있었다.

술잔이 몇 순배 오고 가자 좌중은 금세 흥이 무르익었다. 그때 한 사
람이 정승에게 술잔을 건네며 말했다.

"대감께서는 아주 현명한 판단을 하셨습니다. 모름지기 대세를 좇아 살아가야 현자賢者 소리를 듣게 되는 법이지요."

사실 박 정승은 고려 말에 강직한 성품으로 알려진 인물이었으나, 사심을 버리지 못해 조선조까지 넘어온 인물이었다.

"하하하, 뭐 현자라고까지 할 수 있겠습니까마는 지금 생각해보니 그때는 제가 쓸데없는 고집을 부렸던 것 같습니다."

시간이 지나자 술이 거나해진 박 정승은 옆에 앉아 있는 설중매에게 농을 걸었다.

"내가 듣기에 너는 아침엔 동쪽 마을에서 밥을 먹고, 저녁에는 서쪽 마을로 가서 잠을 잔다고 하던데, 어떠냐? 오늘은 나와 함께 하룻밤을 보내겠느냐?"

그렇지 않아도 변절을 한 박 정승을 곱게 보지 않고 있던 설중매였는데, 그런 희롱까지 당하자 발끈 화가 치밀었다. 설중매는 입가에 싸늘한 미소를 물며 정승에게 말했다.

"좋습니다. 어차피 대감과 저는 천생연분이니까요."

"천생연분이라니? 벌써 내가 좋아졌단 말이냐?"

"동가식서가숙하는 제가 어제는 고려 왕조를 섬기다가 오늘은 조선 왕조를 섬기는 대감과 함께 어울리게 되었는데 이 어찌 천생연분이 아니겠습니까?"

설중매의 비수 같은 일침에 박 정승은 물론이고 좌중의 여러 벼슬아치도 술이 확 깬 듯 한동안 말을 잇지 못했다.

물을 떠나려는
고기

입 신 불 고 일 보 위   여 진 리 진 의   이 중 탁 족   여 하 초 달 ?
立身 不高一步位 如塵裡眞衣 泥中濯足 如何超達?

처 세 퇴 일 보 처   여 비 아 투 등   저 양 촉 번   여 하 안 락 ?
處世 退一步處 如飛蛾投燈 羝羊觸藩 如何安樂?

남보다 한 걸음 높이 서서 뜻을 세우지 못한다면, 마치 티끌 속에서 옷을 털고 진흙 속에서 발을 씻는 것과 같으니 어찌 인생을 달관할 수 있겠는가? 세상을 살아가면서 한 걸음 물러서지 못한다면, 마치 불나방이 등불에 뛰어들고 숫양이 담벼락을 들이받는 것과 같으니 어찌 안락함을 바라겠는가?

[전집 43]

제나라의 전영이라는 제후가 자기 나라를 떠나 설 땅에다가 성을 쌓으려고 했다. 이 소식을 들은 세객說客들은 성 쌓는 것을 반대하며 나섰다. 그래서 전영은 측근 관리에게 세객들을 일절 들여보내지 말라고 명령했다.

그때 세객 가운데 제나라 출신의 한 사람이 나서서 말했다.

"저는 길게 말하지 않겠습니다. 단 세 마디만 하도록 허락해주십시오. 한 마디라도 더 보탠다면 불가마에 넣어 삶아 죽이셔도 좋습니다."

죽기를 각오하고 청한다는 말에 전영은 그를 들여보내라고 명했다.

전영과 마주한 세객은 약속한 대로 단 세 마디만 말했다.

"해海, 대大, 어魚."

그는 말을 마친 뒤 도망치듯 물러나려고 했다. 그러자 청곽군이 불러 세워놓고 물었다.

"좀 더 상세히 말해보라."

제나라 세객이 입을 열지 않자 전영이 말했다.

"약속한 세 마디 이외에 더 말해도 죽이지 않을 테니 더 말해보라."

세객은 그 말을 듣고서야 입을 열었다.

"일전에 저는 대어大魚에 관한 이야기를 들은 적이 있는데 주군께서도 그 이야기를 알고 계신지요?"

"나는 들은 바가 없다."

"그 대어는 아무리 큰 어망으로도 건져 올릴 수가 없고, 강한 갈고리로도 끌어당길 수가 없습니다. 그러나 파도에 떠밀려 일단 모래톱에 올라오게 되면 땅강아지나 개미와 같은 미물의 뜻대로 되고 맙니다."

전영이 무릎을 앞으로 당겨 앉으며 세객의 말에 귀를 기울였다.

"지금 제나라는 주군께 있어서는 물과 같습니다. 물을 떠난 고기는 결코 살 수가 없는 법입니다. 그런데 주군께서는 주나라를 떠나 설 땅에 성을 쌓으시려고 합니다. 이는 스스로 물을 떠나 모래톱에 오르려는 대어와 같은 일입니다."

마침내 전영은 세객의 말을 듣고 설 땅에 성을 쌓는 일을 포기했다.

115

**땅에서
늙어버린 매**

인 해 독 유 자 서　불 해 독 무 자 서　지 탄 유 현 금　부 지 탄 무 현 금
人解讀有字書　不解讀無字書　知彈有絃琴　不知彈無絃琴

이 적 용　불 이 신 용　하 이 득 금 서 지 취?
以跡用　不以神用　何以得琴書之趣?

사람들은 문자 있는 책은 읽을 줄 알되 문자가 없는 책은 읽을 줄 모르며, 줄 있는 거문고는 탈 줄 알되 줄 없는 거문고는 탈 줄 모른다. 눈앞의 형체가 있는 것만 쓸 줄 알고 정신을 쓸 줄 모른다면, 어찌 거문고와 책의 참맛을 깨달을 수 있겠는가?

[후집 8]

집에서 닭을 키우는 사내가 우연히 산에 갔다가 매의 알 하나를 발견했다. 그는 문득 그것을 부화시켜 보고 싶은 생각이 들어 집으로 가져와 자신이 키우는 닭의 둥지에 넣었다.

닭은 자신의 알과 함께 매의 알도 품게 되었다.

며칠이 지나자 병아리들이 부화되었다. 매의 알에서도 새끼 매가 비집고 나왔다.

매는 병아리들과 어울려 커가기 시작했다. 모이도 닭의 것을 먹고,

하루 종일 병아리들과 어울려 놀다가 저녁이면 함께 잠들었다.

얼마쯤 시간이 더 지나자 병아리들은 제법 어미 닭의 모습을 닮아 갔다. 아침이면 우렁찬 목소리로 울어대고 날개를 펴 날아보려고 푸 드덕거렸다.

그런데 신기한 것은 매도 이 모습을 흉내 내려고 안간힘을 쓴다는 것이었다. 똑같이 울려고 애쓰는가 하면, 큰 날개를 펴서 하늘로 날아 오를 생각은 하지 않고 그저 푸드덕거리는 흉내만 냈다.

세월이 더 지나 이제 닭도 매도 늙어버렸다.

닭장 안에서 졸고 있던 매가 문득 깨어나 하늘을 올려다보았다. 그 랬더니 큰 날개를 펼친 채 멋진 비행을 하고 있는 매 한 마리가 눈에 들어왔다. 매는 잠이 확 달아났다. 그토록 멋지게 날고 있는 새는 일 찍이 본 적이 없었기 때문이었다.

"참 멋지구나! 너는 저렇게 멋지게 나는 새를 본 적이 있니?"

옆에서 함께 졸고 있던 닭에게 매가 물었다. 닭은 단잠을 깨운 매에 게 앙칼지게 대꾸했다.

"이런 멍청이 같으니! 저건 매라고 하는 새잖아? 거의 매일 저 위에 서 날고 있었는데 뭘 새삼스럽게 놀라는 거야?"

그러면서 닭은 부리를 세워 매를 쪼려는 시늉을 했다. 그러자 매는 지레 겁을 먹고 꽁지를 보이며 물러섰다.

깨진 바가지로
물 붓기

승거목단 수적석천 학도자 수가역색
繩鋸木斷 水滴石穿 學道者 須加力索

수도거성 과숙체락 득도자 일임천기
水到渠成 瓜熟蒂落 得道者 一任天機

새끼로도 톱을 삼아서 오래 쓰면 나무를 자르고, 물방울도 오래 떨어지면 돌을 뚫는다. 도를 배우는 사람은 모름지기 힘써 찾기를 더해야 한다. 물이 모이면 도랑이 되고, 참외는 익으면 꼭지가 떨어지니 도를 얻으려는 사람은 하늘에 맡겨야 할 것이다.

[후집 109]

성미가 급해 무슨 일이든 진득하게 하지 못하는 젊은이가 어느 부자를 찾아가서 말했다.

"저는 아무리 열심히 일을 해도 돈을 모을 수가 없습니다. 저도 어르신처럼 부자가 되고 싶은데, 그 비결이 무엇인지 가르쳐주십시오."

"자네는 지금까지 무슨 일을 했었나?"

"농사도 지어보았고, 여러 장사도 했었습니다."

"그런데도 돈을 모으지 못했단 말인가?"

"예. 일도 열심히 하고 남들만큼 돈도 벌기는 번 것 같은데 이상하게 제 주머니는 늘 비어 있지 뭡니까?"

그 말을 들은 부자는 젊은이를 우물가로 데리고 갔다.

"자, 이 바가지로 우물물을 길어 올려 이 항아리에 담아보게나."

젊은이는 부자의 말대로 물을 길어 항아리에 부었으나 어찌 된 영문인지 물이 고이지를 않았다. 가만히 살펴보니 그 항아리는 밑이 빠져 있었다.

"아니, 밑 빠진 항아리에 물을 부으면 어떻게 물이 모이겠습니까?"

그러자 부자는 다시 다른 바가지와 항아리를 준비하고 물을 길어 부으라고 했다. 그런데 이번에는 바가지가 깨진 것이라 아무리 물을 길어 올려도 항아리에 물이 고이지 않았다.

"이번에는 항아리는 온전하지만 바가지가 깨져서 물이 고이지 않잖아요?"

"계속 그 깨진 바가지로 물을 길어 올려보게. 그러면 오늘 저녁때쯤이면 항아리에 물이 가득 찰 걸세."

부자는 그 말을 남기고 집으로 돌아갔다. 젊은이는 부자가 시킨 대로 하루 종일 깨진 바가지로 물을 길어 항아리에 담았다. 그랬더니 과연 저녁 무렵이 되자 항아리에 물이 가득 찼다. 깨진 바가지에서 떨어지는 몇 방울의 물이 마침내 새지 않는 항아리를 채우고 말았던 것이다.

젊은이는 그제야 자신이 지금까지 돈을 모으지 못한 까닭을 알게 되었다.

나아갈 때와
물러설 때

사사 당사 어정성지시 거신 의거어독후지야
謝事 當謝於正盛之時 居身 宜居於獨後之也

일자리에서 물러나려거든 전성기 시절에 물러나고, 몸 둘 곳을 고르려거든 홀로 뒤처진 자리에 앉혀라.

[전집 155]

　1569년, 조선 선조 때 퇴계 이황은 69세의 나이가 되자 우찬성右贊成의 벼슬을 사직하고 고향으로 내려가려고 했다.

　그때 선조는 이황을 끝까지 옆에 두려고 이조판서의 벼슬을 내렸다. 이황이 끝내 벼슬을 사양하며 낙향을 고집하자 젊은 관료인 율곡 이이가 찾아갔다.

　"어린 임금께서 즉위하신 지 얼마 되지 않으니 좀 더 보필해 드려야 하지 않겠습니까?"

　이황이 대답했다.

　"신하 된 도리로서 벼슬을 마다한다는 것은 있어서는 안 되는 일이지만, 이제 나는 나이가 들어 내 재주로는 그 중책을 감당하기가 벅차

오. 그러니 이쯤에서 물러나는 것이 옳은 일이라고 생각하오."

이이는 다시 이황을 설득했다.

"설령 아무 일을 하시지 않더라도 조정에 남아 계신다는 사실 자체가 나라에 큰 도움이 될 것입니다."

그 말에 이황은 씁쓸한 미소를 지으며 말했다.

"그것은 과분한 말씀이오. 주어진 직책도 감당하지 못하면서 조정에 몸만 머물러 있다면 그것은 직무 태만이오. 내 어찌 모든 관료에게 그 같은 좋지 못한 기풍을 조장한단 말이요?"

결국 이황은 자신의 뜻대로 낙향을 하고 말았다.

벼슬에서 물러나 도산으로 돌아온 이황은 제자들에게 이렇게 말했다.

"나는 나아가고 물러남에 있어서 젊었을 때와 늙었을 때가 매우 달랐다. 젊었을 때는 임금의 부르심을 받으면 곧 달려갔었는데 늙어서는 부르심을 받을 때마다 사양했다. 옛날에 어떤 사람은 벼슬을 받으면 곧 달려 나가 고하기를, '임금의 은혜가 지극히 무거운데 어찌 물러갈 수 있겠습니까' 하고 말했다지만 나는 그렇게 생각하지 않는다. 만약 나아가고 물러나는 데 있어서 대의大義를 돌아보지 않고, 한낱 임금의 사랑만 중하게 여긴다면 그것은 올바른 충성이라고 할 수 없는 것이다."

마음을
비우는 것이
성공의 비결

독일 출생의 미국 불리학자 아인슈타인은 상대성이론이라는 세기적인 이론을 정립함으로써 세계적인 명성을 얻었다.

하루는 제자들이 찾아와 그에게 물었다.

"선생님께서 그토록 위대한 이론을 정립하시게 된 토대는 무엇이었습니까?"

그 질문에 아인슈타인은 컵에 담긴 물에 손가락을 적신 뒤 손끝에서 떨어지는 한 방울의 물을 보며 대답했다.

"내가 이룩한 이론이란 보잘것없는 것이다. 학문을 저 넓은 바다에 비교한다면 내 이론은 여기 손가락 끝에서 떨어지는 물 한 방울 같은 것이지."

제자들이 다시 질문했다.

"너무 겸손하신 말씀입니다. 선생님께서는 누구도 할 수 없는 위대한 일을 성공적으로 이루어놓으셨습니다. 그 성공의 비결만이라도 가르쳐주십시오."

그 말에 아인슈타인은 잠시 생각하다가 종이를 꺼내 이렇게 적어 보여주었다.

'S = T + J + C'

제자들은 이것이 무슨 뜻인지 몰라 다시 물었다.

"아무리 들여다보아도 이것이 무슨 공식인지 알 수가 없습니다. 설명 좀 해주십시오."

아인슈타인은 빙그레 웃으며 대답했다.

"S는 성공success이고, T는 말talk을 많이 하지 말라는 것이다 그리고 J는 즐겁게joy 생활하라는 뜻이고, C는 여유 있는composure 시간을 많이 가지라는 뜻이다."

"좀 더 구체적으로 말씀해주십시오."

"말을 많이 하게 되면 여러 가지 시비를 불러 일으켜 싸움이 잦아진다. 싸움이 잦으면 자연히 생활이 흐트러지게 되지. 그리고 생활이 안정되지 않으면 자연히 조용히 생각할 시간이 없어 감정적인 사고에서 이성적인 사고로 돌아올 여유가 없게 되는 것이다. 자네들은 마음이 혼란한 상태에서 새로운 이론을 세울 수가 있겠는가?"

心境如月池浸色　空而不著　則物我兩忘
심경여월지침색　공이부저　즉물아양망

耳根似飆谷投響　過而不留　則是非俱謝
이근사표곡투향　과이불류　즉시비구사

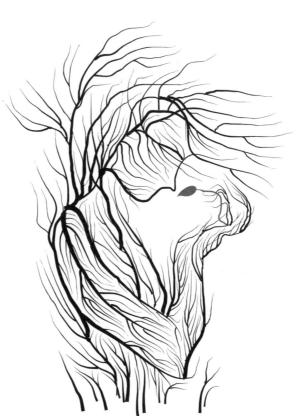

채근담 후집 120

귀는 마치 회오리바람이 골짜기에 소리를 울리게 하는 것과 같은 것이니,
그저 지나가게 하고 담아두지 않으면 시비도 함께 사라진다.
마음은 마치 연못에 달빛이 비치는 것과 같은 것이니 텅 비게 하고
잡아두지 않으면 사물과 나를 모두 잊게 된다.

도둑질의 비법

배우는 사람은 정신을 가다듬어 한 곳에 집중해야 한다. 만일 덕을 닦으면서도 뜻은 사업이나 명예에 둔다면 진리의 깊은 경지에 다다를 수 없고, 책을 읽으면서도 읊조림이나 놀이에만 머문다면 결코 깊은 마음에까지 이를 수는 없을 것이다.

[전집 44]

옛날에 무엇이든 훔칠 수 있는 도둑이 있었다. 그는 평생 자신이 마음먹은 것을 단 한 번도 실수하지 않고 자기 것으로 만들었다.

그에게는 아들이 하나 있었는데, 어느 날 아버지를 찾아와 말했다.

"이제 아버님도 늙으셨으니, 제게 비법을 전수해주세요."

아버지는 눈을 감고 생각하다가 아들에게 말했다.

"좋다. 오늘 저녁에 나와 함께 나가보자."

컴컴한 밤이 되자 부자父子는 집을 나섰다. 아버지가 택한 집은 대궐 같은 큰 저택이었다.

"자, 지금부터 내 뒤를 잘 따라오너라."

"예, 예……."

아들은 너무 떨려서 한겨울인데도 진땀을 흘리고 있었다. 그러나 아버지는 마치 아무도 없는 빈집을 들어가듯, 대문과 중문을 지나 마침내 한가운데 주인의 패물이 보관되어 있는 벽장 앞에까지 이르렀다. 아버지는 아들에게 나직이 말했다.

"벽장 안으로 들어가 가장 비싼 패물을 들고 나오너라."

"예, 예……."

아들은 여전히 벌벌 떨면서 아버지의 말에 따라 벽장 안으로 들어갔다. 그런데 어찌 된 영문인지 아들이 벽장 안으로 들어가자마자 아버지는 밖에서 문을 쾅 닫아버렸다. 게다가 크게 소리를 지른 뒤에 혼자만 달아나는 것이었다.

"아버지가 미쳤나 보군. 비법을 가르쳐준다더니 이게 무슨 일인가."

아들은 급히 벽장문을 열려고 했으나, 이미 아버지가 문고리를 걸어놓은 뒤였다.

잠시 후, 집안 사람들이 잠에서 깨어나 웅성거리는 소리가 들렸다. 마침내 하인들은 아들이 갇혀 있는 벽장문 앞에까지 몰려왔다. 아들의 등에서는 식은땀이 줄줄 흘렀다.

'정신을 바짝 차리자. 지금은 나 혼자밖에 없다. 이 위기에서 구해줄 사람은 오직 나밖에 없다.'

그렇게 생각하고 있는데 하인 하나가 벽장문을 열며 촛불을 들이대었다. 그 순간 아들은 잽싸게 촛불을 발로 차 떨어뜨리며 벽장 밖으로 뛰어 나갔다. 그러고는 뒤도 돌아보지 않은 채 내달리기 시작했다.

"저놈 잡아라!"

하인들이 고함을 지르며 아들의 뒤를 쫓았다. 하지만 아들은 어디서 그런 힘이 솟구쳤는지 무서운 속도로 도망을 쳤다.

한참 도망가다가 우물 있는 곳에 멈춘 아들은 뒤를 돌아다보았다. 저만치에서 하인들이 횃불을 밝히며 쫓아오고 있었다. 아들은 꾀를 내어 커다란 바위 하나를 집어다가 우물 속에 빠뜨리고는 옆의 숲으로 들어가 몸을 숨겼다.

"풍덩!"

이 소리를 들은 하인들은 우물가로 모여들었다.

"도둑놈이 이곳에 빠진 게 틀림없어. 내일 아침 날이 밝는 대로 다시 와서 확인해보자."

하인들이 돌아가는 것을 확인한 아들은 급히 집으로 돌아왔다. 아버지는 태연히 코를 골며 잠들어 있었다. 이것을 본 아들이 화가 나버럭 소리를 질렀다.

그러자 아버지가 태연하게 말했다.

"어, 이제 돌아왔느냐? 역시 너는 내 아들이구나. 모름지기 아무리 도둑질이라도 정신을 바짝 차려야 제대로 배울 수가 있는 법이다. 너는 오늘 밤에 가장 중요한 것을 배운 것이다. 앞으로도 네가 벽장 속에 갇혔을 때 가졌던 각오로 살아간다면 못 이룰 일이 없을 것이다. 자, 늦었으니 어서 들어가 자거라."

푸줏간 노인의
인내와 재치

각 인 지 사 불 형 어 언 수 인 지 모 부 동 어 색
覺人之詐 不形於言 受人之侮 不動於色

차 중 유 무 궁 의 미 역 유 무 궁 수 용
此中有無窮意味 亦有無窮受用

남이 속인다는 사실을 알고도 말로 나타내지 않고, 남에게 업신여김을 받아도 안색을 바꾸지 않는다면, 장차 어떠한 일도 해나갈 수가 있고 무궁한 발전이 있을 것이다.

[전집 126]

옛날에 한 노인이 푸줏간을 하고 있었다.

어느 날, 가게에 새파란 청년과 나이가 지극한 중년이 동시에 들어와 고기를 달라고 했다. 청년이 먼저 주인에게 말했다.

"어이, 영감. 고기 한 근만 주쇼."

청년은 위아래도 없이 오만하게 굴었다.

이 광경을 지켜보던 중년이 속으로 청년을 욕하면서 노인에게 다소곳하게 말했다.

"어르신, 저도 고기 한 근만 주십시오."

노인은 청년과 중년에게 고기를 잘라주었다. 그런데 청년이 받아 든 고기는 양이 적고, 중년의 고기는 양이 훨씬 많았다.

"똑같은 고기 한 근인데 왜 내 것은 양이 적고 저 사람의 것은 많은 거요?"

청년이 따지듯이 대들자 노인이 말했다.

"그야 당연한 일이지."

"뭐가 당연하다는 거요?"

"고기를 판 사람이 다르기 때문이지. 당신한테 고기를 판 사람은 '어이, 영감'이라는 사람이고, 저 중년에게 고기를 판 사람은 '어르신'이라는 사람이었거든. 이제 알겠나?"

청년은 고개를 숙인 채 도망치듯 푸줏간을 빠져나갔다.

부자가 되는 법

빙 의 흥 작 위 자　수 작 즉 수 지　기 시 불 퇴 지 륜 ?
憑意興作爲者　隨作則隨止　豈是不退之論?

종 정 식 해 오 자　유 오 즉 유 미　종 비 상 명 지 등
從情識解悟者　有悟則有迷　終非常明之燈

즉흥적으로 일을 시작한 사람은 일을 시작하자마자 곧 멈추니, 이 어찌 멈추지 않고 돌아가는 수레바퀴라고 할 수 있겠는가? 일시적인 감정과 지혜로 얻은 깨달음은 깨달았는가 하면 금방 흐려지니 영원히 밝은 등불은 될 수 없다.

[전집 167]

　옛날 어느 마을에 농부 두 사람이 살고 있었다.

　한 농부는 논농사 밭농사 가릴 것 없이 열심히 일해 마침내 큰 부자가 되었다. 그런데 다른 한 농부는 부자가 된 농부와 다를 바 없이 열심히 일했지만 가난에서 헤어나지 못했다.

　하루는 가난한 농부가 부자 농부를 찾아가 돈을 많이 모은 비결이 무엇이냐고 물었다. 그러자 부자 농부는 자신이 성공한 비결을 차근차근 일러주었다.

"일단 돈을 벌면 쓰지 말아야 합니다. 그것이 가장 큰 비결입니다."

부자 농부는 처음부터 끝까지 돈을 쓰지 말라는 말로만 일관했다. 한참 이야기를 듣고 부자 농부의 집을 나선 가난한 농부의 머리에는 오로지 돈을 쓰지 말라는 말만 뱅뱅 돌았다.

"그래. 지금부터라도 돈을 쓰지 말자."

그는 굳게 결심했지만 얼마 가지 않아 주막이 보이자 그리로 들어갔다.

"한참 얘기를 듣다 보니 배가 출출한 걸."

그는 부자 농부가 한 말은 까맣게 잊고 막걸리와 고기국밥으로 배를 채웠다. 그 후로도 그는 평소처럼 배고프면 배불리 먹고, 졸리면 아무 때고 잠을 잤다.

그러다 보니 좀체 돈이 모일 사이가 없었다. 그래서 가난한 농부는 다시 한번 부자 농부에게 찾아갔다. 전후 사정을 들은 부자 농부는 가난한 농부를 마을에서 가장 큰 나무 밑으로 데리고 갔다.

"이 나무에 올라가서 나뭇가지를 잡고 매달릴 수 있겠소?"

사람 키의 열 배도 넘는 높은 나무라 겁이 나기도 했지만, 이번에는 꼭 부자가 되는 비결을 배워야겠다는 생각에 가난한 농부는 나무로 기어올라 나뭇가지를 잡고 대롱대롱 매달렸다. 그랬더니 이번에는 한 손을 놓으라고 주문했다. 가난한 농부는 더욱 겁이 났지만 시키는 대로 했다.

나무 아래에서 부자 농부가 소리쳤다.

"이번에는 나머지 한쪽 팔도 놓아보시오."

그 말을 듣는 순간 가난한 농부는 버럭 화를 내며 소리쳤다.

"여보시오, 지금 나더러 이 나무에서 떨어져 죽으라는 말이오? 당신이 돈푼이나 있다고 사람을 놀리는 거요?"

부자 농부는 나무에 매달린 채 버둥거리는 농부를 향해 말했다.

"그렇다면 죽을 수야 없으니 이제 그만 내려오시오."

가난한 농부가 내려오자마자 자기를 희롱했다며 부자 농부의 멱살을 움켜잡았다. 그러자 부자 농부가 빙그레 웃으며 말했다.

"진정하시오. 나는 당신의 부탁대로 부자가 되는 법을 똑똑히 가르쳐준 것뿐이오. 내 말을 잘 들어보시오. 방금 전에 당신이 두 손을 다 놓으면 떨어져 죽을 거라고 했죠?"

"그런데 그게 어쨌다는 것이오?"

"바로 그것이오. 일단 돈이 자기 손에 들어오면 마치 높은 곳에서 나뭇가지를 움켜쥐고 있듯이 돈을 꽉 붙잡고 놓지 말아야 하는 것이오. 나는 처음에 당신이 찾아왔을 때도 돈을 쓰지 말아야 부자가 된다고 했는데 당신은 그 말을 제대로 이해하지 못한 것 같아 다시 한번 깨우쳐준 것뿐이오. 사실 부자가 되는 일은 나뭇가지를 잡고 있는 것처럼 아주 쉬운 일이오."

가난한 농부는 그제야 부자 농부의 뜻을 제대로 알아차렸다.

그 후 가난한 농부는 돈을 쓰고 싶은 생각이 날 때마다 나무 위에 매달려 있던 그날의 일을 떠올리곤 했다. 그렇게 몇 년이 지난 뒤에는 그도 많은 돈을 모을 수가 있었다.

菜根譚

4

그릇된 욕망에서 벗어나려면

백성을 사랑하는
마음이 으뜸

독서 불견성현 위연참용 거관 불애자민 위의관도
讀書 不見聖賢 爲鉛槧傭 居官 不愛子民 爲衣冠盜

강학 불상궁행 위구두선 입업 불사종덕 위안전화
講學 不尙躬行 爲口頭禪 立業 不思種德 爲眼前花

글을 읽으면서도 성현을 알아보지 못한다면 종이와 붓의 노예에 불과하고, 공직에 있으면서도 백성을 사랑하지 않는다면 이는 관복을 훔친 도둑이나 다름없다. 학문을 가르치면서도 몸소 실천하지 않는다면 입으로만 선을 말하는 것이며, 큰 사업의 뜻을 세우고서도 덕을 베푸는 데 인색하다면 눈앞에서 피고 지는 꽃과 같이 허망한 것에 지나지 않는다.

[전집 56]

옛날에 세 명의 왕자를 둔 왕이 있었다. 세 왕자는 모두 글을 많이 읽어 영리했다.

세월이 흘러 왕이 늙자 후계자를 정하기 위해 고민하던 왕은 나라에서 가장 훌륭한 현자賢者를 불러 상의하게 되었다.

현자는 세 왕자가 한자리에 모인 데서 이런 질문을 던졌다.

"만약 왕자들께서 세상에 다시 태어나신다면 어떤 새가 되길 원하십니까?"

첫째 왕자가 대답했다.

"나는 매가 될 것입니다. 매는 새들 중에서도 강하고 날렵하여 높은 권위를 지니고 있기 때문이지요."

이어서 둘째 왕자가 대답했다.

"나는 독수리가 되겠습니다. 독수리는 용맹하기가 으뜸이어서, 새 중의 왕이 아닙니까?"

마지막으로 셋째 왕자가 대답했다.

"나는 까치가 되겠습니다. 까치는 남을 해치지 않고, 많은 사람이 길조로 여기는 성스러운 새이기 때문입니다."

왕자들의 이야기를 다 들은 현자가 왕에게 찾아가 말했다.

"첫째 왕자는 성취욕이 강하여 한때는 흥할 것이지만, 결국 많은 적이 생겨 전쟁이 그칠 날이 없을 것입니다. 둘째 왕자는 용맹하여 통치력은 강할 것이지만, 결국 백성들의 원성을 듣게 될 것입니다. 셋째 왕자는 강하지도 용맹하지도 않으나, 백성들을 사랑하는 마음이 가득해 능히 적을 내 편으로 만들 수도 있을 것입니다."

현자의 말을 들은 왕은 망설임 없이 셋째를 후계자로 삼았다.

75센트로 치른 선거

부 귀 명 예 자 도 덕 래 자   여 산 림 중 화   자 시 서 서 번 연   자 공 업 래 자
富貴名譽 自道德來者 如山林中花 自是舒徐繁衍 自功業來自

여 분 함 중 화   변 유 천 사 폐 흥   약 이 권 력 득 자   여 병 발 중 화   기 근 불 식
如盆檻中花 便有遷徙廢興 若以權力得者 如瓶鉢中花 其根不植

기 위 가 립 이 대 의
其萎可立以待矣

부귀와 명예가 도덕으로부터 온 것이면 숲속의 꽃처럼 그 뿌리와 잎이 자연스럽게 번성할 것이
고, 부귀와 명예가 공로를 이룬 데서 온 것이면 화분 속의 꽃처럼 자주 자리를 옮기게 되어 흥망
이 있을 것이다. 또한 부귀와 명예가 권력으로부터 온 것이라면 화병 속의 꽃처럼 뿌리를 심지
않은 탓으로 금방 시들어버리고 말 것이다.

[전집 59]

　

미국의 16대 대통령 링컨은 노예 해방이라는 역사적인 업적을 이룬
인물로 잘 알려져 있지만, 그의 청렴함 또한 뭇사람들의 귀감이 될 만
하다.

예나 지금이나 선거에는 돈이 따르기 마련이다. 특히 세계의 대통
령이라고 불리는 미국의 대통령 선거는 더 말할 나위도 없다.

링컨은 친구가 빌려준 5달러로 결혼식을 치를 만큼 가난했지만, 주

의회 의원 네 번, 상원의원 두 번, 대통령 두 번을 지내는 동안 단 한 번도 선거 때문에 곤경에 처한 적은 없었다.

링컨이 처음으로 주 의회 의원에 입후보했을 때의 일이다.

그는 자신이 소속된 휘그당으로부터 2백 달러의 선거 보조금을 받았다. 유세가 치러지는 동안 그는 이 돈을 거의 쓰지 않았다. 여러 지방에 다니면서 그는 자신의 말을 타고 다녔고, 그가 머무는 지방에서는 유지들이 숙식을 제공해주었기 때문에 돈이 들어갈 일이 없었던 것이다.

선거가 끝났을 때, 그는 당당히 당선되었고, 선거 자금으로 쓰고 남은 1백 99달러 25센트를 당에 반납했다. 그러자 당원 한 사람이 그에게 물었다.

"대단하군요. 이렇게 적은 선거 비용으로 당선이 되다니. 그런데 75센트는 어디에 썼습니까?"

링컨은 조용히 미소 띤 표정으로 말했다.

"어느 지방에 갔더니 어린 소년이 땀을 뻘뻘 흘리며 음료를 팔고 있었는데, 내게 다가와 음료 한 병만 팔아달라고 하더군. 하도 보기가 딱해 소년의 청을 들어주었지. 75센트는 그 음료값을 지불하는 데 썼소."

X선 발견자
뢴트겐의 선행

X선을 발견한 업적을 인정받아 1901년 최초의 노벨물리학상 수상
자가 된 독일의 물리학자 뢴트겐은 진정한 과학정신을 가진 사람이
었다.

그가 X선을 발견한 것은 1896년으로 아직 한창때인 50세였다. 그
무렵, 전기회사를 운영하는 어느 재벌이 뢴트겐을 찾아왔다.

"앞으로 X선은 의학의 발전에 지대한 공헌을 하리라 믿습니다. 선
생님, 정말 대단한 일을 하셨습니다."

"X선에 대한 효능을 인정해주시니 감사합니다."

뢴트겐은 재벌의 말을 순수하게 받아들였다. 그러나 다음 질문을 받고는 크게 실망했다.

"물론 선생님께서는 X선에 대한 특허를 출원하셨겠지요? 그렇다면 그 특허권을 저희 회사에 파십시오. 보상은 충분하게 해드리겠습니다."

뢴트겐을 그 말을 듣자 굳은 표정으로 대답했다.

"X선을 독차지하겠다는 말이군요. 그건 곤란합니다. 나는 X선을 발명한 것이 아닙니다. 다른 사람들도 충분히 할 수 있는 일을 운 좋게 발견했을 뿐입니다. 그러므로 내가 발견한 것을 여러 사람이 마음껏 함께 사용하도록 하는 것은 당연한 일이 아니겠습니까?"

재벌은 뢴트겐의 말에 얼굴을 붉히며 돌아갔다.

욕심에는
끝이 없다

탐 득 자 분 금　한 부 득 옥　봉 공　원 불 수 후　권 호 자 감 걸 개
貪得者分金　恨不得玉　封公　怨不受侯　權豪自甘乞丐

지 족 자 려 갱　지 어 고 량　포 포　난 어 호 학　편 민 불 양 왕 공
知足者黎羹　旨於膏粱　布袍　煖於狐貉　編民不讓王公

욕심이 많은 자는 금을 나누어주어도 옥을 얻지 못함을 한탄하고, 공작으로 봉해주어도 제후가
되지 못함을 원망하며, 부귀하면서도 더 많은 부를 얻으려고 스스로 거지 노릇도 달게 여긴다.
그러나 족함을 아는 자는 명아주국도 고깃국보다 맛있게 여기고, 베 두루마기도 여우가죽 옷보
다 따뜻하게 생각하니 이는 서민이면서도 왕과 같다.

[후집 30]

옛날 하늘나라에서 신선 하나가 땅으로 내려왔다. 그는 지상에서
가장 욕심이 없는 자를 데려오라는 천제天帝의 명을 받들고 있었다.
천제는 만약 그런 자가 있다면 영원한 생명을 줄 생각이었다.

신선은 어느 산 옆을 지나다가 온화한 얼굴을 지닌 중년 사내를 만
났다.

"내가 저기 보이는 큰 바위를 금덩이로 만들어줄 테니 갖겠느냐?"

사내는 고개를 저으며 싫다고 했다.

"왜? 금이 싫으냐?"

"그게 아니라, 저 산 전체를 금으로 만들어주십시오."

신선은 이내 그자의 욕심에 혀를 내두르며 다른 사람을 찾아 나섰다. 그러나 만나는 사람마다 조금이라도 더 큰 금을 갖기를 바랐다.

그래서 신선은 어린 사람들을 시험해보기로 했다. 어린 자들은 아직 세상의 탐욕에 그나마 적게 물들었으리라고 생각했기 때문이었다.

신선은 어느 마을을 지나다가 반듯하게 생긴 소년 하나를 만났다.

"내가 저기 보이는 큰 바위를 금덩이로 만들어줄 테니 갖겠느냐?"

소년이 맑은 목소리로 대답했다.

"저까짓 바위만 한 금덩이가 무슨 필요가 있습니까?"

"정녕 저 바위만 한 금을 갖지 않겠느냐?"

"예."

"정말 금이 탐나지 않느냐?"

신선은 거듭하여 물었지만 소년은 금덩이를 갖지 않겠다는 것이었다.

'오, 이제야 제대로 사람을 찾았구나.'

신선은 이제야 할 일을 다한 것 같아 너무 기뻤다. 그래서 소년의 소원 하나를 들어줄 요량으로 그에게 물었다.

"네 뜻이 참 갸륵하구나. 내가 이 손가락으로 네 소원을 이루게 해줄 테니 하나만 말해보거라."

그러자 소년이 천진스럽게 말했다.

"바윗덩어리나 산을 단숨에 금으로 만들어버리는 신선님의 그 손가락을 제게 주십시오."

세 사람의 주검과
금덩이

비분지복 무고지획 비조물지조이 즉인세지기정
非分之福 無故之獲 非造物之釣餌 即人世之機阱

차 처 저 안 불 고 선 불 타 피 술 중 의
此處 著眼不高 鮮不墮彼術中矣

분수에 맞지 않는 복과 까닭 없이 얻게 되는 것은 조물주의 낚시 미끼 아니면 세상 사람들이 파
놓은 함정이다. 그러니 이런 경우에는 눈을 높이 들지 않으면 그 꾐에 빠지지 않을 자가 없을 것
이다.

[후집 126]

세 젊은이가 숨이 끊긴 채 길가에 널브러져 있었다. 그들 중 하나는
머리가 깨져 피가 흐르고 있었고, 나머지 둘은 아무 상처 없이 죽어
있었다. 그런데 세 사람 옆에는 주먹만 한 금덩이가 놓여 있었다.

이들이 숨을 거두게 된 사연은 이러했다.

세 사람이 함께 길을 가다가 우연히 금덩이 하나를 발견했다.

"우리가 함께 발견했으니 공평하게 삼등분하자."

세 사람은 그렇게 하기로 하고 기쁨을 함께 나누기 위해 술을 한잔

하기로 했다. 그래서 한 친구가 주막으로 달려갔다.

술을 사 가지고 돌아오는 길에 그는 이런 생각을 했다.

'저 두 놈만 없애버리면 금덩이는 온전히 내 것이 될 텐데…….'

욕심이 생긴 그는 술에 독약을 넣었다.

그런데 이 무렵 술을 사 가지고 돌아오기를 기다리고 있던 두 친구도 똑같이 흑심을 품었다.

"그 친구를 없애면 금덩이를 반으로 나눠 가질 수 있을 텐데……."

"그럼 없애버리기로 하자."

사전에 입을 맞춘 두 사람은 술병을 들고 오는 친구가 보이자마자 달려들어 돌로 머리를 쳐 죽여버렸다.

"자, 이제 우리 둘이서 축배를 드세."

두 사람은 독약이 든 술을 나눠 마셨다.

잠시 후 길가에는 세 사람의 주검과 주인 없는 금덩이 하나가 뒹굴게 되었다.

처음에 잘못
들어선 길

어느 유명한 화가에게 자신이 그린 그림 한 장을 가지고 노인이 찾아왔다. 노인이 유명한 화가에게 말했다.

"제가 심혈을 기울여 그린 그림입니다. 이 그림 좀 평가해주십시오."

화가는 노인의 그림을 찬찬히 살펴보았다. 그런데 노인의 그림은 겉으로는 그럴듯해 보였으나, 진실한 구석이 한 군데도 없고 장면 장면마다 잔재주만 피운 흔적이 역력했다.

화가는 노인에게 이 그림을 어떻게 평가해주어야 할지 고민이었다. 하지만 사실대로 평가해주는 것이 예술가다운 행동이라고 생각한 화가는 자신이 느낀 그대로 이야기해주었다. 그랬더니 노인의 얼굴에는 실망의 빛이 역력하게 깃들었다.

잠시 후, 노인은 또 다른 그림 한 장을 화가에게 보여주며 말했다.

"그렇다면 이 그림을 한번 봐주십시오. 이것은 젊은 화가 지망생이 그린 것입니다."

노인이 건네준 그림을 보는 순간 화가는 깜짝 놀랐다.

"오, 이렇게 훌륭한 그림을 그린 젊은이가 있다니! 대단하군요. 예술적인 감각과 창조력이 대단한 그림입니다. 이 그림을 그린 친구가 누굽니까?"

감탄을 아끼지 않고 있는 화가에게 노인이 말했다.

"이 그림은 제가 40년 전에 그린 것입니다."

그러면서 노인은 자신의 과거를 화가에게 들려주었다.

노인은 젊어서 지금 화가에게 보여준 그림을 당시 유명한 화가에게 보여주어 극찬을 받았다. 그러나 그 극찬은 오히려 노인에게 해가 되었다. 칭찬을 들은 이후로 노인은 오만해져 자신만의 독특한 세계를 만들겠다며 기이한 파격만을 탐닉하게 되었던 것이다.

결국 노인은 정체불명의 기괴한 그림만을 그리며 세월을 보내고 말았다. 더구나 40년이 지난 지금까지도 자신의 그림이 인정받을 수 있지 않을까 하는 희망만은 버리지 않고 있었으나, 이미 너무 많은 세월이 흘러 있었다.

陰謀怪習　異行奇能，俱是涉世的禍胎

只一個庸德庸行　便可以完混沌而召平和

음모괴습 이행기능 구시섭세적화태

지일개용덕용행 변가이완혼돈이소평화

채근담 전집 181

음모와 괴상한 습관, 이상한 행동과 기이한 재주는 모두 세상을 사는 데 화근이 된다.
그러므로 오직 한 가지, 평범한 덕행만이 혼돈을 온전히 하여 화평을 부를 수 있다.

돌멩이가 가득 찬
항아리

부귀가 의관후 이반기각 시부귀이빈천기행의 여하능향?
富貴家 宜寬厚 而反忌刻 是富貴而貧賤其行矣 如何能享?

총명인 의렴장 이반현요 시총명이우몽기병의 여하불패?
聰明人 宜斂藏 而反炫耀 是聰明而愚懵其病矣 如何不敗?

부귀한 집안은 너그럽고 후덕해야 하건만 오히려 샘을 내고 남에게 각박하게 군다면, 그것은 곧
부귀하면서도 가난하고 천하게 행동하는 것이므로 어찌 복을 누릴 수 있겠는가? 총명한 사람은
그 재주를 감추어야 하건만 오히려 드러내 자랑한다면, 총명하면서도 어둡고 어리석음에 병든
것이니 어찌 실패하지 않겠는가?

[전집 31]

옛날 어느 마을에 지독한 구두쇠 영감이 살고 있었다.

그 영감은 돈을 모을 줄만 알았지 일 전 한 푼 쓸 생각을 하지 않았
다. 어느 해인가는 흉년이 들어 마을 사람 대부분이 먹을 것이 없어
하나둘 굶어 죽어 나가는데도 눈 하나 꿈쩍하지 않았다.

거기다가 모아놓은 돈을 잃어버릴까 늘 전전긍긍했다.

'혹시 도둑이라도 들어오면 어떻게 하지……'

그래서 영감은 궁리 끝에 자기 집 담벼락에 몰래 큰 항아리를 묻고

는 돈이 모이기만 하면 거기에 갖다 넣었다. 그것도 불안해서 아침저녁으로 항아리가 안전한지 확인하곤 했다.

그러던 어느 날, 구두쇠 영감은 여느 날처럼 항아리를 확인하려고 뚜껑을 열어보았다.

"이게 어떻게 된 거야? 돈이 하나도 없잖아!"

항아리 속에는 엽전 대신 돌멩이가 가득 들어 있었다. 영감은 자리에 털썩 주저앉았다.

그때 이웃 마을에 사는 구두쇠 영감의 친구가 찾아왔다. 영감이 돈을 몽땅 도둑맞고 망연자실해 있는 광경을 보고는 이렇게 말했다.

"여보게, 뭘 그리 넋을 놓고 앉아 있는가? 어차피 그 항아리에 들어 있던 돈은 한 푼도 쓰지 않을 작정 아니었나? 그렇다면 항아리 속의 것이 돌멩이든 돈이든 무슨 상관이 있는가?"

세계의 청백리, 잠롱

지난 1992년과 95년에 우리나라를 방문했던 잠롱은 태국에서 처음으로 실시된 지방자치단체장 선거에 당선되어 1985년부터 1992년까지 방콕시장을 역임한 인물이다.

그는 청렴한 공직생활을 하여 '나이시안'이라는 별명을 갖게 되었다. 이는 태국 말로 '깨끗한 남자'라는 뜻이다.

당시 시장 선거를 치를 때만 해도 후보자로 나서려면 엄청난 선거비가 필요했다. 후보자 벽보를 붙이는 데만도 1백만 바트가 들 정도였다. 그러나 그는 시장 선거를 치르면서 후보자 등록비 5천 바트와 벽보 제작비 1천 바트만을 썼다. 그렇게 적은 돈을 쓰고도 그는 역대 선거 가운데 가장 많은 표인 48만 표를 획득하면서 당선됐다.

잠롱 스리무앙의 청렴함은 가히 '세계의 청백리'로 불릴 만큼 검소했다. 그는 명색이 시장으로 재직하면서도 집 한 칸 없이 폐품 창고를 개조해 생활했다. 더구나 그가 받는 월급은 모두 자선단체에 보내고, 부인이 국수 가게를 하며 번 돈으로 생활비를 충당했다. 또한 시장직에서 물러나면서 그는 약 40억 바트약 1,500억 원나 되는 거금을 방콕시에 남겨주었다.

늘 무명 저고리 같은 옷을 입고 생활한 그는 외국 내빈을 만날 때도 별다른 예복을 갖추어 입지 않았다. 그래서 태국의 내무부 장관은 외국 내빈에 대한 결례라고 주장하고 나섰지만 그는 오히려 명예훼손이라며 장관을 나무랐다. 순박한 태국 농민들의 복장을 애용하고 있을 뿐인데, 그것이 어째서 결례가 되느냐는 것이 그의 주장이었던 것이다.

인간의
끝없는 욕정

욕 기 중 자　파 비 한 담　산 림 불 견 기 적
欲其中者　波沸寒潭　山林不見其寂

처 기 중 자　냉 생 혹 서 조 시 부 지 기 훤
處其中者　冷生酷暑朝市不知其喧

욕심이 가득 차면 깊은 못에서도 물결이 끓어 산림 속의 고요함을 보지 못하고, 마음이 텅 비면
무더위 속에서도 서늘함이 일어 시장의 한가운데 있어도 시끄러운 줄 모른다.

[후집 52]

진秦나라 무왕武王의 아내는 보통 여자와는 달리 질투심과 사내 욕
심이 많은 여자였다.

그녀는 남편인 무왕이 세상을 떠난 뒤에도 위魏라는 이름을 가진 신
하와 정을 통하곤 했다. 주위 사람들도 쉬쉬하면서 다 알고 있는 사실
이었지만, 무왕의 아내는 아랑곳하지 않고 자기 침소로 사내를 불러
들였다.

세월이 흐르고 무왕의 아내가 병이 들었다. 그녀의 병은 나날이 깊

어져 마침내 죽음을 앞두게 되었다.

그즈음, 그녀는 지금까지 통정을 한 위를 불러들여 말했다.

"나는 그동안 주위 사람들의 손가락질을 알면서도 너를 감싸주었다. 그 은혜를 알고 있느냐?"

"예, 잘 알고 있습니다."

"그렇다면 내가 죽는 날, 너도 나를 따라 죽을 수 있겠느냐?"

"그것은……."

위는 얼른 대답하지 못하고 머뭇거렸다. 사실 그녀를 진심으로 사랑했던 게 아니었기 때문이었다. 위는 잠시 생각하다가 입을 열었다.

"그렇게 하겠습니다. 그러나 곤란한 문제는 있습니다."

"곤란한 문제라니?"

"황후께서는 죽은 뒤의 세계가 있다고 생각하십니까? 만약 사후 세계가 없다면 제가 따라 죽어도 소용이 없지 않겠습니까?"

그녀는 죽어서도 남자가 필요하다는 생각에서 위를 부른 것이었는데, 그의 대답을 듣고 보니 낭패가 아닐 수 없었다. 그래서 어떻게든 그를 데려가려고 그의 말을 부인했다.

"걱정할 것 없다. 나는 사후 세계 따위는 믿지 않으니까."

그러자 위가 다시 대답했다.

"그것도 문제가 됩니다. 만약 저와 함께 하늘나라로 가신다면, 먼저 가 계신 황제께서 가만 놔두지 않을 게 아닙니까?"

결국 무왕의 아내는 쓸쓸한 죽음을 맞이하게 되었다.

꽉 움켜쥔 욕심

인생복경화구 개념상조성 고석씨운
人生福境禍區 皆念想造成 故釋氏云

이욕치연 즉시화갱 탐애침닉 변위고해 일념청정 열염성지
「利欲熾然 卽是火坑 貪愛沈溺 便爲苦海 一念淸淨 烈焰成池

일념경각 선등피안 염두초이 경계돈수 가불신재?
一念警覺 船登彼岸」 念頭稍異 境界頓殊 可不愼哉?

인생의 복과 재앙은 모두 마음속에서 이루어진다. 그러므로 석가모니는 '욕심이 타오르면 그것이 곧 불구덩이요, 탐애貪愛에 빠지면 그것이 곧 고해苦海이다. 마음이 맑으면 불길도 연못이 되고, 마음을 깨닫게 되면 배는 피안에 닿는다'고 하였으니, 생각이 달라지면 이처럼 경계는 갑자기 변하게 된다. 그러니 가히 삼가지 않을 수 있겠는가?

[후집 108]

아프리카 어느 지방의 원숭이 사냥법은 특이하다.

우선 원숭이가 자주 다니는 길목에다 항아리 하나를 놓는다. 그 항아리의 입구는 원숭이의 손이 딱 들어갈 정도로 되어 있다.

항아리 안에는 바나나 같은 길쭉한 과일이나, 항아리 입구에 꼭 들어갈 만한 과일을 넣어둔다.

원숭이는 길을 가다가 항아리를 발견하고 천천히 그리로 다가간다. 그러고는 항아리 안에 과일이 들어 있는 것을 보고 주위를 살핀다. 아무도 없음을 확인한 원숭이는 천천히 항아리 입구로 손을 넣어 과일을 움켜쥔다. 곧 맛있는 과일을 먹게 될 일을 상상하면서.

하지만 원숭이는 결국 자신의 달콤한 상상과는 달리 그 과일을 먹을 수 없게 된다. 항아리에 손을 넣을 때는 쉽게 들이밀었지만, 빼낼 때는 쉽지 않기 때문이다.

움켜쥔 과일을 놓으면 손을 뺄 수가 있을 텐데, 원숭이는 달콤한 과일에 대한 미련을 끝까지 버리지 않는다고 한다.

결국 원숭이는 덫을 놓은 사람에게 산 채로 잡혀갈 때까지 꽉 움켜쥔 과일을 놓지 않는다는 것이다.

지하의 왕비,
지상의 걸인

옛날에 마음씨 고운 과부에게 아름다운 딸이 하나 있었다. 그런데 그 딸은 어머니와는 달리 허영심이 많고 교만했다. 마을 총각들이 그녀에게 수없이 청혼을 했으나 그녀는 번번이 거절했다. 그녀는 더욱 콧대가 높아져 갔다.

어느 날 밤, 딸은 으리으리한 동마차를 탄 왕자가 나타나 자신에게 청혼하는 꿈을 꾸었다. 다음 날 아침 그녀는 신이 나서 어머니에게 꿈 이야기를 들려주었다.

며칠 뒤에는 은마차를 타고 온 왕자가, 다시 며칠 뒤에는 금마차를 타고 온 왕자가 그녀에게 청혼하는 꿈을 꾸었다. 그때마다 그녀는 어머니에게 신바람이 나서 꿈 이야기를 들려주었다. 어머니는 날이 갈수록 딸의 교만함이 더해가자 더 두고 볼 수가 없어서 이렇게 타일렀다.

"애야, 사람이 지나치게 교만해지면 반드시 재앙에 휩싸이게 되는 법이란다."

그러나 그녀는 어머니의 충고를 무시했다.

그러던 어느 날, 그녀의 집 앞에 금마차와 은마차, 동마차가 한꺼번에 달려와서 멈춰 섰다. 금마차에는 아주 잘생긴 청년이 타고 있었다. 청년은 마차에서 내려 그녀의 어머니에게 말했다.

"저와 따님의 결혼을 허락해주십시오."

청년이 말이 끝나자 은마차와 동마차에서 시종들이 선물을 한 아름씩 들고 내렸다. 어머니는 마치 꿈을 꾸고 있는 것처럼 여겨졌다. 뭔가 비정상적인 일이 벌어지고 있기 때문이었다. 하지만 딸은 손뼉을 치며 좋아했다. 그녀는 청년이 가져온 화려한 옷과 보석으로 치장을 했다.

"내 꿈이 제대로 맞아떨어졌네!"

하지만 어머니는 여전히 걱정스러워서 청년에게 궁금한 것 한 가지를 물었다.

"당신네 집에서는 무슨 음식을 주로 먹지요?"

청년이 대답했다.

"저희 집에서는 금과 은, 동으로 만든 빵을 먹고 있답니다."

"뭐라고요? 그런 것을 어떻게 먹고 살지요?"

"저희들은 아주 맛있게 먹고 있는걸요?"

어머니는 점점 이상한 느낌이 들었지만, 딸은 그 소리를 듣자 더욱 좋아하며 어머니가 말릴 틈도 없이 청년의 금마차에 훌쩍 몸을 실었다. 그러자 이내 마차가 달리기 시작했다. 어머니는 하는 수 없이 마음으로 기도를 올렸다.

'제발, 몸 건강하게만 살아다오…….'

마차는 어느 산골의 큰 바위 앞에서 멈춰 서더니 바위에 난 큰 구멍 속으로 천둥과 같은 소리를 내며 들어갔다. 마차는 컴컴한 터널 속으로 빨려들 듯이 미끄러져 내려갔다. 한참을 가다 보니 다시 환한 세상이 보였다.

"자, 다 왔으니 내리시오. 여긴 내가 다스리는 왕국이오."

알고 보니 청년은 지하 금속 왕국의 왕이었다. 주변에는 금으로 만들어진 성이 우뚝 솟아 있었다. 그녀는 성안으로 들어가 사방에 가득 차 있는 보석을 보자 눈이 휘둥그레졌다.

"이 나라에 있는 모든 것은 이제 당신 것이오. 자, 식사를 합시다."

먼 여행 끝이라 유난히 배가 고파 왕은 미리 음식을 준비해놓은 터였다. 그런데 식탁에 차려진 음식들은 모두가 금이나 은, 동과 같은 금속으로 된 것들뿐이었다. 그녀가 먹을 수 있는 것은 단 한 가지도 없었다.

"저는 이 음식들을 먹을 수가 없으니, 밀로 만든 빵을 주세요."

그러나 왕은 고개를 저으며 말했다.

"이 나라에는 그런 빵이 없소. 이렇게 맛있는 금빵 은빵을 두고 왜 하필 밀빵을 찾는 것이오?"

아무 음식도 먹지 못한 그녀는 며칠을 버티지 못하고 쓰러졌다. 그녀는 제발 밀로 만든 빵을 구해달라고 애걸했다.

"그건 불가능한 일이오. 더구나 당신은 이 나라에서 먹는 빵이 모두 금속으로 되어 있다는 것을 알고 좋아하지 않았소?"

그 후 왕은 그녀가 너무 불쌍해 한 달에 한 번씩 지상으로 올라가는 것을 허락했다. 그녀는 지상에 나오면 정신없이 먹을 것을 찾아 헤맸다. 그 모습은 걸인과 다를 바가 없었다.

田夫野叟語以黃鷄白酒則欣然喜問以鼎食
則不知語以縕袍短褐則油然樂問以袞服
則不識其天全故其欲淡此是人生第一個境界

전부야수어이황계백주즉흔연희문이정식
즉부지어이온포단갈즉유연락문이곤복
즉불식기천전고기욕담차시인생제일개경계

채근담 후집 101

시골 사람들은 닭이나 막걸리를 이야기하면 흔연히 기뻐하나 고급 요리를 말하면 알지 못하고,
무명 두루마기와 베잠방이를 이야기하면 슬며시 좋아하나 고급 예복을 이야기하면 알지 못한다.
이것은 그 천성이 온전하기 때문이다. 그러므로 그 담백한 욕망이 인생의 제일가는 경계이다.

세상에서
없어져야 할
세 시장

산 림 지 사　청 고 이 일 취 자 요　농 야 지 부　비 략 이 천 진 혼 구
山林之士 淸苦而逸趣自饒 農野之夫 鄙略而天眞渾具

약 일 실 신 시 정 장 인 회　불 약 전 사 구 학　신 골 유 청
若一失身市井駔人會 不若轉死溝壑 神骨猶淸

산림에 묻혀 사는 선비는 청빈하게 살아도 마음은 항상 맑고 취미가 고상하다. 농사짓는 시골 사
람도 비록 무식하나 꾸밀 줄 모르고 천진난만함을 그대로 지녔다. 그런데 만약 이들이 시장판에
서 장사나 거간 노릇을 해 먹고 사는 인간들과 한 무리가 된다면 차라리 산골에 묻혀 살다 이름
없이 죽어 몸과 마음을 깨끗이 지니는 것만 못하다.

[후집 125]

고려시대 학자인 이곡李穀의 글 중 세 개의 시장을 설명해놓은 것이
있다.

무릇 장사꾼들이 모여서 거래하는 곳을 시장이라고 한다.

그런데 내가 일찍이 서울에 와서 오늘 골목에 들어가 보니, 매음을
가르치는 자가 얼굴이 고운 정도에 따라 값을 매기는데, 그 짓을 버젓
이 하면서도 조금도 부끄럽게 여기지 않았다. 이를 계집시장이라 이

르니, 풍속이 아름답지 못한 것을 알겠다.

또한 관청에 들어가 보니 붓대를 놀려 법을 희롱하는 자가 있었다. 그자는 죄의 경중에 따라 값을 올리고 내리면서 버젓이 돈을 받고 있었는데, 조금도 두려워하지 않았다. 이를 관리시장이라 이르니, 형정 刑政이 얼마나 엉망인 줄을 알겠다.

또한 어이없게도 인간시장이 있었다. 오랜 장마와 가뭄으로 백성들이 먹을 것이 없어졌다. 그리하여 강한 자는 도둑이 되고 약한 자는 거지가 되어 입에 풀칠할 길이 없어졌다. 그러다 보니 남편은 아내를 팔고 주인은 종을 팔아 저자에 늘어놓고 싼값에 사고팔고, 개돼지만도 못한 형국인데도 관리들은 본체만체했다.

아, 앞의 처음과 두 번째 시장은 그 정이 밉살스러우니 엄히 바로잡아야 할 것이요, 뒤의 한 시장은 그 정이 가여우니 서둘러 없애야 할 것이다. 이 세 시장을 없애버리지 않는다면, 그 추하고 도리에 어긋남이 장차 여기에서 그치지 않을 것이 분명하다.

소녀의 화분

섭 세 천 점 염 역 천   역 사 심   기 계 역 심   고 군 자 여 기 단 련
涉世淺 點染亦淺 歷事深 機械亦深 故君子與其達練

불 약 박 로   여 기 곡 근   불 약 소 광
不若朴魯 與其曲謹 不若疎狂

세상일에 경험이 적을수록 때 묻지 않을 것이고, 세상일에 경험이 많을수록 남을 속이는 재주 또
한 깊어질 것이다. 그러므로 군자는 능란하기보다는 차라리 소박한 것이 낫고, 치밀하기보다는
오히려 소탈한 편이 낫다.

[전집 2]

　　어느 마을에 사또가 새로 부임해 왔다.

　　사또는 마을 사람들이 얼마나 정직한가를 알아보기 위해 한 가지
일을 벌였다. 마을 사람들은 한 사람도 빠짐없이 관가로 와서 사또가
주는 꽃씨를 가져가 심으라는 것이었다.

　　"일 년 뒤에 가장 아름다운 꽃을 가꾼 자에게 큰 상을 내리겠다. 단,
내가 준 꽃씨만을 사용해야 한다."

　　큰상을 준다는 사또의 말에 마을 사람들은 귀가 솔깃해졌다. 사람

들은 저마다 자신이 상을 받겠다고 마음속으로 벼렸다.

사또가 말했던 일 년의 시간이 지났다.

마을 사람들은 저마다 아름다운 꽃이 핀 화분을 하나씩 들고 관가로 몰려갔다. 사또는 사람들이 가져온 화분의 꽃들을 하나하나 살피기 시작했다.

그러나 사또의 표정은 밝지 않았다.

"사또, 예쁜 꽃들이 많이 있는데, 왜 그런 표정을 짓고 계십니까?"

옆에 서서 지켜보고 있던 이방이 물었으나, 사또는 아무 말 없이 고개만 가로저을 뿐이었다.

마침내 마을 사람들이 가져온 꽃을 모두 살펴보고 마지막에 어린 소녀의 화분 하나만 남게 되었다. 소녀는 화분을 들고 사또 앞으로 나갔다. 그런데 소녀의 화분에는 꽃이 없었다.

"사또가 주신 꽃씨로 일 년 동안 정성을 다해 물을 주고 키워봤지만 지금까지 싹이 나지 않았습니다. 제 정성이 부족했나 봅니다. 죄송합니다, 사또님."

그러자 사또의 얼굴이 환해졌다.

"아니다. 죄송해할 것 없다. 내가 사람들에게 나눠준 꽃씨는 끓는 물에 넣었던 것이라 싹이 나지 않는 건 당연한 일이다. 그러니 오늘 이 자리에 꽃을 들고 온 자들은 모두 나를 속인 것이다."

사또는 약속대로 순박한 소녀에게 큰 상을 내렸다.

해롭지 않은 선물

고 지 이 담 박 명 이 절 종 비 감 상 야

여 구 현 장 자　다 빙 청 옥 결　곤 의 옥 식 자　감 비 슬 노 안
藜口莧腸者 多氷淸玉潔 袞衣玉食者 甘婢膝奴顔

개 지 이 담 박 명　이 절 종 비 감 상 야
蓋志以澹泊明 而節從肥甘喪也

명아주 나물을 먹고 비름나물로 배를 채우는 사람은 얼음처럼 맑고 옥처럼 결백함이 많지만, 비단옷에 좋은 음식을 먹는 사람은 종처럼 비굴하게 아첨하는 일도 마다하지 않는다. 그러므로 사람의 마음이란 청렴결백하면 저절로 지조가 깃들고, 부귀영화를 탐내면 곧은 절개를 잃고 마는 것이다.

[전집 11]

　하루는 퇴계 이황이 어떤 사람에게 선물을 받았다.

　그 사람은 고기와 필묵筆墨을 선물로 가져왔는데, 이황은 필묵만 받고 고기는 돌려보냈다. 이를 지켜본 제자 하나가 의아스런 표정으로 물었다.

　"선생님, 만약 의롭지 못한 물건이라면 필묵도 돌려보냈어야 하는 것이 아닙니까? 그런데 작은 물건만 받고 큰 물건을 돌려보내신 까닭은 무엇입니까?"

168

이황이 웃으며 대답했다.

"옛 성현의 글을 보면 이런 이야기가 있다. 어떤 사람이 주자에게 비단과 인삼을 선물이라며 가져왔을 때, 주자는 인삼만 받고 비단은 돌려보냈다."

"주자도 작은 물건만 받고 큰 물건을 돌려보낸 것이군요?"

"그렇다. 그렇게 처신한 까닭은, 가져온 선물을 모두 거절하면 그 사람과 절교를 뜻하는 것이 되기 때문이다. 그래서 가벼운 선물은 받아서 절교하지 않는다는 뜻을 보이고, 큰 물건은 돌려보내 그 사람으로 하여금 스스로 잘못을 깨달을 수 있게 했던 것이다."

제자는 그제야 고개를 끄덕였다.

이황은 재물에 대한 욕심이 있어서 선물을 받은 것이 아니라, 사람과의 의리를 더 중시했기 때문에 그 같은 행동을 서슴없이 할 수 있었다. 또한 그는 남에게 받은 선물은 즉시 친지나 이웃, 제자들에게 나눠주어 곳간에 재물이 쌓인 적이 없었다.

멍석에 말린 호랑이

총 리 무 거 인 전   덕 업 무 락 인 후   수 향 무 유 분 외   사 위 무 감 분 중
寵利 毋居人前 德業 毋落人後 受享 毋踰分外 修爲 毋減分中

은총과 이익을 받는 데에는 남의 앞에 서지 말고, 덕을 행하는 데에는 남의 뒤에 처지지 말아라.
남에게 받아 누릴 때에는 분수를 넘지 말고, 스스로 닦아 행할 때에는 분수를 줄이지 말아라.

[전집 16]

옛날부터 전해 내려오는 우화 한 토막이다.

어느 산골에 노파가 혼자 살고 있었다. 어느 날, 굶주린 호랑이 한 마리가 깊은 산중에서 내려와 노파에게 사정을 했다.

"제발 먹을 것 좀 주십시오. 은혜를 잊지 않겠습니다."

노파는 먹을 것이라곤 무밖에 없어 밭에서 무를 캐서 주었다. 실컷 배를 채운 호랑이는 노파에게 인사를 한 뒤 사라졌다.

그런데 며칠 뒤에 노파가 무밭에 나가 보니 고랑이 엉망이 되어 있었다. 웬일인가 하고 살펴보니 고랑마다 호랑이 발자국이 보였다.

"호랑이가 또 배가 고파 내려왔었나 보군."

노파는 그렇게 좋게 생각하고 하루 종일 밭을 일구었다. 그러나 며칠 뒤에도, 또 그 며칠 뒤에도, 밭에 나갈 때마다 호랑이가 짓밟아 엉망이 되어 있었다. 노파는 호랑이의 소행이 괘씸하여 혼을 내주기로 했다.

하루는 무밭에 나가 지키고 있다가 호랑이가 나타나자 말했다.

"오늘 밤에는 특별히 맛있는 팥죽을 쑤어놓을 테니 집으로 오너라."

그러고는 집으로 돌아와 장독간에 화로를 놓아두고, 부엌에는 물통에 고춧가루를 풀어두었다. 그리고 부엌문 밖에는 쇠똥을 잔뜩 깔아놓고, 마당에는 멍석을 펴두었다. 이윽고 밤이 되자 호랑이가 나타나 말했다.

"할머니, 방이 추운데요?"

노파가 대답했다.

"그럼 장독간에 가서 화로를 갖고 오너라."

장독간에 간 호랑이가 말했다.

"할머니, 불씨가 꺼져서 따뜻하질 않아요."

노파가 다시 말했다.

"그럼 입으로 불어서 불씨를 살리거라."

노파의 말대로 호랑이는 화로의 숯불을 불다가 재가 눈에 들어갔다.

"아이고, 따가워! 눈에 불티가 들어갔어요."

"그럼 부엌에 물통이 있으니 가서 눈을 씻거라."

허둥지둥 부엌으로 들어간 호랑이는 물통을 들어 눈에 들이붓더니 자지러지듯 비명을 질렀다.

"아악! 눈이 더 따가워!"

호랑이는 그제야 노파에게 속았음을 깨닫고 부엌을 뛰쳐나오다가 쇠똥에 미끄러져 마당으로 나뒹굴었다. 그러자 마당에 깔아둔 멍석 위로 구르며, 자연스레 몸이 둘둘 말려 꼼짝 못 하게 되었다.

노파는 멍석에 말린 호랑이를 열흘 동안 굶긴 뒤에 풀어주었다. 그 뒤 산속으로 들어간 호랑이는 다시는 나타나지 않았다.

베 짜는 사내의 망상

명근미발자 종경천승 감일표 총타진정
名根未拔者 縱輕千乘 甘一瓢 總墮塵情

객기미융자 수택사해 이만세 종위잉기
客氣未融者 雖澤四海 利萬世 終爲剩技

명리를 탐하는 생각이 뿌리뽑히지 않은 사람은, 천승千乘의 부도 가볍게 여기고, 한 표주박의 물을 달게 마실지라도 사실은 세속의 욕망에 떨어져 있는 것이다. 쓸데없는 혈기가 완전히 사라지지 않은 사람은, 비록 은덕을 사방에 널리 베풀고 이익을 만 대에 전할지라도 결국은 쓸모없는 재주에 그치고 말 것이다.

[전집 64]

옛날에 베를 짜서 겨우 생활을 꾸려나가는 젊은 사내가 있었다. 그는 베 짜는 일로 아내와 아이들을 먹여 살리기 위해 일은 열심히 했지만 욕심이 많고 하는 일마다 투덜거리며 불평을 하는 성격이었다.

"어째서 하느님은 사람들의 팔을 두 개만 만드셨지? 만약 팔이 두 개만 더 있다면 지금보다 두 배는 더 많은 돈을 벌 수 있을 텐데……"

너무나도 엉뚱한 공상이었다. 그러던 어느 날, 보통 때처럼 사내는 아침부터 베틀에 앉아 일을 하고 있었는데, 갑자기 베틀의 나무 하나가 부러졌다. 사내는 신경질을 내며 자리에서 일어섰다.

"이런 제기랄. 별게 다 속을 썩이는군."

사내는 부러진 베틀에 갈아 끼울 나무를 찾았지만 적당한 것을 찾을 수가 없어 할 수 없이 도끼를 들고 산으로 올라갔다. 산에 올라온 사내는 이리저리 둘러보다가 적당한 나무 하나를 찾아냈다.

"이거면 되겠구나. 시간이 없으니 빨리 베어서 다듬어야겠다."

사내는 도끼를 들어 나무 밑동을 내리치려고 했다. 그때였다. 갑자기 그가 내리치려던 나무가 슬픈 소리로 말을 했다.

"잠깐만요. 왜 하필 저를 선택하셨죠? 저는 너무 어려서 쓸모가 없을 테니 저보다 더 굵고 튼튼한 나무를 찾아보세요. 제발 살려주세요."

그러나 그는 시간이 없다는 핑계를 대며 다시 도끼를 들었다.

"아저씨, 잠깐만 제 말 좀 들어주세요. 만약 저를 살려주신다면, 아저씨의 소원 한 가지를 들어드리겠어요."

"그게 정말이냐?"

"예, 절 믿어보세요. 만약 아저씨 소원을 들어주지 못하면 그때 가서 저를 베어도 좋아요."

사내는 속는 셈 치고 그렇게 해보기로 했다.

"좋아. 그럼 내 팔을 네 개로 만들어주어라."

"알겠어요. 이제 집으로 돌아가서 베틀을 고쳐 일을 시작하세요. 그러면 팔이 네 개가 될 거예요."

사내는 다른 나무를 베어다가 베틀을 고친 뒤 일을 시작했다. 그랬더니 정말 팔이 네 개로 불어났다. 사내는 신기하기도 하고 기쁘기도 해서 어쩔 줄을 몰라 했다. 그러나 그 기쁨은 잠시였다.

"어머! 괴, 괴물이 나타났다!"

사내의 아내가 집으로 돌아와 베틀 앞에 앉아 있는 남편을 보더니 갑자기 소리를 질렀다.

"여보, 나야. 당신 남편이라고."

하지만 아내는 그 말을 믿지 않고 날카로운 쟁기를 들고 남편과 맞섰다. 사내는 할 수 없이 밖으로 나왔다. 밖으로 나와도 사정은 마찬가지였다. 마을 사람들은 사내를 보자 모두 기겁을 하며 도망갔다. 힘센 장정들은 쟁기를 들고 나와 사내를 죽이려고 대들었다.

사내는 다시 산으로 몸을 피했다. 그리고 나무에게 찾아가 무릎을 꿇고 애원했다.

"나무야. 내 팔을 원래대로 돌려다오. 내 마지막 소원이다."

"벌써 마음이 바뀌었나요? 그 부탁은 들어주기 힘든데요."

나무는 사내가 괘씸해서 부탁을 거절했지만 계속해서 간절하게 애원하는 바람에 마지못해 청을 들어주기로 했다. 나무는 사내의 소원을 들어주는 대신 조건을 달았다.

"내 밑의 땅을 보세요. 잡초들이 많이 자라고 있지요? 그 잡초들이 내가 먹을 것을 빼앗기 때문에 빨리 자랄 수가 없거든요? 그러니 매일 산에 올라와서 그 잡초들을 뽑아주세요."

"알았다. 그런 거라면 문제없다."

"만약 잡초 뽑는 일을 하루라도 거르면 다시 팔이 네 개로 될 거예요."

다시 원래의 모습을 되찾은 사내가 산을 내려오자 마을 사람들이

반갑게 맞아주었다.

"이 사람아, 어디 갔다 오나? 아까 자네하고 똑같이 생긴 도깨비가 나타났었는데."

사내는 대꾸하지 않고 피식 웃으며 집으로 들어갔다. 아내도 방금 전에 괴물이 나타났었다고 말했다. 그는 대꾸도 하지 않은 채 곧장 베틀 앞으로 가서 일을 시작했다.

결국 사내는 원래의 모습으로 돌아왔을 뿐 변한 게 하나도 없었다. 오히려 매일 산에 올라가 잡초를 뽑아야 하는 일만 덤으로 얻은 셈이었다.

그 바람에 예전보다 베를 뽑아내는 양도 줄어들 수밖에 없었다. 그리고 사내는 더욱 가난해질 수밖에 없었다.

진정으로 자신을
속인 자는?

심 지 건 정　방 가 독 서 학 고　불 연　견 일 선 행　절 이 제 사
心地乾淨 方可讀書學古 不然 見一善行 竊以濟私

문 일 선 언　가 이 복 단　시 우 자 구 병 이 재 도 량 의
聞一善言 假以覆短 是又藉寇兵而齎盜糧矣

깨끗한 마음으로 책을 읽어야 참된 옛것을 배울 수가 있다. 그렇지 않으면 한 가지 선행을 보면
이를 훔쳐 자신의 욕심을 채우게 되고, 한 마디의 좋은 말을 들으면 그것을 빌려 자기의 잘못을
덮는 데 쓴다. 이것이야말로 적에게 무기를 빌려주고 도둑에게 양식을 제공하는 것과 같다.

[전집 54]

옛날에 마음이 옹색하고 욕심이 가득한 부자 영감이 살고 있었다.
어느 날, 자칭 도인이라고 말하는 자가 부자 영감의 집으로 찾아와서
말했다.

"나는 지리산에서 20년이 넘도록 수행을 한 사람이외다. 다른 사람
들이 흉내 내지 못하는 신통술을 가지고 있소이다."

영감은 그 말을 듣고 욕심이 동해 이렇게 물었다.

"그 신통력이라는 것을 내게 보여줄 수 있겠소?"

"그러지요."

"그렇다면 내가 금덩이 하나를 줄 테니 그것을 두 개로 한번 만들어 보시오."

그러자 도인은 그 자리에서 금덩이 한 개를 두 개로 만들었다. 물론 눈 속임수를 쓴 것이었다. 어수룩한 부자 영감은 속임수에 넘어간 줄도 모르고 크게 욕심을 부렸다.

"내가 가진 금덩이를 모두 줄 테니 두 배로 만들어주시오."

그러면서 영감은 집 안에 있는 금은보화를 전부 끄집어내 도인에게 주었다.

"이렇게 많은 금은보화를 두 배로 만들려면 보통 정신을 집중하지 않으면 안 됩니다. 그러니 집안사람들을 방에서 나오지 못하도록 하고, 주인 영감께서도 잠시 자리를 피해주십시오."

영감은 도인이 시키는 대로 집안사람들을 단속하고, 자신도 방으로 들어갔다.

이때를 틈타 스스로 도인이라고 속인 자는 영감이 내놓은 금은보화를 보따리에 싸서 짊어지고 도망가버렸다. 뒤늦게 자신이 속았다는 사실을 안 영감은 펄쩍펄쩍 뛰며 어쩔 줄을 몰라 했다.

"내 이 도둑놈을 그냥 두지 않겠다!"

영감은 급히 관가로 달려가 사또 앞에 꿇어앉아 자신이 당한 봉변에 대해 자초지종을 고했다.

"그 도인이라는 놈이 저를 속이고 금은보화를 가져갔습니다. 어서 포졸을 풀어 그 도둑놈을 잡도록 해주십시오."

그러나 현명한 사또는 고개를 가로저었다.

"아니다. 도둑놈은 그자가 아니다."

"예? 지금 무슨 말씀을 하시는 것입니까? 분명히 그놈이 가져갔다니까요?"

영감은 눈을 동그랗게 뜨며 큰 소리로 말했다.

"증인도 있습니다. 제 집안사람들이 그자의 얼굴을 모두 알고 있으니 필요하다면 그들을 불러오겠습니다."

이번에도 사또는 고개를 설레설레 흔들었다.

"그자는 도둑이 아니래도 그러는구나? 도둑은 따로 있다."

영감은 눈을 부라린 채 펄쩍 뛰며 반문했다.

"그럼 도대체 누가 도둑이라는 말씀이십니까?"

사또는 영감의 이글거리는 눈을 똑바로 보며 말했다.

"네 금은보화를 훔쳐 간 도둑은 바로 네 욕심이다. 그 도인이라는 자는 네 욕심을 잠시 이용했을 뿐이다."

사또의 말에 영감은 아무런 소리도 못 하고 관가를 물러 나올 수밖에 없었다.

菜根譚

5

온
화
한
미
덕
을
지
니
려
면

역적과
한방에서 자다

역사상 성종은 조선조 임금 가운데 아량과 배포가 가장 큰 인물이었다.

한번은 모반을 꾀한 무리가 일망타진되었다. 그때 성종은 그 무리의 우두머리만 남겨놓고 모두 놓아주었다.

"전하, 저들은 역적입니다. 그냥 돌려보내신다면 또 무슨 일을 저지를지 모릅니다."

신하들도 성종의 배포를 익히 알고 있기는 했으나, 역적들에게 그같은 처분을 내리는 것은 가당치 않다는 생각이었다.

"역적들의 총수를 내전으로 들여보내라."

성종은 신하들의 근심에는 아랑곳하지 않고 그렇게 명했다. 그러고는 불려 온 총수에게 후한 대접을 해준 뒤 이렇게 말했다.

"내 자리가 그렇게 탐이 난다면 언제든지 내줄 것이다. 하지만 반드시 이 자리를 지킬 만한 능력이 있어야 한다. 오늘부터 나와 함께 기거하도록 하라. 내가 너의 능력을 지켜볼 것이다."

그러자 신하들은 기겁을 하며 말했다.

"절대로 불가한 일입니다. 저자는 모반을 꾀한 무리의 총수입니다. 전하의 신변이 너무 위험합니다."

이번에도 성종은 신하들의 충고를 귀에 담지 않았다.

그날 밤, 성종은 역적의 총수와 한방에서 자게 되었다. 그런데 성종은 깊이 잠이 들어 달게 자는데, 총수는 불안해서 뜬눈으로 밤을 지새웠다. 잠을 잤다가는 언제 목이 달아날지 모른다고 생각했기 때문이었다. 이튿날 아침에는 음식도 제대로 먹지 못했다. 혹시 음식에 독이 들어 있을지도 모른다는 생각 때문이었다.

며칠 후 그는 자고 먹지 못해 얼굴이 반쪽이 되었다. 그러자 성종이 말했다.

"며칠 지켜보니 너는 내 자리를 차지할 만한 그릇이 못 된다. 이제 너를 놓아줄 테니 나중에 이 자리에 앉아도 될 만하다는 생각이 들면 다시 역적질을 하거라."

그 말에 총수는 잔뜩 겁에 질린 표정으로 말했다.

"앞으로 절대 역적질을 하지 않겠습니다."

그 후 그의 행방에 대해서는 아무 소식도 들려오지 않았다.

寧爲君子所責修　毋爲君子所包容
영위군자소책수　모위군자소포용

寧爲小人所忌毀　毋爲小人所媚悅
영위소인소기훼　무위소인소미열

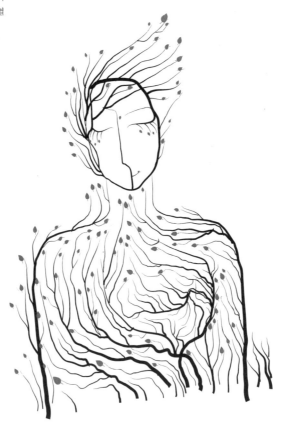

채근담 전집 192

군자는 차라리 소인에게 미움을 사고 비방하는 말을 들을지언정,
그들에게 아첨이나 칭찬의 말을 듣지 말아야 한다.
또한 소인은 군자에게 꾸지람을 들어가며 깨우칠지언정,
군자에게 포용당해 용서받아서는 안 된다.
그렇게 된다면 이미 군자로부터 버림을 받은 것이므로 일종의 수치이다.

제 기능을 다한
꽃씨

화 거 분 내 종 핍 생 기 조 입 롱 중 변 멸 천 취
花居盆內 終乏生機 鳥入籠中 便滅天趣

불 약 산 간 화 조 착 집 성 문 고 상 자 약 자 시 유 연 회 심
不若山間花鳥 錯集成文 翺翔自若 自是悠然會心

꽃은 화분 속에 있으면 마침내 생기가 없어지고, 새는 새장 안에 있으면 문득 자연의 맛이 줄어
든다. 그러니 이것이 어찌 산속의 꽃이나 새가 한데 어울려 색색의 무늬를 이루며 마음껏 즐거워
하는 것과 같을 수 있겠는가.

[후집 55]

옛날 어느 나라의 왕에게 세 아들이 있었다. 왕은 나이가 들자 후계
자를 정해야겠다고 속으로 생각했다. 그래서 한 가지 방법을 생각해
내고는 어느 날 세 왕자를 불러놓고 말했다.

"내가 꽃씨를 한 줌씩 줄 터이니 앞으로 삼 년 뒤에 이 꽃씨를 가지
고 오너라."

왕자들은 각자 꽃씨를 받아 들고 돌아가서 어떻게 하면 삼 년 동안
꽃씨를 무사히 보관할 수 있는지를 생각했다.

첫째 왕자는 꽃씨를 자기 방의 항아리에 넣어두고 매일 확인할 생각이었다. 삼 년 동안 매일 확인하는 일만 게을리하지 않는다면 꽃씨는 안전하게 보관할 수 있으리라 생각했다.

둘째는 꽃씨를 팔아 돈을 저금해두었다. 삼 년 뒤에 다시 꽃씨를 살 생각이었다.

막내는 뜰로 나가 손수 밭을 갈고 꽃씨를 뿌렸다.

삼 년 뒤, 왕은 다시 세 왕자를 한 자리로 불렀다.

"자, 삼 년 전에 내가 주었던 꽃씨들을 내놓아보아라."

첫째 왕자는 항아리를 들고 왔으나 꽃씨는 모두 말라 죽어 있었다. 둘째는 시장에서 꽃씨를 사 왔으나 예전의 그 꽃씨는 아니었다.

마지막으로 막내가 왕에게 말했다.

"제 꽃씨를 보여드리겠으니 잠시 저와 함께 가주십시오."

막내는 왕을 뜰로 안내했다. 그곳에는 아름다운 꽃들이 만발해 있었다.

"꽃씨는 여기에 얼마든지 있습니다. 원래 꽃씨는 자연과 더불어 있을 때 제 기능을 다하는 것이기 때문에 일부러 꽃씨를 털어내지 않았습니다. 만약 꽃씨가 필요하시면 언제든지 이곳으로 오셔서 조금씩 가져가시면 됩니다."

왕은 현명한 막내를 후계자로 삼아야겠다고 마음먹었다.

아름다움의 본질

앵 화 무 이 산 농 곡 염   총 시 건 곤 지 환 경
鶯花茂而山濃谷艷 總是乾坤之幻鏡

수 목 락 이 석 수 애 고   재 시 천 지 지 진 오
水木落而石瘦崖枯 纔是天地之眞吾

꾀꼬리가 지저귀고 꽃이 피어 산과 골짜기가 아름다운 것은 모두 천지의 한때 거짓된 모습이다.
물이 마르고 낙엽이 져서 돌과 벼랑이 앙상하게 드러났을 때 비로소 천지의 참모습을 보게 된다.

[후집 3]

　　세상에서 가장 아름다운 여인이 아니라면 결혼을 하지 않겠다고 생각한 남자가 있었다.

　　그는 자기 나라에서 아름다운 여자를 발견할 수 없자 다른 나라로 길을 떠났다. 이웃 나라를 거쳐 배를 타고 다른 대륙까지 찾아가 자신이 원하는 여자를 찾아보았다.

　　남자는 수십 년 동안 오직 아름다운 여자를 찾는 데만 열중했다. 하지만 결국 남자는 환갑이 다 되도록 자기 눈에 차는 여자를 발견하지 못하고 집으로 돌아왔다.

어느 날, 남자의 친구가 찾아와서 물었다.

"그렇게 오랜 세월 동안 배필감을 찾아다녔으면서 왜 자네 혼자만 돌아왔나?"

"내가 원하는 여인이 없었기 때문이네."

"세상에는 무수히 많은 여자가 살고 있는데, 자네 마음에 드는 여자가 한 사람도 없었단 말인가?"

"아닐세. 딱 한 여자가 있긴 있었네."

"그래? 그렇다면 왜 함께 오지 않았나?"

남자가 시무룩한 표정으로 대답했다.

"그 여자도 세상에서 가장 완벽한 남자를 찾고 있었다네. 그래서 같이 오지 못했네."

결국 남자와 여자는 아름다움의 본질을 모른 채 평생을 혼자 살았다.

진정으로 귀한 것

아 귀 이 인 봉 지   봉 차 아 관 대 대 야   아 천 이 인 모 지   모 차 포 의 초 리 야
我貴而人奉之 奉此峨寬大帶也 我賤而人侮之 侮此布衣草履也

연 즉 원 비 봉   아 호 위 희?   원 비 모 아   아 호 위 노?
然則原非奉 我胡爲喜? 原非侮我 我胡爲怒?

내가 귀할 때 사람들이 받드는 것은 나의 높은 감투를 받드는 것이요, 내가 천할 때 업신여기는 것은 베옷과 짚신을 업신여기는 것이다. 그러므로 진정 나를 받드는 것이 아니니 어찌 기뻐할 것이며, 진정 나를 업신여기는 것이 아니니 어찌 성낼 것인가?

[전집 172]

들판에서 뛰어놀던 사슴 하나가 목이 말라 샘터에 와서 물을 마시고 있었다. 사슴은 고개를 숙여 물을 마시다가 문득 물에 비친 자신의 모습을 보고 생각했다.

'내 뿔은 참으로 아름다워. 그래서 사람들이 나를 예쁘게 보아주는 것일 거야. 하지만 다리는 왜 이렇게 약하게 생겼지……'

사슴은 한편으로는 아름다운 뿔을 보며 자랑스러워했지만, 나약한 다리를 생각하니 속이 상했다.

그런 생각을 하고 있는데 갑자기 뒤에서 사자가 달려들었다. 사슴은 길고 날렵한 다리를 재빨리 움직여 도망치기 시작했다. 사슴 자신이 볼품없다고 여긴 다리는 매우 빠르게 달렸다.

한참을 달리다가 숲속으로 들어가게 된 사슴은 그만 뿔이 나뭇가지에 걸려 더 이상 도망갈 수 없게 되었다. 뒤에서는 사자가 맹렬히 쫓아오고 있었다. 사슴은 안간힘을 쓰며 나뭇가지에서 뿔을 빼내려 했지만 도저히 역부족이었다.

결국 사슴은 쫓아온 사자의 밥이 되고 말았다.

사슴은 죽어가며 생각했다.

'아, 내가 그토록 초라하게 여겼던 다리는 나를 살려주었지만, 자랑스럽게 여겼던 뿔은 나를 죽게 만드는구나……'

미친 무리 속에서의 처세술

인정세태 숙홀만단 불의인득태진 요부운
人情世態 倏忽萬端 不宜認得太眞 堯夫云

석일소운아 이금각시이 부지금일아 우속후래수
「昔日所云我 而今却是伊 不知今日我 又屬後來誰」

인당작시관 변가해각흉중견의
人當作是觀 便可解却胸中罥矣

인정과 세태는 갑자기 만 가지로 변하는 법이니 너무 참된 것으로 알지 말아야 한다. 송나라 유학자 소강절 선생이 말하기를 "어제의 내 것이 오늘은 문득 남의 것이 되었으니, 오늘의 내 것이 내일은 또 누구의 것이 될 것인가?"라고 했으니, 사람이 항상 이런 마음으로 세상을 본다면 능히 가슴속에 얽매인 것들을 풀 수가 있을 것이다.

[후집 58]

중국 은殷나라의 주紂왕은 주색에 빠져 매일 연회를 베풀고 환락 속에서 지내 폭군으로 불린 인물이었다.

어느 날, 주왕이 문득 생각난 듯 신하들에게 물었다.

"도대체 오늘 날짜가 어떻게 되었느냐?"

그러나 신하들도 아직 술이 덜 깨어 정확한 날짜를 아는 자가 하나

도 없었다. 그러자 주왕은 현인賢人인 기자箕子에게 사람을 보내 날짜를 알아 오도록 했다.

"주왕께서 오늘 날짜를 알아 오라고 하셨는데 공은 아시겠지요?"

주왕의 사신이 말하자 기자는 고개를 저었다.

"나도 술에 취해 정확한 날짜를 모르겠소."

사신은 할 수 없이 돌아갔다. 사신이 돌아가자 기자의 측근이 물었다.

"왜 날짜를 알면서도 모른다고 하셨습니까?"

기자가 대답했다.

"천하의 주인이 환락에 빠져 있는 것도 모자라 그를 따르는 신하들마저 온전한 정신을 가진 자가 없어 날짜조차 모르니 나라의 앞날이 걱정되는구나. 세상이 이러할진대 만약 나만 온전한 정신을 갖고 있다면 반드시 나를 해치려는 무리가 생길 것이다. 그래서 날짜를 모른다고 한 것이다."

쓸데없는
의심을 삼가라

남을 해치려는 마음을 가져서도 안 될 것이며, 남의 해를 막으려는 마음이 없어서도 안 된다. 이 것은 생각이 소홀함을 경계하는 말이다. 차라리 남에게 속아 넘어갈망정 미리 남이 나를 속일 것 이라고 짐작하지 말라. 이것은 살핌이 지나침을 경계하는 말이다. 이 두 말을 아울러 지닌다면 생각이 깊어져서 덕성이 두터워질 것이다.

[전집 129]

공자가 제자들과 함께 제나라로 가던 중에 양식이 떨어졌다. 그들 은 나무껍질과 풀을 뜯어 먹으며 허기를 달랬다. 지친 몸을 이끌고 어 느 마을에 이르게 되자 제자들은 방을 구해 공자를 쉬게 했다.

공자가 잠든 사이 제자인 안회는 마을을 돌아다니며 곡식을 구해와 밥을 지었다. 밥이 뜸이 들 무렵 잠에서 깨어난 공자는 오랜만에 맡아 보는 밥 냄새에 살며시 문을 열고 밖을 내다보았다.

그런데 그때 마침 안회가 밥솥 뚜껑을 열고 손으로 밥을 한 움큼 건

어내 먹는 모습을 목격하게 되었다. 공자는 미루어 짐작했다.

'평소 저토록 예의가 없던 안회가 아니었는데, 여러 날을 굶주리다 보니 자기도 모르게 손이 나간 모양이구나.'

하지만 안회에 대한 사랑이 컸던 공자로서는 도저히 그냥 넘어갈 수가 없었다. 그래서 밥상을 차려온 안회를 앉혀놓고 말했다.

"방금 잠들었을 때 꿈을 꾸었는데, 조상님들이 나타나서 하시는 말씀이 밥이 다 되거든 먼저 조상께 제를 올리고 먹으라고 하더구나."

안회는 이 말이 무슨 뜻인지 알고 있었다. 그래서 이렇게 대답했다.

"하지만 제가 지은 밥으로는 제를 올릴 수가 없습니다. 제가 솥뚜껑을 열자 바람이 불어 흙덩이가 쌀밥 위에 떨어졌습니다. 흙이 묻은 밥으로 제를 올리는 법은 없지 않습니까?"

그러면서 흙이 다 된 밥 속으로 스며들까 봐 얼른 손으로 한 움큼 건져낸 다음, 버리기가 아까워 자신이 먹은 것이라고 덧붙였다.

공자는 잠시나마 가장 사랑하는 제자를 의심한 자신이 부끄러워 다른 제자들에게 말했다.

"남을 믿지 못하겠거든, 차라리 속아 넘어갈지언정 의심하는 일은 없도록 하라."

되찾은
노동의 행복함

남미의 어느 오지 마을에 서양인이 들어왔다.

그는 마을 사람들이 너무 미개한 생활을 하고 있다고 생각하여 서양의 문명을 전해줄 방법을 찾기 시작했다.

먼저 그들이 일하는 모습을 가만히 지켜보니 무엇이든 손과 몸으로 들어 날랐다. 그래서 우선 보다 쉽게 짐을 실어 나를 수 있는 마차를 만들어주기로 했다.

그는 먼저 마을의 젊은이들을 불러 마차 바퀴를 만들게 했다. 그다음에는 마차의 몸통을 만들어 완성시켰다.

그 후로 마을 사람들은 마차를 이용하여 물건들을 옮겼다.

"이렇게 편할 수가……."

마을 사람들은 너무 신기한 마차를 보고 모두가 감탄했다. 예전에는 반나절이 걸리던 일을, 마차를 이용하면 한 시간도 채 걸리지 않아 끝낼 수 있었다.

그러자 마을 사람들은 나태해지기 시작했다.

"점심 먹고 마차로 천천히 나르지, 뭐……."

그러면서 그들은 술을 마시고 잠들거나 노름판을 벌였다. 노인, 청년 할 것 없이 예전처럼 열심히 일하려는 사람들이 하나도 없었다. 심지어는 위아래도 없이 툭하면 싸움을 벌이곤 했다.

사태가 심각해지자 마을의 족장은 이 지경에 이른 원인을 골똘히 생각해보았다.

"모두가 그놈의 마차 때문이군."

그렇게 판단한 족장은 마을의 마차들을 모두 불태워버리고 서양인을 마을에서 쫓아냈다.

마차를 잃게 된 마을 사람들은 차츰 예전의 모습으로 돌아갔다. 손으로 무거운 것을 나르고 땀을 뻘뻘 흘리며 등짐을 졌다. 마차를 이용할 때보다는 훨씬 힘들고 피곤했지만 누구도 불평하지 않았다.

마차로 인해 잊고 있었던 예전의 행복을 되찾았다는 기쁨이 더 컸기 때문이었다.

魚得水逝 以相忘乎水 鳥乘風飛
而不知有風 識此 可以超物累 可以樂天機

채근담 후집 68

물고기는 물속에서 헤엄을 치지만 물을 잊어버리고,
새는 바람을 타고 날아다니지만 바람이 있음을 알지 못한다.
이 이치를 알면 가히 물질에 얽매이는 것에서 벗어날 수 있고
하늘의 오묘한 작용을 즐길 수 있다.

오히려 불행한
총명함

영 수 혼 악 이 출 총 명 유 사 정 기 환 천 지
寧守渾噩 而黜聰明 有些正氣還天地

영 사 분 화 이 감 담 박 유 개 청 명 재 건 곤
寧謝紛華 而甘澹泊 有個淸名在乾坤

차라리 순박함을 지켜 총명함을 물리치고 약간의 정기를 남겨 천지에 돌려주어라. 차라리 화려
함을 물리치고 청렴함을 달게 여겨 깨끗한 이름을 세상에 남겨라.

[전집 37]

중국 위魏나라 문후文侯의 아들인 무후武侯가 신하들을 모아놓고 병
법에 관한 회의를 열고 있었다. 그런데 신하들의 의견이 한결같이 무
후의 생각에 미치지 못하자 그는 득의만만한 웃음을 지으며 회의를
마쳤다.

이를 보고 오자吳子가 나서서 말했다.

"옛날에 초楚나라 장왕莊王이 지금처럼 병법 회의를 연 적이 있었는
데, 그때도 장왕보다 뛰어난 견해를 내놓은 신하가 없었습니다. 그런

데 그때 장왕의 표정은 매우 침울했습니다."

"그것은 왜 그런가?"

무후가 묻자 오자가 말을 이었다.

"그때 장왕이 말하기를, 무릇 성인聖人을 알아보고 스승으로 모실 수 있어야 군주가 될 자격이 있고, 현자賢者를 알아보고 친구로 삼을 수 있어야 패자霸者가 될 수 있다고 하면서, 지금 자신은 별로 재능도 없는 사람인데 많은 신하 중에서 자기보다 생각이 뛰어난 자가 없으니 어찌 걱정스런 일이 아니겠냐고 신하들에게 말했습니다."

장왕은 초나라가 위기에 빠졌다고 생각하여 그런 말을 했던 것이다. 이어서 오자는 무후에게 간했다.

"그런데 지금 폐하께서는 오히려 신하보다 높은 생각을 갖고 계신 것을 기뻐하시니, 신은 그것이 두렵습니다."

오자의 말을 들은 무후의 얼굴은 부끄러움으로 붉게 물들었다.

성군
요임금의 행적

천현일인　이회중인지우　이세반령소장　이형인지단　천부일인
天賢一人 以誨衆人之遇 而世反逞所長 以形人之短 天富一人

이제중인지곤　이세반협소유　이능인지빈　진천지륙민재
以濟衆人之困 而世反狹所有 以凌人之貧 眞天之戮民哉

하늘은 어진 사람 하나를 보내 여러 사람의 어리석음을 깨우치게 했거늘, 세상은 오히려 제 잘난
것을 뽐내어 남의 모자라는 것을 들춰내고 있다. 하늘은 부유한 사람 하나를 보내 여러 사람을
가난에서 구제하게 했거늘, 세상은 오히려 제 가진 것을 자랑하여 남의 가난함을 업신여기고 있
다. 참으로 천벌을 받을 악인이 아닐 수 없다.

[전집 218]

　　예부터 하늘은 현명한 사람을 내보내 어리석은 대중을 가르치고
마침내는 깨우치게 했다. 그리하여 고대 중국의 요堯임금이나 순舜
임금과 같은 성군聖君이 있었고, 예수와 석가 같은 성인聖人이 나왔던
것이다.
　　요堯임금은 중국 상고시대 인물이다. 그는 뒤를 이은 순舜임금과 함
께 '요순의 치治'로 일컬어지는 태평성대를 구가하여 중국에서 가장
이상적인 천자상天子像으로 불리고 있다.

《육도六韜》라는 중국 고서에 보면 요堯임금에 대해 이렇게 서술하고 있다.

옛날에 요堯임금께서 천하를 다스리셨는데, 이분이야말로 상세上世에 있어서의 성군聖君이라고 할 수 있다.

요堯임금께서는 천자의 자리에 계실 때 금은주옥金銀珠玉으로 장식하지 않으셨고, 비단옷을 입지 않았으며, 기괴하고 참되지 않은 것을 보지 않았으며, 음란한 음악을 듣지 않으셨고, 왕궁의 기둥을 매끄럽게 다듬어 조각하지 않으셨다.

요堯임금께서는 나랏일이라는 핑계를 대고 백성들의 농사짓는 시간을 빼앗지 않으셨고, 개인의 욕심이나 사사로운 감정을 스스로 자제하시어 백성들에게 간섭하지 않음으로써 나라가 저절로 다스려지는 무위無爲의 정치를 베푸셨다. 또한 충정으로 국법을 받드는 관리들에게는 벼슬을 높여주고, 청렴결백하고 백성을 사람으로 감싸는 관리에게는 녹을 후하게 주셨다.

미워하는 자일지라도 공로가 있을 때는 반드시 상을 내리고, 사랑하던 자라도 죄를 지으면 벌을 내리셨다. 홀아비와 과부, 고아나 의지할 곳 없는 노인들을 따뜻하게 보살피시고, 재난이 있는 집에 재물을 보내 도우셨다.

쓸데없는 수고

우 동 시 미 덕　태 고 즉 무 이 적 성 이 정
憂動是美德　太苦則無以適性怡情

담 박 시 고 풍　태 고 즉 무 이 제 인 리 물
澹泊是高風　太枯則無以濟人利物

염려하고 부지런한 것이 미덕이긴 하지만 지나치게 수고하면 본연의 성정을 즐겁게 할 수 없다.
청렴결백한 것이 고상하긴 하지만 지나치게 메마르면 사람은 구해도 사물은 이롭게 할 수 없다.

[전집 29]

옛날 어느 부잣집에서 잔치가 벌어졌다. 마음씨 좋은 주인은 하인
들에게도 술을 한잔씩 나눠주기로 했다.

"이 술을 나눠 먹거라."

하인들은 주인이 내놓은 술 항아리 앞으로 모여들었다. 그런데 술
의 양이 그리 많지 않았다.

이것을 보고 한 하인이 말했다.

"여기 담긴 술은 여럿이 마시면 부족하지만 혼자 마신다면 넉넉할

것 같군. 자, 그러니 우리 내기를 하자. 각자 땅바닥에 뱀을 먼저 그린 사람이 이 술을 모두 마시기로 하자."

하인들은 그의 말에 모두 찬성하고 서둘러 땅바닥에 뱀을 그리기 시작했다.

조금 지나자 제일 먼저 뱀을 다 그린 하인이 왼손으로는 술 항아리를 끌어당기고, 오른손으로는 그림을 마무리하면서 소리쳤다.

"나는 그림을 다 그렸다. 어떤가? 그림을 다 그리고도 시간이 남아 이렇게 발까지 멋지게 그려놓았으니 당연히 내가 일등이지. 술은 내가 전부 마시겠다."

그러자 온전한 뱀 그림을 제일 먼저 그린 다른 하인이 재빨리 술 항아리를 가로채며 말했다.

"기다려! 이 술은 내 것이야. 세상에 발이 달린 뱀이 어디 있나? 그러니 자넨 뱀을 그린 게 아니야. 처음 약속은 뱀을 그리기로 하지 않았는가? 그러니 이 술은 내가 먹겠네."

그러고는 단숨에 술을 다 마셔버렸다.

뱀 그림에 발을 달아놓은 하인은 한 방울의 술도 마시지 못했다.

융통성 없는 아들

가 인 유 과　불 의 폭 로　불 의 경 기　차 사 난 언　차 타 사 은 풍 지　금 일 불 오
家人有過　不宜暴怒　不宜經棄　此事難言　借他事隱諷之　今日不悟

사 내 일 재 경 지　여 춘 풍 해 동　여 화 기 소 빙　재 시 가 정 적 형 범
俟來日再警之　如春風解凍　如和氣消氷　纔是家庭的型範

가족이 잘못을 하면 크게 화내지도 가볍게 보아 넘기지도 말아야 한다. 그 잘못을 말하기가 어렵
다면 다른 일을 빌려 넌지시 깨우치게 하고, 오늘 깨닫지 못하면 내일을 기다려 다시 깨우쳐주되
봄바람이 언 땅을 녹이고 온기가 얼음장을 녹이듯 하라. 이것이 바로 가정을 다스리는 규범이다.

[전집 96]

고지식한 아들을 둔 아버지가 있었다.

아들은 도무지 융통성이 없어 볏짚으로 새끼 꼬는 법을 가르쳐주면
언제나 새끼만 꼬았다.

새끼 꼬는 기술로 가마니도 만들고 광주리도 만들 수 있었지만 아
들은 늘 새끼만 꼬았다.

아들은 매일 장에 나가 필요한 물건을 사 오는 임무를 맡고 있었다.
하루는 아들이 장에 갔다가 울상이 되어 돌아와 아버지에게 말했다.

"오늘 시장으로 가는 길에 옆집 친구를 만났는데, 그 친구도 시장에 가는 것 같아 어디 가는 중이냐고 물어보았습니다."

"그랬더니 뭐라고 대답했느냐?"

"바람 부는 대로 간다고 대답했습니다. 그래서 저는 말문이 막혀 아무 대답도 못 했습니다."

아버지는 그 친구가 자기 아들을 놀려주려고 그렇게 말했다는 사실을 알고 화가 났지만, 온화한 표정을 지으며 아들에게 일러주었다.

"다음에 또 그 친구를 만나거든 어디 가는 중이냐고 다시 물어보거라. 그때에도 바람이 부는 대로 간다고 하거든, 그럼 바람이 안 불면 어떻게 할 것이냐고 물어보거라."

며칠 후 아들은 또 그 친구를 만났다. 아들은 아버지가 시키는 대로 친구에게 물었다.

"어디 가는 중이니?"

아들의 친구가 대답했다.

"응, 그냥 내 발 움직이는 대로 간다."

아들은 어찌할 바를 몰라 그만 말문이 막혀버렸다. 아들이 집으로 돌아와 이 사실을 아버지에게 말했다. 아버지는 잠시 생각하다가 아들에게 물었다.

"친구가 네 뜻대로 대답을 하지 않으니 마음이 어떻더냐?"

"몹시 답답해 숨이 막힐 것 같았습니다."

"그래? 무척 힘들었겠구나. 다음에 또 만났을 때도 그런 대답을 하면 이번에는, 그럼 네 발목이 부러졌을 때는 어떻게 할 것이냐고 물어

보거라."

며칠 후 다시 그 친구와 길에서 만나게 되었다. 아들이 예전처럼 먼저 물었다.

"지금 어디 가는 길이니?"

아들의 친구가 대답했다.

"시장에 물건 사러 간다."

아들은 그 대답에 미칠 것 같았다. 예전에는 엉뚱한 대답으로 사람을 곤혹스럽게 만들더니, 이번에는 제대로 된 대답을 했던 것이다.

아들은 몹시 혼란스러워져 그날은 시장에도 가지 않고 집으로 돌아와 아버지에게 이 사실을 말했다.

"그 친구가 오늘은 제대로 대답을 했습니다."

"오, 그래? 그런데 무엇이 걱정이냐? 처음부터 네가 원한 대답이 그것이 아니었느냐? 그렇다면 친구와 함께 시장에 다녀오면 되는 것인데 왜 집으로 돌아온 것이냐?"

"예전에 그 대답을 들었더라면 아무렇지 않게 친구와 함께 시장에 갔을 텐데, 오늘은 이상하게 그 말을 듣자 가슴이 답답했습니다. 그래서 집으로 돌아왔습니다."

아버지는 이제야 아들에게 융통성에 대해 가르쳐줄 만한 사례를 찾았다고 생각하며 이렇게 말했다.

"그 친구는 처음부터 시장에 가는 길이었으면서도 네게 엉뚱한 대답을 한 것이다. 시장에 가는 길이지만 그렇게 대답하지 않고, 바람 부는 대로 간다느니, 발길을 따라 움직인다고 대답한 것이다. 그것은 네게 융통성이 없다는 것을 깨우쳐주기 위한 것이었다. 시장가는 길이라는 대답 말고도 얼마든지 많은 대답을 할 수 있음을 보여준 것이란 말이다. 이제 네가 오늘 그 친구의 제대로 된 대답을 듣고도 가슴이 답답해졌던 이유를 알겠느냐?"

아들은 고개를 끄덕였다.

그 후 아들은 친구의 가르침 덕분에 서서히 융통성이 있는 사람으로 변해가게 되었다.

사물에 대한 소유의 의미

이 아 전 물 자　득 고 불 회　실 역 불 우　대 지 진 속 소 요
以我轉物者 得固不喜 失亦不憂 大地盡屬逍遙

이 물 역 아 자　역 고 생 증　순 역 생 애　일 모 변 생 전 박
以物役我者 逆固生憎 順亦生愛 一毛便生纏縛

자신이 만물의 주인공이 되어 만물을 자기 뜻대로 쓸 줄 아는 사람은 명리를 얻었다고 해서 기뻐하지 않고, 잃었다 해서 근심하지 않는다. 이처럼 유연하게 세상을 산다면 온천지가 다 그의 것이 된다. 그러나 만물의 지배를 받는 사람은 물건의 노예가 되기 때문에 고난과 역경을 싫어하고, 또한 순경順境을 아끼니 털끝만 한 일에도 금방 얽매이게 된다.

[후집 94]

초나라의 어떤 사람이 금화 한 냥을 잃어버렸다.

그런데 그는 금화를 찾을 생각도 하지 않고 태연하게 말했다.

"초나라 사람인 내가 초나라 땅에서 금화를 잃어버렸다면, 그것은 결국 우리 초나라 사람이 주워 갈 텐데 무슨 걱정이란 말인가?"

이 말이 공자의 귀에까지 들어갔다.

공자는 그 초나라 사람이 딱하다며 이렇게 말했다.

"그 초나라 사람이 한 말 가운데 초나라 대신 천하를 집어넣으면 어

떻겠는가?"

　천하의 사람이 잃어버린 금화를 천하의 누군가가 주워 간다면 무슨 걱정할 것이 있느냐는 말이었다. 금화를 잃어버린 초나라 사람보다는 훨씬 그릇이 큰 말이라 할 수 있는 것이다.

　그런데 공자의 말을 듣고 노자老子는 이렇게 말했다.

"공자의 말 가운데 사람이라는 말까지 없애버리면 어떻겠는가?"

　잃어버린 금화가 자연 속에 묻혀 영영 잊힌들 무슨 걱정이냐는 뜻이었다. 가히 무위자연無爲自然을 주장한 노자다운 말이라 하겠다.

화해한 시어머니와 며느리

천 금 난 결 일 시 지 환　일 반 경 치 종 신 지 감
千金難結一時之歡　一飯竟致終身之感

개 애 중 반 위 구　박 극 번 성 희 야
蓋愛重反爲仇　薄極蒜成喜也

천금을 주고도 한때의 환심을 사기 어려울 때가 있고, 한 술을 밥으로 평생의 감은感恩을 이룰 수도 있다. 대체로 사랑이 깊으면 도리어 원수가 되고, 미워함이 몹시 심하면 오히려 기쁨이 된다.

[전집 115]

옛날에 사이가 좋지 않은 시어머니와 며느리가 한집에 살고 있었다.

시어머니는 사소한 일이라도 트집을 잡아 매일 며느리를 구박했다.

며느리 역시 어른에 대한 공경심 따위는 조금도 없어 시어머니에게 대들곤 했다.

그러던 어느 날 며느리가 독한 마음을 먹게 되었다. 시어머니를 죽일 생각을 했던 것이다. 며느리는 의원을 찾아가 사정을 설명하고 시어머니를 죽일 수 있는 약을 지어달라고 했다.

전후 사정을 들은 의원을 잠시 생각하다가 며느리의 소원대로 약을 지어주었다.

"이 약이면 시어머니를 죽일 수 있을 것입니다. 그런데 이 약을 한 번에 먹고 죽게 되면 남의 의심을 사게 될 테니 일 년 동안 조금씩 드시게 하십시오."

집으로 돌아온 며느리는 의원이 시킨 대로 조금씩 약을 달여 시어머니에게 올렸다.

"오래도록 건강하게 사시라고 지어온 약이니 매일 조금씩 달여 올리겠습니다."

시간이 지날수록 시어머니는 하루도 거르지 않고 약을 달여 바치는 며느리가 차츰 기특하게 여겨졌다. 며느리 또한 매일 약을 달이다 보니 어른에 대한 공경심이 싹트기 시작했다. 그러다가 몇 달이 지나자 시어머니와 며느리는 둘도 없이 가까운 고부지간이 되었다.

드디어 의원이 말한 1년이 가까워지고 있었다. 며느리는 지금까지 자신이 저지른 잘못을 크게 뉘우치며 의원에게 달려갔다.

"제발 어머니를 살려주십시오."

며느리는 의원에게 매달리다시피 하며 시어머니를 살려달라고 애원했다. 그러자 의원이 말했다.

"걱정하지 마십시오. 제가 지어드린 약으로는 시어머니께서 돌아가시지 않을 것입니다. 왜냐하면 제가 지어드린 약은 우리들이 흔히 먹는 밀가루로 만들었던 것이니까요."

지옥과 천당의 차이

처세 양일보위고 퇴보 즉진보적장본 대인
處世 讓一步爲高 退步 卽進步的張本 待人

관일분시복 이인 실리기적근기
寬一分是福 利人 實利己的根基

세상을 살아가면서 한 발짝 양보하는 처세를 높게 평가하므로 물러서는 것은 곧 스스로 전진하는 토대가 된다. 사람을 너그럽게 대하는 것은 복이 되므로 남을 이롭게 하는 것은 자신을 이롭게 하는 바탕이 된다.

[전집 17]

영국 작가 존 버니언의 종교적 우의소설寓意小說인《천로역정天路歷程》에 다음과 같은 이야기가 나온다.

지옥에 가보니 모여 있는 자들이 모두 바짝 말라 있었다. 먹지 못해 살이 마르고 기운이 빠져 있었던 것이다. 그런데 그들의 옆에는 맛있는 음식들이 가득했다. 어찌 된 영문인지 가만히 지켜보니 그들의 팔에는 모두 긴 나무판이 묶여 있었다. 그 탓에 팔을 굽힐 수가 없었다. 하지만 저마다 음식을 한 움큼씩 들고 입으로 가져가려 했다. 그러나 팔이 굽혀지지 않기 때문에 음식을 입에 넣는 일은 불가능했다.

천당에 가보니 모두 살이 통통하고 얼굴에 화색이 돌았다. 이번에도 가만히 지켜보니 그들에게 주어진 음식은 지옥의 그것과 똑같았다. 음식뿐만 아니라 팔에 나무판을 댄 것도 똑같았다. 그런데 그들은 지옥에 있는 자들과 달리 행동하고 있었다. 그들은 손에 음식을 들고 자신의 입으로 가져가는 게 아니라 마주 앉은 자의 입에 넣어주고 있었다.

菜根譚
6

군자의 덕을 함양하려면

중도에 그만두지만
않는다면

사 기　무 처 기 의　처 기 의　　즉 소 사 지 지 다 괴 의
舍己 毋處其疑 處其疑 卽所舍之志多愧矣

시 인　무 책 기 보　책 기 보　　병 소 시 지 심 구 비 의
施人 毋責其報 責其報 幷所施之心俱非矣

어떤 일에 몸을 바쳐 일하기로 했다면 그 일을 의심하지 말라. 의심하게 되면 자신의 결심이 부
끄러워진다. 남에게 은혜를 베풀었다면 보답을 바라지 말라. 보답을 바란다면 베풀었던 마음마저
그르치게 된다.

[전집 89]

　　중국 최대의 시인이며, 시선詩仙으로 불리는 당나라 이백李白·字는 太白
이 어렸을 때였다.

　　이태백은 어려서부터 아버지의 임지를 따라다니며 생활했는데, 대
부분을 촉蜀나라에서 보냈다. 그는 부모 곁을 떠나 학업을 하는 경우
가 많았다. 그래서 이태백의 생애는 방랑으로 시작하여 방랑으로 끝
났다는 말을 하기도 한다.

　　떠도는 생활에 익숙했던 그는, 아버지를 따라다니다가 결심을 하고

촉나라의 상의산象宜山이라는 곳으로 들어가 학업에 정진하기로 했다.

그러나 그곳에서 학업을 한 지 몇 달이 지난 어느 날, 적막한 산중 생활에 진력이 난 이태백은 스승에게 한마디 말도 남기지 않고 훌쩍 하산해버렸다.

산을 다 내려와 걷고 있는데, 저만치 냇가에서 웬 노파가 바위에다 도끼를 갈고 있었다. 이태백은 이상하게 여겨 노파에게 물었다.

"할머니, 지금 무엇을 하고 계시는 겁니까?"

노파가 이태백을 한번 슬쩍 보더니 하던 일을 계속하며 대답했다.

"바늘을 만들려고 도끼를 갈고 있는 중이란다."

노파의 대답을 들은 이태백은 너무 기가 막혀 웃으면서 물었다.

"저렇게 큰 도끼를 갈아서 어느 세월에 바늘을 만든단 말입니까? 하하하……."

그러자 노파가 꾸짖듯 이태백에게 말했다.

"애야, 웃지 말거라. 중도에 그만두지만 않는다면 언젠가는 이 도끼가 바늘이 될 것이다."

중도에 그만두지만 않는다면 바늘을 만들 수 있다는 말을 들은 이태백은 크게 깨달은 바가 있어 다시 산으로 올라가 학업에 정진했다.

말발굽을
소홀히 한 장수

군 자 처 환 난 이 불 우　당 연 유 이 척 려　우 권 호 이 불 구　대 경 독 이 경 심
君子處患難而不憂　當宴遊而惕慮　遇權豪而不懼　對惸獨而警心

군자는 환난에 처했을 때는 근심하지 않지만, 즐거운 잔치 자리에서 놀 때면 근심을 한다. 또한 군자는 권세 있는 사람을 만났을 때는 두려워하지 않지만, 고독한 사람을 대하면 마음으로 놀라게 된다.

[전집 223]

　　중국의 어느 나라에서는 한동안 전쟁이 없는 평화가 이어지고 있었다. 그래서 그 나라의 백성들과 병사들은 전쟁에 대한 긴장감을 잊은 채 화평하게 지내고 있었다.

　　장수들도 마음이 느슨해져 병사들의 훈련을 소홀히 한 채 술과 기름진 음식으로만 나날을 보냈다. 무기와 말에 대한 관리도 소홀히 하여 창고와 마구간이 제대로 정비가 되어 있지 않았다.

　　그러던 어느 날 이웃 나라에서 쳐들어와 전쟁이 벌어졌다.

　　장수와 병사들은 화들짝 놀라 허겁지겁 싸움터에 나갈 준비를 했다. 그때 한 장수가 마구간으로 가 자신이 타고 싸움터에 나갈 말을 점검하다가 말발굽에 못 하나가 빠진 것을 발견하게 되었다.

"에잇, 이까짓 못 하나 빠졌다고 무슨 일이 있겠는가?"

장수는 마음이 바빠 말발굽에 못 하나가 빠진 채로 출전하게 되었다. 장수는 말 엉덩이에 채찍을 가하면서 기세 좋게 적진을 향해 달려 나갔다.

그런데 얼마 달리지 않아 말발굽이 빠져버리고 말았다. 못이 제대로 박혀 있지 않았기 때문이었다. 발굽이 빠져나간 발의 발바닥에서는 이내 피가 흐르기 시작했다. 장수는 그것을 아는지 모르는지 계속 채찍질을 하며 앞으로 달려 나가기만 했다.

장수는 적진에 도착했을 때야 비로소 말이 다리를 절룩거린다는 사실을 알게 되었다.

"아니, 이놈의 말이 왜 이렇게 됐지?"

결국 장수는 힘 한번 써보지 못하고 적의 칼에 맞아 말에서 떨어져 숨을 거뒀다.

보물에 대한
관점의 차이

피 부 아 인　피 작 아 의　군 자 고 불 위 군 상 소 뢰 롱
彼富我人　彼爵我義　君子固不爲君相所牢籠

인 정 승 천　지 일 동 기　군 자 역 불 수 조 물 지 도 주
人定勝天　志一動氣　君子亦不受造物之陶鑄

그에게 부가 있다면 내게는 인이 있고, 그에게 벼슬이 있다면 내게는 의義가 있다. 그러므로 군자는 임금과 재상에게도 농락당하지 않는다. 사람이 힘을 모으면 하늘도 이기고, 뜻을 하나로 모으면 기氣도 움직인다. 그 때문에 군자는 조물주가 만들어준 운명의 틀 속에도 갇히지 않는다.

[전집 42]

　옛날에 중국 송나라에 운이 좋아 돈을 거머쥐게 된 졸부 하나가 살고 있었다.

　그 졸부는 어찌나 운이 좋은지 하루는 길을 가다가 길거리에서 누군가가 흘린 옥을 주웠다.

　"지금 있는 재산만으로도 평생을 먹고살 수 있는데, 이런 횡재가 나에게 또 주어지다니……. 이는 필시 하늘이 나를 시험하려고 하는 일일 것이다."

그래서 그는 모처럼 선행善行을 한번 하려고 주운 옥을 들고 송나라 재상의 집으로 찾아갔다.

"이처럼 귀한 보물은 저 같은 소인배가 지닐 게 못 됩니다. 재상처럼 군자의 품위를 지니신 분이 지녀야 할 물건이니 사양하지 마시고 거두어주셨으면 합니다."

졸부는 제법 점잖게 말을 했지만, 사실은 거저 주운 옥을 선심 쓰듯이 재상에게 뇌물로 줄 심산이었다.

하지만 재상이 그 심보를 모를 리 없었다. 그래서 재상은 옥을 받지 않고 졸부에게 물었다.

"그대는 이 옥을 귀한 보물로 여기고 있소?"

"예, 그렇습니다."

재상은 지그시 눈을 감았다 뜨며 입을 열었다.

"미안하게 됐소이다. 나는 그대가 보물이라고 여기는 이 옥을 받지 않는 행위를 보물로 여기고 있소. 그러니 그대의 보물을 가지고 돌아가 주시오."

결국 졸부의 얄팍한 계산은 무위로 돌아가고 말았다.

정승의 큰 뜻

풍 래 소 죽　풍 과 이 죽 불 류 성　안 도 한 담　안 거 이 담 불 류 영
風來疎竹 風過而竹不留聲 雁度寒潭 雁去而潭不留影

고 군 자　내 이 심 시 현　사 거 이 심 수 공
故君子 來而心始現 事去而心隨空

바람이 성긴 대숲에 불어와도 일단 지나가면 그 소리를 남기지 않고, 기러기가 차가운 연못을 날아가도 일단 지나가면 그림자를 남기지 않는다. 군자 또한 일이 생기면 비로소 마음이 나타나고, 일이 지나고 나면 마음도 따라서 비워진다.

[전집 82]

　옛날에 덕이 많고 과묵한 어느 정승이 길을 가다가 물이 고여 있는 웅덩이에 들어가 무언가를 열심히 찾고 있는 사내를 보고는 걸음을 멈추었다.

　"거기서 뭘 찾고 있는 것이오?"

　사내는 허리를 펴며 말했다.

　"실수로 이 웅덩이에 엽전 한 냥을 떨어뜨렸는데 벌써 한 시간째 찾고 있습니다. 아무래도 찾지 못할 것 같습니다."

그러면서 사내는 웅덩이에서 나와 엽전 찾기를 포기하고 돌아갔다.

그러자 정승은 마을에서 일꾼들을 불러 모은 다음 다시 웅덩이로 돌아왔다.

"이 웅덩이의 물을 모두 퍼내도록 하라. 품삯은 두 냥씩 줄 것이다."

인부 다섯 명이 열심히 물을 퍼내 바닥이 드러나자 과연 엽전 한 냥이 나왔다. 정승은 약속대로 인부들에게 품삯을 두 냥씩 주었다.

이것을 보고 한 인부가 정승에게 물었다.

"한 냥을 찾으려고 열 냥을 쓰시다니, 저희들은 이해가 되지 않습니다."

이 말에 정승은 나직이 대답했다.

"내가 엽전 한 냥을 찾지 않았다면 이 돈은 영원히 땅에 묻히고 말 것이었다. 그렇다면 가뜩이나 쇠붙이가 모자라는 우리나라에 얼마나 손해가 나는 일인가? 또한 그대들도 돈을 벌어 가계에 보탬을 주었으니 크게 보면 이 나라에 이익이 될 일만 한 셈이 아닌가?"

정승의 말에 인부들은 저절로 고개가 숙여졌다.

먼저 나를 낮춰라

지 지 예 자　다 생 물　수 지 청 자　상 무 어
地之穢者 多生物 水之清者 常無魚

고 군 자 당 존 함 구 납 오 지 량　불 가 지 호 결 독 행 지 조
故君子當存含垢納汚之量 不可持好潔獨行之操

땅이 더러우면 초목이 무성하지만, 물이 너무 맑으면 고기가 없는 법이다. 그러므로 군자는 때묻
고 더러워지는 것도 용납할 수 있는 도량을 지녀야 하며, 깨끗함만 좋아하고 홀로 행하려는 지조
는 버려야 한다.

[전집 76]

월왕越王 구천勾踐은 아버지 윤상允常이 죽은 뒤 왕위를 이어받자마
자 원수인 오왕吳王 합려闔閭와의 일전을 준비했다.

구천은 무엇보다 병사들의 사기를 진작시킬 방법을 찾기 시작했다.

어느 날, 구천이 수레를 타고 외출을 하여 길을 가다가 두 마리의 두
꺼비가 서로 싸우는 광경을 목격하게 되었다.

"수레를 멈춰라."

구천은 수레에서 내려 두꺼비들의 싸움을 유심히 지켜보았다. 잠시

후, 배가 불룩하고 힘이 좋게 생긴 두꺼비의 승리로 싸움이 끝났다. 그러자 구천은 갑자기 그 두꺼비에게 허리를 깊숙이 숙여 인사하며 경의를 표했다.

"아니, 저 미물에게 고개를 숙이시다니 어찌 된 일이십니까?"

구천의 뜻하지 않은 행동을 본 수행원 하나가 깜짝 놀라 물었다.

구천은 나직한 어조로 대답했다.

"나는 온당한 행동을 했을 뿐이다. 저 두꺼비가 비록 미물이기는 하나 싸움을 치르는 동안 유심히 지켜보니 매우 강한 기운을 갖고 있다는 사실을 알게 되었다. 그러니 내가 고개를 숙이지 않을 수 있겠느냐?"

얼마 뒤, 이 소문은 온 나라 안에 퍼지게 되었다. 병사들은 물론이고 백성들까지도 자기들의 왕은 강한 기운을 가진 자가 있다면 아무리 미물이라도 머리 숙여 경의를 표하는 사람이라고 평가하게 되었다.

그 뒤 구천이 오나라와 전쟁을 벌이자 모든 병사가 죽기를 각오하고 싸웠다. 결국 구천은 오왕 합려와 싸워 승리를 얻게 되었다.

천하는
만백성들의 것

열 사 양 천 승　탐 부 쟁 일 문　인 품 성 연 야　이 호 명 불 수 호 리
烈士讓千乘　貪夫爭一文　人品星淵也　而好名不殊好利

천 자 영 국 가　걸 인 호 옹 손 위 분 소 양 야　이 초 사 하 리 초 성?
天子營國家　乞人號饔殞位分霄壤也　而焦思何里焦聲?

의로운 선비는 천승千乘의 나라도 사양하고, 탐욕스런 사람은 한 푼의 돈도 다투니, 그 인품은 하늘과 땅 차이지만 명예를 좋아함과 이익을 좋아함에는 다를 바가 없는 것이다. 천자는 나라를 다스리고, 거지는 조석의 끼니를 구걸하니, 그 신분은 하늘과 땅 차이지만 애타게 생각하는 것은 다를 바가 없다.

[후집 79]

중국의 태공망太空望 여상呂尙은 우리가 흔히 강태공姜太公으로 부르고 있는 인물이다. 태공은 주나라 문왕文王의 초빙을 받아 그의 스승이 되었고, 문왕의 아들 무왕武王을 도와 은나라를 멸망시키고 천하를 평정하여 그 공으로 제齊나라 제후가 되었다.

어느 날, 주나라 문왕이 태공에게 물었다.

"천하를 가지려면 어떻게 해야 하오?"

태공이 대답했다.

"땅에는 자연에서 얻은 온갖 재물이 있습니다. 이것들은 사심 없이 만백성들과 함께 나누어 쓰려는 마음이 바로 인仁입니다. 천하는 결국 인이 있는 곳으로 돌아가게 될 것입니다. 또한 어려움에 처한 사람들에게 도움을 주고, 위급함에 처한 사람을 위기에서 건져주는 것을 가리켜 덕德이라고 합니다. 천하는 결국 덕이 있는 곳으로 돌아가게 될 것입니다. 사람들이 싫어하거나 좋아하는 것을 헤아려 더불어 좋아하고 싫어하는 것을 가리켜 의義라고 합니다. 천하는 결국 의가 있는 곳으로 돌아가게 될 것입니다."

태공의 말에 문왕이 다시 물었다.

"그것을 한마디로 쉽게 말해주시오."

태공이 지체하지 않고 대답했다.

"천하는 천자 한 사람의 것이 아니라 만백성들의 것입니다."

"아, 참으로 옳은 말이오."

문왕이 감복하여 말했다.

최후의
승자가 된 선비

의기   이만복   박만   이공전   고군자녕거무   불거유   영처결   불처완
欹器* 以滿覆   撲滿* 以空全 故君子寧居無   不居有   寧處缺   不處完

의기欹器는 가득 차면 엎질러지고, 박만撲滿은 텅 비어야 온전하다. 그러므로 군자는 차라리 무無에서 살지언정 유有의 경지에서 살지 않고, 모자라는 곳에 머물지언정 가득 찬 곳에 머물지 않는다.

[전집 63]

어느 마을에 재물을 많이 가진 부자와 집에 있는 것이라고는 책밖에 없는 선비가 살고 있었다.

부자는 늘 자기 재산을 믿고 으스대며 선비를 조롱했다.

"아무리 책을 많이 읽어도 재물이 없으면 다 소용없는 일이야. 책을 읽는 것도 다 재물을 모으기 위해서가 아니겠어? 그러니 재물이 많은 나는 이미 성공을 한 셈이지."

하지만 선비는 부자의 말에 눈 하나 깜짝하지 않았다.

그러던 어느 날, 마을에 큰불이 났다.

부자는 허둥대며 불을 끄려고 했으나 결국 대궐 같은 큰 집을 모두 태우고 말았다. 반면 선비는 초가집과 책을 태웠을 뿐 잃은 것이 별로 없었다. 더구나 그 책들도 모두 다 읽은 것이라 머릿속에 그대로 들어 있었다.

세월이 지난 뒤 부자는 여기저기 떠돌며 구걸하는 신세가 되었고, 선비는 이곳저곳에서 스승으로 모시겠다는 사람들이 나타나 자리를 옮겨가며 가르침을 주었다.

결국 불에 타지 않는 학문을 가진 선비가 마지막에 웃을 수 있었다.

- 의기敲器 : 중국 주나라 때 임금을 경계하기 위해 만들었다는 그릇을 말한다. 속이 비었을 때는 기우뚱하고, 적당하면 바로 서며, 가득 차면 엎어진다.
- 박만撲滿 : 저금통처럼 돈을 넣는 작은 구멍만 있고 꺼내는 구멍이 없으므로, 꺼낼 때는 부수어야 하는 항아리를 말한다. 결국 속이 비어야만 제 형상을 유지할 수 있다.

은밀한 도움

우 고 구 지 교　의 기 요 유 신　처 은 미 지 사
遇故舊之交　意氣要愈新　處隱微之事

심 적 의 유 현　대 쇠 후 지 인　은 례 당 유 융
心迹宜愈顯　待衰朽之人　恩禮當愈隆

옛 친구를 만나거든 이전에 사귀었던 정에 금이 가지 않도록 마음가짐을 더욱 새롭게 하고, 비밀스런 일을 처리할 때는 남의 의심을 사지 않도록 너욱 분명히 할 것이며, 불우한 친구나 사람을 대할 때는 에우를 더욱 융숭하게 해야 한다.

[전집 165]

　　〈만종〉으로 유명한 프랑스 화가 밀레는 젊은 시절에 몹시 궁핍한 생활을 했다. 아직 무명 화가에 머물러 있던 밀레는 끼니조차 잇지 못하는 어려움 속에서도 끊임없이 그림을 그렸다. 그러나 무명 화가의 그림을 사려는 사람은 아무도 없었다.

　　그러던 어느 날, 역시 그림을 그리는 친구인 헨리 루소가 밀레를 찾아왔다. 루소는 이미 신진 화가로서 이름을 떨치고 있는 친구였다.

　　"여보게, 드디어 자네 그림이 팔렸네."

"뭐라고? 그게 정말인가?"

밀레는 루소의 말이 좀체 믿어지지 않아 눈을 둥그렇게 뜨며 되물었다.

"그렇다네. 어느 미국인이 자네 그림을 사겠다면서 나한테 이렇게 돈까지 맡겼네. 오늘 같이 오려고 했지만 급한 볼일이 있다고 해서 못 오고, 그림 고르는 일도 내게 맡겼네."

루소는 밀레에게 미국인이 맡겼다는 돈을 건네주며 말했다.

"값도 아주 후하게 매겨줬어. 5백 프랑일세."

"오, 이렇게 고마울 수가. 어서 그 미국인의 마음에 들 만한 그림을 골라보게."

"자네 그림은 모두 훌륭하기 때문에 어느 것을 갖다주어도 만족할 걸세."

루소는 손에 집히는 대로 밀레의 그림 한 점을 골라 들었다. 그러자 밀레는 그 그림에 사인을 한 뒤 정성스럽게 포장까지 해서 루소에게 주었다.

그런데 사실은 밀레의 그림을 산 사람은 미국인이 아니라 오래전부터 친구의 가난한 생활을 안타깝게 지켜보던 루소 자신이었다.

염두농자 자대후 대인역후 처처개농 염두담자 자대박
念頭農者 自待厚 待人亦厚 處處皆濃 念頭淡者 自待薄

대인역박 사사개담 고군자거상기호 불가태농염 역불가태고적
待人亦薄 事事皆淡 故君子居常嗜好 不可太濃艶 亦不可太枯寂

생각이 깊은 사람은 자신뿐 아니라 남에게도 후하여 이르는 곳마다 다 두텁다. 생각이 얕은 사람
은 자신뿐 아니라 남에게도 박하여 부딪치는 일마다 척박하다. 그러므로 군자는 평소 좋아하는
것을 너무 짙게 해서도 안 되고, 너무 묽게 해서도 안 된다.

[전집 41]

제나라 환공桓公은 명군이기는 했으나 여색을 좋아했다. 무릇 영웅
은 수많은 여인을 거느린다고는 하지만 환공은 도를 지나칠 정도였
던 것 같다. 더구나 그는 자기 여자를 건드리는 자는 용서하지 않을
정도로 질투심도 강했다.

그래서 수조豎刁라는 자는 환공의 신임을 얻으려고 일부러 거세去勢
를 한 뒤에 내시가 되었다. 수조는 비록 성불구자가 되었지만, 자신이
원했던 대로 환공의 두터운 신임을 얻게 되었다.

그러나 훗날 수조는 환공을 상대로 내란을 일으켰다. 그러므로 환공의 입장에서는 자신이 지나치게 여색을 밝힌 까닭에 화를 자초한 셈이 되었다.

또한 환공은 소문난 미식가였다. 한번은 역아易牙라는 자가 자신의 장남을 삶아 음식을 만들어 환공에게 바쳤다. 환공은 그 음식을 먹어보더니 깜짝 놀라며 말했다.

"매우 진귀한 맛이로구나."

환공은 크게 기뻐하며 역아에게 상을 내렸다.

하지만 뒷날 역아도 반란의 무리에 가담하여 한패가 되었다.

명임금으로 불리는 환공도 자신이 좋아하는 것에 너무 집착한 나머지 화를 입게 되었던 것이다.

묵자의
문제아 다스리기

제자백가의 한 사람인 묵자墨子에게는 여러 제자가 있었으나, 경주
자耕柱子라는 제자는 학문을 게을리하고 품행이 단정치 못했다.

그래서 어느 날, 그를 불러 가볍게 꾸중을 했다. 그랬더니 그는 발끈
화를 내며 스승에게 대들었다.

"스승님께서는 왜 저만 보면 꾸짖으십니까? 저도 나름대로 열심히
정진하고 있습니다. 다만 스승님께서 저를 색안경을 끼고 보시기 때
문에 제 행동이 눈에 거슬리는 것입니다."

도무지 예의라곤 찾아볼 수 없는 말투였다.

그러나 묵자는 조금도 얼굴 표정을 바꾸지 않고 그에게 물었다.

"만약 네가 먼 길을 떠나게 되었다고 하자. 그러면 너는 마차馬車를
타고 가겠느냐? 아니면 소달구지를 타고 가겠느냐?"

스승의 물음에 경주자는 서슴없이 대답했다.

"당연히 마차를 몰고 가야지요."

묵자가 다시 물었다.

"왜 소달구지를 타고 가지 않고 마차를 타고 가려 하느냐?"

"스승님은 저를 너무 무시하시는군요. 말은 채찍질을 하면 빨리 달리지만, 소는 아무리 채찍질을 해도 속력을 낼 수 없지 않습니까?"

묵자는 그 대답이 나오기를 기다린 듯 만면에 웃음을 머금으며 말했다.

"내가 너를 자주 꾸짖는 까닭도 그 이치와 같다. 너를 꾸짖으면 꾸짖을수록 행여나 좀 더 나아지지 않을까 하는 기대 때문이다."

그 말에 경주자는 문득 깨달은 듯 고개를 숙였다.

待君子不難於恭而難於有禮
待小人不難於嚴而難於不惡
대소인불난어엄이난어불오
대군자불난어공이난어유례

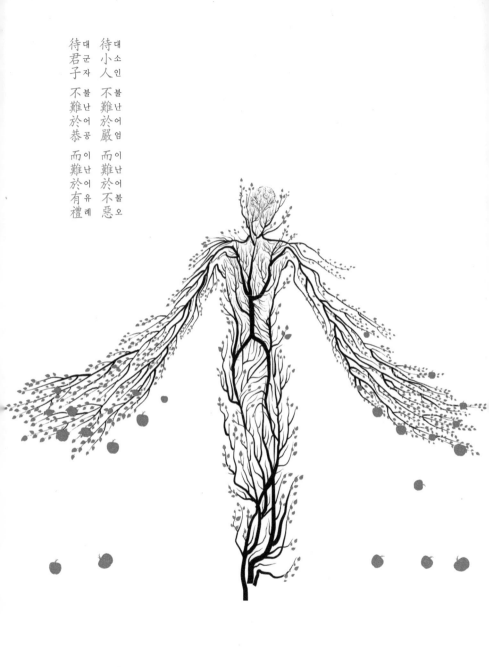

채근담 전집 36

소인을 대할 때는 엄하게 하기가 어려운 게 아니라 미워하지 않기가 어렵고,
군자를 대할 때는 공손하게 하기가 어려운 게 아니라 예를 바르게 하기가 어렵다.

노인의 향학열

士君子持身不可輕 輕則物能撓我 而無悠閑鎭定之趣

用意不可重 重則我爲物泥 而無蕭灑活潑之機

군자는 행동을 가볍게 하지 말라. 행동이 가벼우면 사물에 마음을 주게 되어 여유와 침착함을 잃게 된다. 또한 군자는 마음가짐을 무겁게 하지 말라. 너무 무거우면 사물에 얽매어 시원스럽고 활달한 기운을 잃게 된다.

[전집 106]

　　독일의 베를린 대학 강당에서는 유명한 근대 자연 지리학의 개척자인 알렉산더 훔볼트의 저서로 열띤 강의가 진행되고 있었다.

　　강의를 진행하는 사람은 훔볼트의 학문에 심취해 있는 중년의 교수였다. 그 교수는 훔볼트의 사상을 집중적으로 연구해 그 분야에 권위를 얻고 있었다.

　　그런데 강당의 한쪽 구석에 머리가 허연 노인 하나가 열심히 강의를 듣고 있었다. 노인은 젊은 학생들 틈에 끼어 있으면서도 아무런 거

240

리낌이 없어 보였다. 그는 바로 훔볼트였다.

"어? 저분은 훔볼트 박사님이 아니신가?"

옆자리에서 함께 강의를 듣고 있던 학생 하나가 훔볼트의 얼굴을 알아보고는 소리쳤다.

"쉿, 지금은 강의 시간일세. 조용히 하게."

훔볼트는 소리친 학생을 향해 나직이 말했다.

강의가 끝나자 학생들은 훔볼트의 주위로 몰려들었다.

"박사님은 자신의 저서로 강의를 하는 시간에 무엇을 더 배우시려고 여기 앉아 계셨습니까?"

훔볼트는 학생들의 질문에 이렇게 대답했다.

"나는 아직도 젊은 시절의 향학열을 간직하고 있다네. 그래서 이렇게 나이가 든 지금에도 열심히 강의를 듣는 것이라네. 오늘은 내가 젊었을 때 간과했던 지층 구조에 대한 한 가지 사실을 발견해냈네. 자, 이제 나는 그만 집으로 가서 그 부분에 대해 더 연구해봐야겠네."

총명한 공주의
예언

매의 서 있는 모습은 조는 것 같고, 범의 걸음은 병든 듯하다. 하지만 이것이 바로 사람을 움켜잡
고 물어뜯는 그들의 수단이다. 그러므로 군자는 총명함을 드러내지 말고 재능도 뚜렷하게 나타
내지 말아야 하는데, 그렇게 함으로써 큰일을 맡을 역량이 된다.

[전집 200]

　신라의 선덕여왕은 우리나라 최초의 여왕이었다.

　그녀가 아직 왕위에 오르기 전인 덕만공주 시절이었다.

　당태종이 진평왕에게 겉에 모란꽃이 그려진 선물 상자를 보내왔다.
상자 안에는 모란꽃 씨가 담겨 있었다.

　덕만공주는 모란꽃 그림을 한참 들여다본 뒤에 말했다.

　"저 꽃 그림에는 향기가 없어. 그러니 씨앗을 뿌려 꽃이 핀다 해도
향기가 없을 거야."

　그런데 과연 시간이 흘러 땅에 심은 모란이 꽃을 피웠는데, 그녀의
말대로 향기가 없었다. 진평왕과 신하들은 공주의 선견지명에 놀라
며 어떻게 그 사실을 알았느냐고 물었다.

　공주는 대수롭지 않다는 듯 대답했다.

　"본디 향기가 있는 꽃에는 나비가 찾아드는 법인데, 저 그림에는 꽃
은 그려져 있지만 나비는 그려져 있지 않았어요. 그래서 향기가 없다
는 사실을 알았지요."

　"공주님의 지혜는 참으로 헤아릴 수 없이 넓고 깊습니다."

　신하들이 칭찬하자 공주는 겸손하게 말했다.

　"너무 과분한 칭찬입니다. 사물을 꼼꼼하게 살피고 깊이 생각한다
면 누구나 알 수 있는 사실입니다."

　그 후 진평왕은 왕자가 생기지 않자 지혜로운 덕만공주에게 왕위를
물려주었다.

군자는
입을 조심한다

이 중 상 문 역 이 지 언　심 중 상 유 불 심 지 사　총 시 진 덕 수 행 적 지 석
耳中常聞逆耳之言　心中常有佛心之事　總是進德修行的砥石

약 언 언 열 이　사 사 쾌 심　편 파 차 생　매 재 짐 독 중 의
若言言悅耳　事事快心　偏把此生　埋在鴆毒中矣

귀로는 항상 귀에 거슬리는 말을 듣고, 마음속에는 항상 마음에 거리끼는 일이 있다면 이것이야말로 덕과 행실을 갈고 닦는 숫돌이 될 것이다. 만약 말마다 귀를 기쁘게 해주고, 일마다 마음을 즐겁게 해준다면 그것은 곧 인생을 무서운 독을 품고 있는 짐鴆새*속에다 파묻는 것과 같다.

[전집 5]

　　중국 송나라 태종은 궁궐을 신축하면서 커다란 연못 하나를 따로 만들었다. 어느 날, 태종이 신하들을 거느리고 연못을 거닐게 되었다.

"아주 훌륭한 연못이구나."

　　태종이 뒤따르는 신하들을 돌아보고 이렇게 말하며 기뻐했다.

　　그때 아첨하기 좋아하는 한 신하가 재빨리 앞으로 나서며 말했다.

244

"그렇습니다. 고래로 가장 아름다운 연못일 것입니다."

태종은 다시 연못으로 고개를 돌려 정경을 감상하며 혼잣말로 중얼거렸다.

"음…… 이 연못에 반딧불이라도 좀 날아다닌다면 금상첨화였을 텐데……."

그런데 방금 전에 아첨을 했던 신하가 이 말을 엿들었다.

그 신하는 퇴궐한 뒤 자기 영지의 백성들을 모두 동원해 대대적인 반디 잡기에 나섰다. 닥치는 대로 잡아들인 반디는 자그마치 마차 서너 대 분량이었다.

며칠 뒤 태종이 다시 연못에 들렀다. 그런데 엄청난 수의 반딧불이 연못 주위를 날아다니고 있었다. 태종이 까닭을 묻자 이번에도 그 신하가 나서서 자랑스럽게 말했다.

"제가 잡아놓았습니다. 또 필요하신 게 있으면 언제든지 분부를 내리십시오."

태종은 그 말을 듣고 마치 뱀에게 물린 듯 따끔한 감정을 느꼈다. 자신이 무심코 내뱉은 말 한마디 때문에 그동안 반디를 잡으러 다니느라 고생한 백성들이 떠올랐기 때문이었다.

그 후 태종은 아무리 사소한 말이라도 여러 신하가 있는 데서는 입 밖에 내지 않았다고 한다.

• 짐새 : 중국 남방에 사는 올빼미 비슷한 독조毒鳥

불타버린 원고

살림이 궁한 집이라도 깨끗이 청소하고, 가난한 집 여자라도 단정하게 빗질을 하면 그 모습이 비록 화려하지는 않아도 그 기품은 단아해진다. 그러므로 군자가 한때 곤궁하고 적막함을 당했다 하여 스스로를 포기한 채 게을러질 수 있겠는가?

[전집 84]

영국의 역사학자 토머스 칼라일은 《프랑스 혁명사》라는 명저를 남긴 인물이다. 그가 원고를 쓸 당시의 일이다.

수천 페이지에 달하는 원고를 탈고한 뒤 칼라일은 이웃에 사는 존 스튜어트 밀에게 찾아가 원고를 읽어봐 달라고 부탁했다. 밀은 그의 원고를 정성 들여 꼼꼼하게 읽어나가기 시작했다.

그런데 며칠 후 밀이 파랗게 질린 얼굴로 칼라일을 찾아왔다.

"큰일이 생겼습니다. 늦게까지 원고를 읽다가 책상 위에 그대로 놓아둔 채 잠자리에 들었는데, 아침에 가보니 그만 우리 집 하녀가 못쓰는 종이인 줄 알고 벽난로의 불쏘시개로 써버렸지 뭡니까?"

그 소리를 듣는 순간 칼라일은 눈앞이 캄캄해졌다. 2년 동안 기울인 노력이 까만 재로 변하는 순간이었다.

그 일이 있고 난 뒤, 칼라일은 넋을 잃은 사람처럼 한동안 아무 일도 할 수가 없었다.

그러던 어느 날이었다. 칼라일은 우연히 석공이 벽돌을 쌓는 작업을 하는 것을 목격하게 되었다. 석공은 벽돌을 하나씩 쌓아 차츰 높은 벽을 이루어가고 있었다.

그 순간 칼라일의 뇌리에 번쩍 스쳐 지나가는 무엇이 있었다.

'아, 바로 저것이다.'

그는 그 길로 집으로 돌아와 다시 책상 앞에 앉았다.

'다시 시작하는 거다. 오늘 한 페이지를 쓰고, 내일도 한 페이지를 쓰는 것이다.'

그리하여 마침내 그는 처음 원고보다 더욱 훌륭한《프랑스 혁명사》를 세상에 내놓게 되었다.

변절자에게 가한
일침

군 자 이 사 선 무 리 소 인 지 사 악 군 자 이 개 절 불 급 소 인 지 자 신
君子而詐善 無異小人之肆惡 君子而改節 不及小人之自新

군자로서 위선적인 행동을 한다면, 소인이 악을 거침없이 행하는 것과 같다. 군자로서 변절을 한다면, 소인이 잘못을 뉘우치는 것만도 못하다.

[전집 95]

일제 강점기 때 조선미술협회 창립을 위한 기념 행사에 월남 이상재가 초청을 받았다.

그날 행사에는 당시 조선총독인 이토 히로부미를 비롯하여 친일파들도 여러 명 참석했다.

이상재는 이완용과 송병준 등의 친일파들 사이에 끼어 앉아 있었다. 행사장에는 거의 일본인과 친일파들밖에 없었지만 이상재는 조금도 굽힘이 없었다. 오히려 이상재는 맨 앞자리에 당당하게 앉아 있었다.

아직 행사가 시작되지 않아 장내는 옆자리의 사람들끼리 주고받는 소리로 어수선했다. 이상재도 옆자리에 앉아 있는 이완용에게 슬쩍 말을 건넸다.

"선생께서는 우리 조선에서 사실 게 아니라 차라리 동경에 가서 사시는 게 어떻겠습니까?"

이완용은 뜻밖의 물음에 눈을 크게 뜨며 되물었다.

"그게 무슨 말씀이신가요?"

이상재는 짐짓 입가에 미소를 머금은 채 대답했다.

"지금까지 저는 선생이 하시는 일을 쭉 지켜보았습니다만, 선생께서는 남을 망하게 하는 데는 천부적인 소질을 갖고 계신 듯합니다."

"예?"

"그러니 선생께서 동경에 가서 사시면 머지않아 일본도 망하지 않고는 못 배길 게 아닙니까? 하하하……."

이상재의 악담에 이완용은 아무 대꾸도 하지 못했다.

행사가 끝날 때까지 이완용은 좌불안석인 채 앞만 바라보고 있었지만, 이상재는 당당하고도 여유 있는 자세로 앉아 있었다.

菜根譚

부록

채근담 원문

菜根譚 前集

1

^{서 수 도 덕 자} ^{적 막 일 시} ^{의 아 권 세 자} ^{처 량 만 고} ^{달 인 관 물 외 지 물}
棲守道德者 寂寞一時 依阿權勢者 凄凉萬古 達人觀物外之物

^{사 신 후 지 신} ^{영 수 일 시 지 적 막} ^{무 취 막 고 지 처 량}
思身後之身 寧受一時之寂寞 毋取萬古之凄凉

도리를 지키며 사는 자는 한때가 적막할 뿐이지만, 권세에 아첨하며 사는 자는 영원히 고독하다. 도리를 깨달은 자는 사물 밖의 사물을 보고, 육신 뒤의 몸을 생각한다. 그러니 차라리 한때의 적막함이야 겪을지언정, 영원히 고독한 사람은 되지 말아라.

2

^{섭 세 천} ^{점 염 역 천} ^{역 사 심} ^{기 계 역 심} ^{고 군 자 여 기 단 련}
涉世淺 點染亦淺 歷事深 機械亦深 故君子與其達練

^{불 약 박 로} ^{여 기 곡 근} ^{불 약 소 광}
不若朴魯 與其曲謹 不若疎狂

세상일에 경험이 적을수록 때 묻지 않을 것이고, 세상일에 경험이 많을수록 남을 속이는 재주 또한 깊어질 것이다. 그러므로 군자는 능란하기보다는 차라리 소박한 것이 낫고, 치밀하기보다는 오히려 소탈한 편이 낫다.

3

군 자 지 심 사　천 청 일 백　불 가 사 인 부 지
君子之心事　天青日白　不可使人不知

군 자 지 재 화　옥 온 주 장　불 가 사 인 이 지
君子之才華　玉韞珠藏　不可使人易知

군자는 마음 씀씀이를 하늘처럼 푸르게 하고 태양처럼 밝게 하여 모든 사람이 알

수 있도록 해야 한다. 그러나 자신의 재주와 지혜는 옥돌이 바위 속에 박혀 있고,

진주가 바다 깊이 잠겨 있는 것처럼 남들이 쉽게 알지 못하게 해야 한다.

4

세 리 분 화　불 근 자 위 결　근 지 이 불 염 자 위 우 결
勢利紛華　不近者爲潔　近之而不染者爲尤潔

지 계 기 교　부 지 자 위 고　지 지 이 불 용 자 위 우 고
智械機巧　不知者爲高　知之而不用者爲尤高

권력과 명예, 이익과 사치를 가까이하지 않는 사람은 깨끗하다. 그것을 가까이하

더라도 물들지 않는 사람은 더욱 깨끗하다. 권모술수를 모르는 사람은 고상한 사

람이다. 그것을 알면서도 쓰지 않는 사람은 더욱 고상하다.

5

이 중 상 문 역 이 지 언　심 중 상 유 불 심 지 사　총 시 진 덕 수 행 적 지 석
耳中常聞逆耳之言　心中常有佛心之事　總是進德修行的砥石

약 언 언 열 이　사 사 쾌 심　편 파 차 생　매 재 짐 독 중 의
若言言悦耳　事事快心　偏把此生　埋在鴆毒中矣

귀로는 항상 귀에 거슬리는 말을 듣고, 마음속에는 항상 마음에 거리끼는 일이 있

다면 이것이야말로 덕과 행실을 갈고 닦는 숫돌이 될 것이다. 만약 말마다 귀를 기

쁘게 해주고, 일마다 마음을 즐겁게 해준다면 그것은 곧 인생을 무서운 독을 품고

있는 짐鴆새 속에다 파묻는 것과 같다.

6

질 풍 노 우　금 조 척 척　제 일 광 풍　초 목 흔 흔
疾風怒雨　禽鳥戚戚　霽日光風　草木欣欣

가 견 천 지 불 가 일 일 무 화 기　인 심 불 가 일 일 무 희 신
可見天地不可一日無和氣　人心不可一日無喜神

세찬 바람과 성난 빗줄기에는 새들도 근심하고, 갠 날씨와 맑은 바람에는 초목도
싱그러워진다. 그러므로 천지에는 하루라도 온화한 기운이 없어서는 안 되고, 사
람의 마음에는 하루라도 즐거운 기분이 없어서는 안 된다는 사실을 알 수 있다.

7

^{예 비 신 감 비 진 미 진 미 지 시 담 신 기 탁 이 비 지 인 지 인 지 지 상}
醴肥辛甘非眞味 眞味只是淡 神奇卓異非至人 至人只是常

진한 술과 기름진 고기, 맵거나 단것은 참다운 맛이 아니다. 참다운 맛은 오직 담
담할 뿐이다. 신기하고 뛰어난 재주를 가지고 있다고 해서 도통한 경지에 이른 사
람이 아니다. 도통한 사람은 그저 평범할 뿐이다.

8

^{천 지 적 연 부 동 이 기 기 무 식 소 정 일 월 주 야 분 치 이 정 명 만 고 불 이}
天地寂然不動 而氣機無息少停 日月晝夜奔馳 而貞明萬古不易
^{고 군 자 한 시 요 유 끽 긴 적 심 사 망 처 요 유 유 한 적 취 미}
故君子閒時要有喫緊的心事 忙處要有悠閒的趣味

천지는 고요하여 움직이지 않으나 그 작용은 잠시도 쉬지 않고, 해와 달은 밤낮으
로 분주하게 움직여도 그 밝음은 영원히 변하지 않는다. 그러므로 사람은 한가한
때일수록 다급한 일에 대처하고, 바쁜 때일수록 여유 있는 마음을 가져야 한다.

9

^{야 심 인 정 독 좌 관 심 시 각 망 궁 이 진 독 로 매 어 차 중}
夜深人靜 獨坐觀心 始覺妄窮而眞獨露 每於此中
^{득 대 기 취 기 각 진 현 이 망 난 도 우 어 차 중 득 대 참 뉴}
得大機趣 旣覺眞現而妄難逃 又於此中 得大慚忸

밤이 깊어 사람이 모두 잠들어 고요할 때 홀로 앉아 자기 마음을 살피노라면, 거
짓된 생각이 사라지고 오직 진실한 생각만이 나타남을 깨닫게 되는데, 언제나 이
러한 가운데서 큰 진리를 얻게 될 것이다. 진실한 마음이 나타났는데도 불구하고
거짓된 생각에서 헤어나지 못한다면, 크나큰 부끄러움을 느끼게 될 것이다.

10

은 리 유 래 생 해 고 쾌 의 시 수 조 회 두 패 시 혹 반 성 공 고 불 심 처 막 변 방 수
恩裡 由來生害 故快意時 須早回頭 敗時 惑反成功 故拂心處 莫便放手

재앙은 은혜를 입고 있는 중에 싹트게 되므로 만족스러울 때 빨리 머리를 돌려 주
위를 살펴보아라. 또한 실패한 뒤에 오히려 성공할 수도 있으므로 일이 뜻대로 되
지 않는다고 해서 서둘러 포기하지 말아라.

11

여 구 현 장 자 다 빙 청 옥 결 곤 의 옥 식 자 감 비 슬 노 안
藜口莧腸者 多氷淸玉潔 袞衣玉食者 甘婢膝奴顏
개 지 이 담 박 명 이 절 종 비 감 상 야
蓋志以澹泊明 而節從肥甘喪也

명아주 나물을 먹고 비름나물로 배를 채우는 사람은 얼음처럼 맑고 옥처럼 결백
함이 많지만, 비단옷에 좋은 음식을 먹는 사람은 종처럼 비굴하게 아첨하는 일도
마다하지 않는다. 그러므로 사람의 마음이란 청렴결백하면 저절로 지조가 깃들
고, 부귀영화를 탐내면 곧은 절개를 잃고 마는 것이다.

12

면 전 적 전 지 요 방 득 관 사 인 무 불 평 지 탄
面前的田地 要放得寬 使人無不平之歎
신 후 적 혜 택 요 류 득 구 사 인 유 불 궤 지 사
身後的惠澤 要流得久 使人有不匱之思

살아 있을 때는 마음을 활짝 열어 너그럽게 하여 사람들로 하여금 불평을 사지 않
도록 하라. 그리고 죽은 후에는 생전에 베푼 은혜가 오래도록 흐르게 하여 사람들
로 하여금 만족한 생각을 갖게 하라.

13

경 로 착 처 유 일 보 여 인 행 자 미 농 적 감 삼 분 양 인 기 차 시 섭 세 일 극 안 락 법
徑路窄處 留一步與人行 滋味濃的 減三分讓人嗜 此是涉世一極安樂法

작고 좁은 길에서는 한 걸음 멈추어 남을 먼저 가게 하고, 맛있는 음식은 조금 덜어
서 다른 사람도 즐기게 하라. 이것이 세상살이의 가장 안락한 방법 중의 하나이다.

14

작인 무심고원사업 파탈득속정 변입명류
作人 無甚高遠事業 擺脫得俗情 便入名流
위학 무심증익공부 감제득물루 변초성경
爲學 無甚增益工夫 減除得物累 便超聖境

사람으로서 뛰어나게 위대한 일은 못 하더라도 세속의 정에서 벗어날 수 있다면
명사라 일컬을 만하다. 학문을 연마하되 남보다 뛰어나지는 못하더라도 마음에
서 물욕을 덜어낼 수 있다면 가히 성인의 경지에까지 이르렀다 할 만하다.

15

교우 수대삼분협기 작인 요존일점소심
交友 須帶三分俠氣 作人 要存一點素心

벗을 사귀는 데는 반드시 삼 할 정도의 의협심은 지녀야 하고, 바른 사람이 되려
면 적어도 한 점의 순수한 마음은 지녀야 한다.

16

총리 무기인전 덕업 무락인후 수향 무유분외 사위 무감분중
寵利 毋居人前 德業 毋落人後 受享 毋踰分外 修爲 毋減分中

은총과 이익을 받는 데에는 남의 앞에 서지 말고, 덕을 행하는 데에는 남의 뒤에
처지지 말아라. 남에게 받아 누릴 때에는 분수를 넘지 말고, 스스로 닦아 행할 때
에는 분수를 줄이지 말아라.

17

처세 양일보위고 퇴보 즉진보적장본
處世 讓一步爲高 退步 卽進步的張本
대인 관일분시복 이인 실리기적근기
待人 寬一分是福 利人 實利己的根基

세상을 살아가면서 한 발짝 양보하는 처세를 높게 평가하므로 물러서는 것은 곧
스스로 전진하는 토대가 된다. 사람을 너그럽게 대하는 것은 복이 되므로 남을 이
롭게 하는 것은 자신을 이롭게 하는 바탕이 된다.

256

18

개 세 공 로　당 부 득 일 개 긍 자　미 천 죄 과　당 부 득 이 개 회 자
蓋世功勞　當不得一箇矜字　彌天罪過　當不得一箇悔字

아무리 세상을 뒤덮는 큰 공로라도 자랑 긍矜 한 자를 당해내지 못하고, 아무리 하늘에 가득 찰 죄를 지었어도 뉘우칠 회悔 한 자를 당해내지 못한다.

19

완 명 미 절　불 의 독 임　분 사 여 인　가 이 원 해 전 신
完名美節　不宜獨任　分些與人　可以遠害全身
욕 행 오 명　불 의 전 추　인 사 귀 기　가 이 온 광 양 덕
辱行汚名　不宜全推　引些歸己　可以韜光養德

명예로움과 훌륭한 공로는 혼자 차지하지 말아라. 조금이라도 남에게 나눠주어야 해로움을 멀리하고 몸을 보전할 수 있다. 욕된 행실과 오명은 남에게 전부 돌리지 말아라. 조금이라도 끌어다 내 것으로 해야 자신의 빛을 감추고 덕을 기를 수가 있다.

20

사 사 유 개 유 여 부 진 적 의 사　변 조 물 불 능 기 아　귀 신 불 능 손 아
事事留個有餘不盡的意思　便造物不能忌我　鬼神不能損我
약 업 필 구 만　공 필 구 영 자　불 생 내 변　필 김 외 우
若業必求滿　功必求盈者　不生内變　必召外憂

모든 일에 여유를 두어 못다 한 뜻을 남겨둔다면, 조물주도 시기하지 않고, 귀신도 해하지 않을 것이다. 모든 일마다 성공하기를 원하고 공로도 모두 취하기를 바란다면, 안에서 변란이 일어나거나 바깥으로부터 근심을 부르게 된다.

21

가 정 유 개 진 불　일 용 유 종 진 도　인 능 성 심 화 기　유 색 완 언
家庭有個眞佛　日用有種眞道　人能誠心和氣　愉色婉言
사 부 모 형 제 간　형 해　양 석　의 기 교 류　승 어 조 식 관 심 만 배 의
使父母兄弟間　形骸　兩釋　意氣交流　勝於調息觀心萬倍矣

가정에도 하나의 참부처가 있고, 일상 속에도 한 가지 참된 도가 있다. 사람이 성실한 마음과 온화한 기운을 지니고, 즐거운 표정과 부드러운 말씨로 부모 형제를

257

나와 한 몸처럼 여겨 뜻을 통하게 한다면, 이는 부처님 앞에 앉아 숨을 고르고 내면을 들여다보는 것보다 만 배는 더 나을 것이다.

22

호동자 운전풍등 기적자 사회고목 수정운지수중
好動者 雲電風燈 嗜寂者 死灰槁木 須定雲止水中
유연비어약기상 총시유도적심체
有鳶飛魚躍氣象 總是有道的心體

움직이기를 좋아하는 사람은 구름 속의 번개나 바람 앞의 등불 같고, 고요함을 즐기는 사람은 불꺼진 재나 마른 나뭇가지와 같다. 사람은 멈춘 구름이나 잔잔한 물과 같은 경지에서도 솔개가 날고 물고기가 뛰노는 기상이 있어야 하는데, 이것이 바로 도를 깨우친 사람의 마음이다.

23

공인지악 무태엄 요사기감수 교인이선 무과고 당사기가종
攻人之惡 毋太嚴 要思其堪受 教人以善 毋過高 當使其可從

남의 허물을 꾸짖을 때는 너무 엄하게 하지 말아라. 그가 받아서 감당할 수 있을지를 생각해야 한다. 사람을 선으로 가르치되 지나치게 고상하게 하지 말아라. 그 사람이 들어서 따를 수 있도록 해야 한다.

24

분충지예 변위선 이음로어추풍 부초무광 화위형
糞蟲至穢 變爲蟬 而飮露於秋風 腐草無光 化爲螢
이휘채어하월 고지결상자오출 명매종회생야
而輝采於夏月 固知潔常自汚出 明每從晦生也

굼벵이는 더럽지만 매미로 변하여 가을 바람에 맑은 이슬을 마시고, 썩은 풀은 빛이 없지만 반딧불로 변해서 여름밤을 빛낸다. 깨끗함은 항상 더러움에서 나오고 밝음은 항상 어둠에서 비롯되는 것이다.

258

25

궁 고 망 오　무 비 객 기　항 복 득 객 기 하　이 후 정 기 신
矜高妄傲　無非客氣　降伏得客氣下　而後正氣伸

정 욕 의 식　진 속 망 심　소 살 득 망 심 진　이 후 진 심 현
情欲意識　盡屬妄心　消殺得妄心盡　而後眞心現

뽐내고 오만한 것 중에 객기가 아닌 것이 없으므로 객기를 물리친 뒤에야 바른 기운이 자랄 수 있다. 욕망과 사사로운 탐닉은 모두가 망상이므로 이런 마음을 물리친 뒤에야 진심이 나타나게 된다.

26

포 후 사 미　즉 농 담 지 경 도 소　색 후 사 음　즉 남 녀 지 견 진 절
飽後思味　則濃淡之境都消　色後思婬　則男女之見盡絶

고 인 상 이 사 후 지 회 오　파 임 사 지 치 미　즉 성 정 이 동 무 부 정
故人常以事後之悔悟　破臨事之癡迷　則性定而動無不正

배부른 뒤에 음식을 생각하면 맛이 있고 없음의 구별을 할 수 없고, 성교 후에 욕정을 생각하면 남녀의 구분도 없어진다. 그러므로 일이 끝나고 난 뒤에 뉘우치게 될 것을 미리 생각하여, 일을 시작하기 전에 어리석음을 깨쳐버린다면 본성이 바로잡혀 바르게 행동할 수 있을 것이다.

27

거 헌 면 지 중　불 가 무 산 림 적 기 미　처 임 천 지 하　수 요 회 낭 묘 지 경 륜
居軒冕之中　不可無山林的氣味　處林泉之下　須要懷廊廟之經綸

높은 지위에 있을 때에도 산림에 묻혀 사는 풍취가 있어야 하고, 산림에 묻혀 있을지라도 늘 조정에 나갈 때를 대비하여 세상을 밝게 알아야 한다.

28

처 세　불 필 요 공　무 과 변 시 공　여 인　불 구 감 덕　무 원 변 시 덕
處世　不必邀功　無過便是功　與人　不求感德　無怨便是德

세상을 살아가면서 반드시 성공만을 바라면 안 된다. 그르침이 없다면 그것이 곧 성공이다. 남에게 베풀 때는 상대가 감격하기를 바래서는 안 된다. 상대의 원망이 없다면 그것이 곧 덕이다.

29

우동시미덕 태고즉무이적성이정 담박시고풍 태고즉무이제인리물
憂動是美德 太苦則無以適性怡情 澹泊是高風 太枯則無以濟人利物

염려하고 부지런한 것이 미덕이긴 하지만 지나치게 수고하면 본연의 성정을 즐
겁게 할 수 없다. 청렴결백한 것이 고상하긴 하지만 지나치게 메마르면 사람은 구
해도 사물은 이롭게 할 수 없다.

30

사궁세축지인 당원기초심 공성행만지사 요관기말로
事窮勢蹙之人, 當原其初心 功成行滿之士 要觀其末路

일이 막혀 궁지에 빠진 고달픈 사람은 마땅히 처음 시작할 때의 마음을 생각하라.
성공하여 만족한 상태에 있는 사람은 반드시 그 마지막을 미리 내다보아라.

31

부귀가 의관후 이반기각 시부귀이빈천기행의 여하능향?
富貴家 宜寬厚 而反忌刻 是富貴而貧賤其行矣 如何能享?
총명인 의렴장 이반현요 시총명이우몽기병의 여하불패?
聰明人 宜斂藏 而反炫耀 是聰明而愚懵其病矣 如何不敗?

부귀한 집안은 너그럽고 후덕해야 하건만 오히려 샘을 내고 남에게 각박하게 군
다면, 그것은 곧 부귀하면서도 가난하고 천하게 행동하는 것이므로 어찌 복을 누
릴 수 있겠는가? 총명한 사람은 그 재주를 감추어야 하건만 오히려 드러내 자랑
한다면, 총명하면서도 어둡고 어리석음에 병든 것이니 어찌 실패하지 않겠는가?

32

거비이후 지등고지위위 처회이후 지향명지태로
居卑而後 知登高之爲危 處晦而後 知向明之太露
수정이후 지호동지과로 양묵이후 지다언지위조
守靜而後 知好動之過勞 養默而後 知多言之爲躁

낮은 곳에 살아본 뒤에야 높은 곳에 오르는 것이 위험한 줄 알게 되고, 어두운 곳
에 있어 보아야 밝은 빛의 눈부심을 알게 되며, 한적한 생활을 해본 뒤에야 움직
임을 좋아하는 것이 수고롭다는 사실을 알게 되고, 침묵을 지켜보아야 말 많음이

시끄러운 것임을 알게 된다.

33

_{방 득 공 명 부 귀 지 심 하   변 가 탈 범   방 득 도 덕 인 의 지 심 하   변 가 입 성}
放得功名富貴之心下 便可脫凡 放得道德仁義之心下 便可入聖

공명과 부귀에 대한 마음을 모두 버릴 수 있어야 비로소 속세에서 벗어날 수 있

고, 도덕과 인의에 대한 마음을 놓아버릴 수 있어야 겨우 성인의 경지에 들어설

수 있다.

34

_{이 욕 미 진 해 심   의 견 내 해 심 지 모 적   성 색 미 필 장 도   총 명 내 장 도 지 번 병}
利慾未盡害心 意見乃害心之蟊賊 聲色未必障道 聰明乃障道之藩屛

이욕利慾이 마음을 해치는 것이 아니라, 독선적인 생각이 마음을 해치는 해충이다.

여색이 도를 가로막는 것이 아니라, 오히려 총명함이 도를 가로막는 장애물이다.

35

_{인 정 반 복   세 로 기 구   행 불 거 처   수 지 퇴 일 보 지 법}
人情反復 世路崎嶇 行不去處 須知退一步之法
_{행 득 거 처   무 가 양 삼 분 지 공}
行得去處 務加讓三分之功

인정은 변하고 세상사는 험난하다. 가기 어려운 곳에서는 한 걸음 물러설 줄 알고,

쉽게 갈 수 있는 곳에서는 자기 공로를 더러 양보하는 것이 공을 더하는 길이다.

36

_{대 소 인   불 난 어 엄   이 난 어 불 오   대 군 자   불 난 어 공   이 난 어 유 례}
待小人 不難於嚴 而難於不惡 待君子 不難於恭 而難於有禮

소인을 대할 때는 엄하게 하기가 어려운 게 아니라 미워하지 않기가 어렵고, 군자

를 대할 때는 공손하게 하기가 어려운 게 아니라 예를 바르게 하기가 어렵다.

261

37

영수혼악 이출총명 유사정기환천지
寧守渾噩 而黜聰明 有些正氣還天地
영사분화 이감담박 유개청명재건곤
寧謝紛華 而甘澹泊 有個淸名在乾坤

차라리 순박함을 지켜 총명함을 물리치고 약간의 정기를 남겨 천지에 돌려주어
라. 차라리 화려함을 물리치고 청렴함을 달게 여겨 깨끗한 이름을 세상에 남겨라.

38

항마자 선항자심 심복 즉군마퇴청 어횡자 선어차기 기평 즉외횡불침
降魔者 先降自心 心伏 則群魔退聽 馭橫者 先馭此氣 氣平 則外橫不侵

마귀를 굴복시키려면 먼저 자신의 마음부터 굴복시켜라. 마음이 굴복한다면 모
든 마귀는 스스로 물러난다. 포악함을 누르려면 먼저 자기 혈기부터 제어하라. 혈
기가 가라앉으면 포악한 마음이 침입할 수가 없다.

39

교제자 여양규녀 최요엄출입 근교유 약일접근비인
敎弟子 如養閨女 最要嚴出入 謹交遊 若一接近匪人
시청정전중 하일부정종자 변종신난식가화
是淸淨田中 下一不淨種子 便終身難植嘉禾

자식을 교육하는 것은 처녀를 기르는 것과 같다. 그러므로 출입을 엄하게 하고 친
구 사귀는 것을 조심시켜야 한다. 만약 나쁜 친구와 한 번 가까이하게 되면 깨끗
한 논밭에 잡초 씨앗을 심는 것과 같아서 평생토록 좋은 곡식을 심기 어렵다.

40

욕로상사 무락기편이고위염지 일염지 변심입만인
欲路上事 毋樂其便而姑爲染指 一染指 便深入萬仞
이로상사 무탄기난이초위퇴보 일퇴보 변원격천산
理路上事 毋憚其難而稍爲退步 一退步 便遠隔千山

정욕에 관한 것은 비록 쉽게 얻을 수 있다 해도 손가락 끝에라도 물들이지 말아라.
일단 한 번 물들게 되면 만 길 낭떠러지로 떨어지고 만다. 도리에 관한 일은 어렵
다 하여 뒤로 물러서지 말아라. 한 번 물러서면 천산의 거리로 멀어지고 만다.

262

41

念頭農者 自待厚 待人亦厚 處處皆濃 念頭淡者 自待薄
待人亦薄 事事皆淡 故君子居常嗜好 不可太濃艶 亦不可太枯寂

생각이 깊은 사람은 자신뿐 아니라 남에게도 후하여 이르는 곳마다 다 두텁다. 생
각이 얕은 사람은 자신뿐 아니라 남에게도 박하여 부딪치는 일마다 척박하다. 그
러므로 군자는 평소 좋아하는 것을 너무 짙게 해서도 안 되고, 너무 묽게 해서도
안 된다.

42

彼富我仁 彼爵我義 君子固不爲君相所牢籠
人定勝天 志一動氣 君子亦不受造物之陶鑄

그에게 부가 있다면 내게는 인이 있고, 그에게 벼슬이 있다면 내게는 의義가 있
다. 그러므로 군자는 임금과 재상에게도 농락당하지 않는다. 사람이 힘을 모으면
하늘도 이기고, 뜻을 하나로 모으면 기氣도 움직인다. 그 때문에 군자는 조물주가
만들어준 운명의 틀 속에도 갇히지 않는다.

43

立身 不高一步位 如塵裡振衣 泥中濯足 如何超達?
處世 退一步處 如飛蛾投燈 羝羊觸藩 如何安樂?

남보다 한 걸음 높이 서서 뜻을 세우지 못한다면, 마치 티끌 속에서 옷을 털고 진
흙 속에서 발을 씻는 것과 같으니 어찌 인생을 달관할 수 있겠는가? 세상을 살아
가면서 한 걸음 물러서지 못한다면, 마치 불나방이 등불에 뛰어들고 숫양이 담벼
락을 들이받는 것과 같으니 어찌 안락함을 바라겠는가?

44

학 자 요 수 습 정 신　병 귀 일 로　여 수 덕 이 유 의 어 사 공 명 예
學者要收拾精神 倂歸一路 如修德而留意於事功名譽
필 무 실 예　독 서 이 기 흥 어 음 영 풍 아　정 불 심 심
必無實詣 讀書而寄興於吟廦風雅 定不深心

배우는 사람은 정신을 가다듬어 한 곳에 집중해야 한다. 만일 덕을 닦으면서도 뜻
은 사업이나 명예에 둔다면 진리의 깊은 경지에 다다를 수 없고, 책을 읽으면서도
읊조림이나 놀이에만 머문다면 결코 깊은 마음에까지 이를 수는 없을 것이다.

45

인 인 유 개 대 자 비　유 마 도 회　무 이 심 야　처 처 유 종 진 취 미
人人有個大慈悲 維摩屠劊 無二心也 處處有種眞趣味
금 옥 모 첨　비 양 지 야　지 시 욕 폐 정 봉　당 면 착 과　사 지 척 천 리 의
金屋茅簷 非兩地也 只是欲蔽情封 當面錯過 使咫尺千里矣

사람마다 모두 자비심이 있으니 도가 높은 자와 백정은 본래 두 마음이 아니다.
어디에나 인생의 참된 맛이 있으니 대저택과 초가집이 서 있는 땅은 본래 다르지
않다. 다만 욕심에 가려지고 사사로운 정 때문에 눈앞에서 실수를 저질러 지척도
천리가 되게 하는 것이다.

46

진 덕 수 도　요 개 목 석 적 염 두　약 일 유 흔 선　변 초 욕 경
進德修道 要個木石的念頭 若一有欣羡 便超欲境
제 세 경 방　요 단 운 수 적 취 미　약 일 유 탐 저　변 타 위 기
濟世經邦 要段雲水的趣味 若一有貪著 便墮危機

도와 덕을 닦을 때에는 목석 같이 굳은 마음을 가져야 한다. 만일 한 번 탐내고 부
러워하는 마음이 일어나게 되면 그 길로 물욕의 세계로 곤두박질 친다. 세상을 구
하고 나라를 다스림에는 흐르는 물이나 구름처럼 맑은 취미를 가져야 한다. 만일
한 번 탐욕에 집착하게 되면 그 길로 위험한 지경에 처하게 될 것이다.

47

길 인 무 론 작 용 안 상　즉 몽 매 신 혼　무 비 화 기
吉人無論作用安詳 則夢寐神魂 無非和氣

264

흉 인 무 론 행 사 낭 려　즉 성 음 소 어　혼 시 살 기
凶人無論行事狼戾 則聲音咲語 渾是殺機

착한 사람은 몸가짐이 편안할 뿐 아니라 잠자는 동안이나 영혼까지도 온화함으
로 가득 차 있다. 악한 사람은 행동이 사나울 뿐 아니라 목소리와 웃으며 하는 말
에도 살기가 있다.

48

간 수 병　즉 목 불 능 시　신 수 병　즉 이 불 능 청　병 수 어 인 소 불 견
肝受病 則目不能視 腎受病 則耳不能聽 病受於人所不見
필 발 어 인 소 공 견　고 군 자 욕 무 득 죄 어 소 소　선 무 득 죄 어 명 명
必發於人所共見 故君子欲無得罪於昭昭 先無得罪於冥冥

간이 병들면 눈이 멀게 되고 콩팥이 병들면 귀가 들리지 않는다. 병은 사람이 볼
수 없는데서 생겨나 사람이 볼 수 있는 곳에 나타난다. 그러므로 군자는 밝은 곳에
서 죄를 짓지 않으려거든, 먼저 어둡고 은밀한 곳에서도 죄를 짓지 말아야 한다.

49

복 막 복 어 소 사　화 막 화 어 다 심　유 고 사 자
福莫福於少事 禍莫禍於多心 唯苦事者
방 지 소 사 지 위 복　유 평 심 사　시 지 다 심 지 위 화
方知少事之爲福 唯平心者 始知多心之爲禍

일이 적은 것보다 더한 복이 없고, 마음 쓸 일이 많은 것보다 더한 재앙은 없다.
일에 시달려 본 사람이라야 일이 적음이 복인 줄 알고, 마음이 화평한 사람만이
마음 쓸 일이 많음을 큰 재앙으로 여긴다.

50

처 치 세　의 방　처 란 세　의 원　처 숙 계 지 세　당 방 원 병 용
處治世 宜方 處亂世 宜圓 處叔季之世 當方圓並用
대 선 인　의 관　대 악 인　의 엄　대 용 중 지 인　당 관 엄 호 존
待善人 宜寬 待惡人 宜嚴 待庸衆之人 當寬嚴互存

태평한 세상을 살아가는 데는 몸가짐을 방정하게 하는 것이 좋고, 어지러운 세상
에서는 원만히 살아가야 하며, 말세에는 방정함과 원만함을 아울러 가져야 한다.
착한 사람은 너그럽게 대해야 하고, 악한 사람은 엄하게 대해야 하며, 보통 사람

은 너그럽고도 엄하게 대해야 한다.

51

아유공어인 불가념 이과즉불가불념
我有功於人 不可念 而過則不可不念
인유은어아 불가망 이원즉불가불망
人有恩於我 不可忘 而怨則不可不忘

내가 남에게 베푼 것은 마음에 새겨두지 말고, 내 잘못은 마음 깊이 새겨두어야 한다. 남이 내게 베푼 것은 잊지 말고, 내가 남에게 원한이 있거든 잊어버려야 한다.

52

시은자 내불견기 외불견인 즉백일난성일문지혜
施恩者 內不見己 外不見人 則斗粟可當萬鍾之惠
이물자 계기지시 책인지보 즉백일난성일문지공
利物者 計己之施 責人之報 則百鎰難成一文之功

은혜를 베푸는 사람이 안으로 자신의 이익을 생각하지 않고 밖으로 남을 생각하지 않는다면, 한 말의 곡식도 만 섬의 은혜가 된다. 그러나 남에게 이로움을 주는 사람이 자신이 베푼 은혜를 따지고 보답을 바란다면, 비록 많은 돈을 주더라도 한 푼의 공도 이룰 수가 없다.

53

인지제우 유제유부제 이능사기독제호?
人之際遇 有齊有不齊 而能使己獨齊乎?
기지정리 유순유불순 이능사인개순호?
己之情理 有順有不順 而能使人皆順乎?
이차상관대치 역시일방편법문
以此相觀對治 亦是一方便法門

사람들을 보면 제각기 모든 것을 갖춘 이도 있고 갖추지 못한 이도 있는데 어찌 자기 혼자서만 갖추게 할 수 있겠는가? 또한 자기 마음을 보더라도 순할 때가 있고 순하지 않을 때가 있는데 어찌 다른 사람을 모두 따르게 할 수 있겠는가? 이처럼 다른 사람과 비교하여 균형을 잡는 일도 세상을 사는 한 방법일 것이다.

266

54

심지건정 방가독서학고 불연 견일선행 절이제사
心地乾淨 方可讀書學古 不然 見一善行 竊以濟私
문일선언 가이복단 시우자구병이재도량의
聞一善言 假以覆短 是又藉寇兵而齎盜糧矣

깨끗한 마음으로 책을 읽어야 참된 옛것을 배울 수가 있다. 그렇지 않으면 한 가지
선행을 보면 이를 훔쳐 자신의 욕심을 채우게 되고, 한 마디의 좋은 말을 들으면 그
것을 빌려 자기의 잘못을 덮는 데 쓴다. 이것이야말로 적에게 무기를 빌려주고 도
둑에게 양식을 제공하는 것과 같다.

55

사자 부이부족 하여검자 빈이유여 능자 노이부원 하여졸자 일이전진?
奢者 富而不足 何如儉者 貧而有餘 能者 勞而府怨 何如拙者 逸而全眞?

사치스런 자는 아무리 부유해도 항상 부족하다. 이는 검소한 사람이 가난 속에서
여유를 갖는 것만 못하다. 너무 재주가 많은 사람은 애써 일하면서도 원망을 불러
들인다. 이는 무능한 사람이 한가로움 속에서 천진스러움을 유지하는 것만 못하다.

56

독서 불견성현 위연참용 거관 불애자민 위의관도
讀書 不見聖賢 爲鉛槧傭 居官 不愛子民 爲衣冠盜
강학 불상궁행 위구두선 입업 불사종덕 위안전화
講學 不尚躬行 爲口頭禪 立業 不思種德 爲眼前花

글을 읽으면서도 성현을 알아보지 못한다면 종이와 붓의 노예에 불과하고, 공직
에 있으면서도 백성을 사랑하지 않는다면 이는 관복을 훔친 도둑이나 다름없다.
학문을 가르치면서도 몸소 실천하지 않는다면 입으로만 선을 말하는 것이며, 큰
사업의 뜻을 세우고서도 덕을 베푸는 데 인색하다면 눈앞에서 피고 지는 꽃과 같
이 허망한 것이 지나지 않는다.

57

인심유일부진문장 도피잔편단간봉고료 유일부진고취
人心有一部眞文章 都被殘編斷簡封錮了 有一部眞鼓吹

267

도피요가염무인물료 학자수소제외물 직멱본래 재유개진수용
都被妖歌艶舞湮沒了 學者須掃除外物 直見本來 纔有個眞受用

사람마다 마음속에 참 문장이 있지만 옛사람의 온전치 못한 말에 모두 막혀버리고, 사람마다 마음속에 한 가락의 참다운 노래를 갖고 있지만 세상의 난잡한 가무에 모두 묻혀버린다. 그러므로 배우는 사람은 하찮은 외부의 사물을 쓸어버리고 본래의 참마음을 찾아야 비로소 참다운 보람을 얻게 될 것이다.

58
고심중 상득열심지취 득의시 변생실의지비
苦心中 常得悦心之趣 得意時 便生失意之悲

괴로움 속에서 항상 마음을 즐겁게 하는 멋을 얻을 수 있으며, 득의에 차 있을 때 문득 실망의 슬픔이 생기게 된다.

59
부귀명예 자도덕래자 여산림중화 자시서서번연 자공업래자
富貴名譽 自道德來者 如山林中花 自是舒徐繁衍 自功業來自
여분함중화 변유천사폐흥 약이권력득자 여병발중화 기근불식
如盆檻中花 便有遷徙廢興 若以權力得者 如瓶鉢中花 其根不植
기위가립이대의
其萎可立以待矣

부귀와 명예가 도덕으로부터 온 것이면 숲속의 꽃처럼 그 뿌리와 잎이 자연스럽게 번성할 것이고, 부귀와 명예가 공로를 이룬 데서 온 것이면 화분 속의 꽃처럼 자주 자리를 옮기게 되어 흥망이 있을 것이다. 또한 부귀와 명예가 권력으로부터 온 것이라면 화병 속의 꽃처럼 뿌리를 심지 않은 탓으로 금방 시들어버리고 말 것이다.

60
춘지시화 화상포일단호색 조차전기구호음 사군자 행렬두각
春至時和 花尙鋪一段好色, 鳥且囀幾句好音 士君子 幸列頭角
부우온포 불사입호언행호사 수시재세백년 흡사미생일일
復遇溫飽 不思立好言行好事 雖是在世百年 恰似未生一日

봄이 되어 화창하면 꽃들은 한층 아름다운 꽃을 피우고, 새들은 고운 노래를 지저

권다. 사람이 세상에 두각을 나타내어 부유하게 살더라도 좋은 말과 선행을 생각하지 않는다면 백 년을 살아도 마치 하루도 살지 않음과 같다.

61

학 자 요 유 단 긍 업 적 심 사 우 요 유 단 소 쇄 적 취 미
學者要有段 兢業的心思 又要有段瀟灑的趣味
약 일 미 렴 속 청 고 시 유 추 살 무 춘 생 하 이 발 육 만 물?
若一味斂束淸苦 是有秋殺 無春生 何以發育萬物?

학문을 하는 사람은 항상 조심하는 마음을 지녀야 하고, 한편으로는 활달한 멋을 지녀야 한다. 몸가짐을 너무 엄하게 하여 지나치게 결백하기만 하면 그것은 쌀쌀한 가을의 냉기만 있을 뿐 따뜻한 봄기운이 없어 만물을 자라게 할 수가 없다.

62

진 렴 무 염 명 입 명 자 정 소 이 위 탐 대 교 무 교 술 용 술 자 내 소 이 위 졸
眞廉 無廉名 立名者 正所以爲貪 大巧 無巧術 用術者 乃所以爲拙

참된 청렴은 청렴하다는 이름조차 없는 것이다. 명성을 얻으려고 하는 사람은 바로 이름을 탐하기 때문이다. 참으로 큰 재주는 별달리 교묘한 재주가 없는 것이다. 재주를 부리는 것은 곧 재주가 서툴기 때문이다.

63

의 기 이 만 복 박 만 이 공 전 고 군 자 녕 거 무 불 거 유 영 처 결 불 처 완
攲器 以滿覆 撲滿 以空全 故君子寧居無 不居有 寧處缺 不處完

의기攲器는 가득 차면 엎질러지고, 박만撲滿은 텅 비어야 온전하다. 그러므로 군자는 차라리 무無에서 살지언정 유有의 경지에서 살지 않고, 모자라는 곳에 머물지언정 가득 찬 곳에 머물지 않는다.

64

명 근 미 발 자 종 경 천 승 감 일 표 총 타 진 정
名根未拔者 縱輕千乘 甘一瓢 總墮塵情
객 기 미 융 자 수 택 사 해 이 만 세 종 위 잉 기
客氣未融者 雖澤四海 利萬世 終爲剩技

명리를 탐하는 생각이 뿌리뽑히지 않은 사람은, 천승千乘의 부도 가볍게 여기고, 한 표주박의 물을 달게 마실지라도 사실은 세속의 욕망에 떨어져 있는 것이다. 쓸데없는 혈기가 완전히 사라지지 않은 사람은, 비록 은덕을 사방에 널리 베풀고 이익을 만 대에 전할지라도 결국은 쓸모없는 재주에 그치고 말 것이다.

65

심 체 광 명 암 실 중 유 청 천 염 두 암 매 백 일 하 생 려 귀
心體光明 暗室中 有青天 念頭暗昧 白日下 生厲鬼

마음의 바탕이 밝으면 어두운 방에도 푸른 하늘이 있고, 마음이 어두우면 환한 햇빛 속에서도 귀신을 보게 된다.

66

인 지 명 위 위 위 락 부 지 무 명 무 위 지 락 위 최 진
人知名位爲樂 不知無名無位之樂爲最眞
인 지 기 한 위 우 부 지 불 기 불 한 지 우 위 갱 심
人知饑寒爲憂 不知不饑不寒之憂爲更甚

사람들은 명성과 높은 지위만을 즐거움인 줄 알지만, 이름 없고 지위 없는 즐거움이 더 참된 즐거움인 줄 모른다. 사람들은 굶주리고 추운 것만이 근심인 줄 알지만, 굶주리지 않고 춥지 않은 근심이 더 큰 근심인 줄은 모른다.

67

위 악 이 외 인 지 악 중 유 유 선 로 위 선 이 급 인 지 선 처 즉 시 악 근
爲惡而畏人知 惡中猶有善路 爲善而急人知 善處卽是惡根

악한 일을 한 뒤 남이 알까봐 두려움을 갖는 것은 아직 악함 속에도 선이 남아 있기 때문이다. 선한 일을 한 뒤 사람들이 알아주기를 서두르는 것은 아직 선 속에 악의 뿌리가 남아 있기 때문이다.

68

천 지 기 함 불 측 억 이 신 신 이 억 개 시 파 롱 영 웅 전 도 호 걸 처
天地機緘 不測 抑而伸 伸而抑 皆是播弄英雄 顚倒豪傑處

군자지시역래순수 거안사위 천역무소용기기량의
君子只是逆來順受 居安思危 天亦無所用其伎倆矣

하늘의 기밀은 아무도 헤아릴 수가 없는데, 눌렸다가는 펴지고, 펴졌다가는 다시 눌린다. 이는 모두가 영웅을 조롱하고 호걸들을 뒤엎어놓는 것이다. 그러나 군자는 천운이 역으로 와도 순리로 받아들이고, 평온함 속에서 위태로움을 생각하기 때문에 하늘도 마음대로 할 수가 없다.

69

조성자 화치 우물즉분 과은자 빙청 봉물필살 응체고집자
燥性者 火熾 愚物則焚 寡恩者 氷淸 逢物必殺 凝滯固執者

여사수부목 생기이절 구난건공업이연복지
如死水腐木 生機已絶 俱難建功業而廷福祉

성질이 조급한 사람은 타오르는 불길과 같아서 보는 것마다 태워버리고, 은혜롭지 못한 사람은 얼음과 같이 차가워서 닥치는 대로 얼려 죽이며, 기질이 융통성이 없고 고집 센 사람은 괴어 있는 물이나 썩은 나무토막 같아 생기가 없다. 이런 사람들은 공업을 세우기가 어려울 뿐 아니라 그 복을 길게 누리지도 못한다.

70

복불가요 양희신 이위소복지본이이
福不可徼 養喜神 以爲召福之本而已

화불가피 거살기 이위원화지방이이
禍不可避 去殺機 以爲遠禍之方而已

행복은 억지로 구할 수가 없는 것이므로 스스로 즐거운 마음을 길러서 행복을 부르는 바탕으로 삼아야 한다. 불행은 마음대로 피할 수가 없는 것이므로 남을 해치려는 마음을 제거함으로써 재앙을 멀리하는 방법으로 삼아야 한다.

71

십어구중 미필칭기 일어부중 즉건우병집 십모구성
十語九中 未必稱奇 一語不中 則愆尤騈集 十謀九成

미필귀공 일모불성 즉자이총흥 군자소이녕묵무조 영졸무교
未必歸功 一謀不成 則訾議叢興 君子所以寧黙 毋躁 寧拙 毋巧

열 마디 말 가운데 아홉 마디가 맞아도 반드시 신기하다면 칭찬하지 않지만, 단

한 마디라도 맞지 않으면 비난의 목소리가 사방에서 들끓는다. 열 가지 일 가운데 아홉 가지를 이루어도 공을 인정하지 않지만, 한 가지만 실패해도 비난의 목소리가 사방에서 빗발친다. 그러므로 군자가 차라리 입을 다물지언정 떠들지 않고, 차라리 모르는 척해버리고 아는 체하지 않는 것은 그 때문이다.

72

천지지기 난즉생 한즉살 고성기청랭자
天地之氣 暖則生 寒則殺 故性氣淸冷者

수향역량박 유화기열심지인 기복역후 기택역장
受享亦凉薄 唯和氣熱心之人 其福亦厚 其澤亦長

천지의 기운은 따뜻하면 만물을 자라게 하고, 차가우면 시들어 죽게 한다. 그러므로 성질이 지나치게 맑고 차가운 사람은 누릴 복도 박하다. 오직 기운이 온화하고 마음이 따뜻한 사람이라야 누릴 수 있는 복도 두텁고 오래간다.

73

천리노상 심관 초유심 흉중변각광대굉랑
天理路上 甚寬 稍游心 胸中便覺廣大宏朗

인욕노상 심착 재기적 안전구시형극니도
人欲路上 甚窄 纔寄迹 眼前俱是荊棘泥塗

하늘의 도리를 따르는 길은 너무나 넓고 커서 거기에 조금만 마음을 두면 가슴속이 문득 넓어지고 밝아진다. 욕망의 길은 한없이 좁아서 거기에 조금이라도 발을 들여놓으면 눈앞엔 온통 가시덤불과 진흙탕뿐이다.

74

일고일락 상마련 연극이성복자 기복시구
一苦一樂 相磨練 練極而成福者 其福始久

일의일신 상참감 감극이성지자 기지시진
一疑一信 相參勘 勘極而成知者 其知始眞

괴로움과 즐거움을 고루 겪은 뒤에 얻은 행복이 오래가고, 의문과 믿음을 고루 겪은 뒤에 얻은 지식이 비로소 참 지식이 될 수 있다.

75

심불가불허 허즉의리래거 심불가불실 실즉물욕불입
心不可不虛 虛則義理來居 心不可不實 實則物欲不入

마음을 항상 비워두지 않으면 안 된다. 마음이 비어 있으면 정의와 진리가 들어와 산다. 마음은 항상 채워두지 않으면 안 된다. 마음이 충만하면 물욕이 들어올 수 없다.

76

지지예자 다생물 수지청자 상무어
地之穢者 多生物 水之清者 常無魚

고군자당존함구납오지량 불가지호결독행지조
故君子當存含垢納汚之量 不可持好潔獨行之操

땅이 더러우면 초목이 무성하지만, 물이 너무 맑으면 고기가 없는 법이다. 그러므로 군자는 때묻고 더러워지는 것도 용납할 수 있는 도량을 지녀야 하며, 깨끗함만 좋아하고 홀로 행하려는 지조는 버려야 한다.

77

범가지마 가취구치 약야지금 종귀형범 지일우유부진
泛駕之馬 可就驅馳 躍冶之金 終歸型範 只一優游不振

변종신무개진보 백사 운 「위인다병미족수 일생무병시오우」 진확론야
便終身無個進步 白沙 云 「爲人多病未足羞 一生無病是吾憂」 眞確論也

수레를 뒤엎는 사나운 말도 길들이면 부릴 수가 있고, 녹으며 튀는 쇠붙이도 결국에는 그릇이 된다. 사람이 하는 일 없이 놀기만 하고 노력이 없으면 평생 아무 것도 이룰 수가 없다. 백사 선생이 말하기를 "사람의 병 많음이 근심이 아니라 평생토록 마음의 병 하나 없는 것이 근심이다"라고 했다. 참으로 옳은 말이다.

78

인지일념탐사 변소강위유 색지위혼 변은위참
人只一念貪私 便銷剛爲柔 塞智爲昏 變恩爲慘

염결위오 괴료일생인품 고고인이불탐위보 소이도월일세
染潔爲汚 壞了一生人品 故古人以不貪爲寶 所以度越一世

사람이 단지 사사로운 이익에만 빠져들다 보면 강직한 기질도 녹아 약해지고 지

혜가 막혀 어두워질 뿐만 아니라, 인자한 마음마저 혹독해지고 결백한 뜻도 더러워져 인간의 본성을 깨뜨리게 된다. 옛 성현들이 탐욕을 멀리한 까닭은, 그것으로 일세—世를 초월할 수 있기 때문이었다.

79

이 목 견 문 위 외 적　정 욕 의 식 위 내 적　지 시 주 인 옹
耳目見聞爲外賊 情欲意識爲內賊 只是主人翁
성 성 불 매　독 좌 중 당　적 변 화 위 가 인 의
惺惺不昧 獨坐中堂 賊便化爲家人矣

귀로 듣고 눈으로 보는 것은 바깥 도둑이지만, 정욕의 의식은 내면의 도둑이다. 한 사람의 주인 되는 마음이 맑게 깨어서 방 안에 의젓이 앉아 있으면, 도둑들도 모두 하인이 되어 한 집안 식구가 된다.

80

도 미 취 지 공　불 여 보 기 성 지 업　회 이 왕 지 실　불 여 방 장 래 지 비
圖未就之功 不如保已成之業 悔已往之失 不如防將來之非

아직 이루지 못한 공을 도모하는 것은 이미 이루어놓은 공을 잘 보전하는 것보다 못하고, 지나간 과실을 뉘우치는 것은 앞으로 다가올 잘못을 막는 것만 못하다.

81

기 상 요 고 광　이 불 가 소 광　심 사 요 진 밀　이 불 가 쇄 설
氣象要高曠 而不可疎狂 心思要縝密 而不可瑣屑
취 미 요 충 담　이 불 가 편 고　조 수 요 엄 명　이 불 가 격 렬
趣味要冲淡 而不可偏枯 操守要嚴明 而不可激烈

사람의 기상은 높을수록 좋지만 소홀해서는 안 되고, 마음은 빈틈이 없어야 하지만 자질구레해서는 안 된다. 취미는 깨끗한 것이 좋지만 지나쳐서는 안 되고, 지조는 엄정하게 지켜야 하지만 과격해서는 안 된다.

82

풍 래 소 죽　풍 과 이 죽 불 류 성　안 도 한 담　안 거 이 담 불 류 영
風來疎竹 風過而竹不留聲 雁度寒潭 雁去而潭不留影

고 군 자 내 이 심 시 현　사 거 이 심 수 공
故君子 來而心始現, 事去而心隨空

바람이 성긴 대숲에 불어와도 일단 지나가면 그 소리를 남기지 않고, 기러기가 차가운 연못을 날아가도 일단 지나가면 그림자를 남기지 않는다. 군자 또한 일이 생기면 비로소 마음이 나타나고, 일이 지나고 나면 마음도 따라서 비워진다.

83

청 능 유 용　인 능 선 단　명 불 상 찰　직 불 과 교
清能有容 仁能善斷 明不傷察 直不過矯
시 위　밀 전 불 첨　해 미 불 함　재 시 의 덕
是謂「蜜餞不話 海味不醶」纔是懿德

청렴 결백하면서도 너그럽고, 어질면서도 결단력이 있으며, 총명하면서도 지나치게 살피지 않고, 강직하면서도 바른 것에만 치우치지 않는다면, 꿀을 바른 음식이 달지 않고 해산물이 짜지 않은 것과 같은 이치이니, 이것이 곧 아름다운 덕이다.

84

빈 가 정 불 지　빈 녀 정 소 두　경 색 수 불 염 려　기 도 자 시 풍 아
貧家淨拂地 貧女淨梳頭 景色雖不艷麗 氣度自是風雅
사 군 자 일 당 궁 수 요 락　내 하 첩 자 폐 이 재
士君子一當窮愁寥落 奈何輒自廢弛栽?

살림이 궁한 집이라도 깨끗이 청소하고, 가난한 집 여자라도 단정하게 빗질을 하면 그 모습이 비록 화려하지는 않아도 그 기품은 단아해진다. 그러므로 군자가 한때 곤궁하고 적막함을 당했다 하여 스스로를 포기한 채 게을러질 수 있겠는가?

85

한 중 불 방 과　망 처 유 수 용　정 중 불 락 공
閒中不放過 忙處有受用 靜中不落空
동 처 유 수 용　암 중 불 기 은　명 처 유 수 용
動處有受用 暗中不欺隱 明處有受用

한가할 때 헛된 시간을 보내지 않으면 바쁠 때 쓸모가 있고, 조용할 때 마음을 놓아버리지 않으면 활동할 때 도움이 되며, 어둠 속에서 속이고 숨기는 일이 없으면 밝은 곳에서 그 보람을 누릴 수 있다.

86

염 두 기 처 재 각 향 욕 로 상 거 변 만 종 리 로 상 래 일 기 변 각
念頭起處 纔覺向欲路上去 便挽從理路上來 一起便覺
일 각 변 전 차 시 전 화 위 복 기 사 회 생 적 관 두 절 막 경 이 방 과
一覺便轉 此是轉禍爲福 起死回生的關頭 切莫輕易放過

한순간의 생각이 욕망의 길로 나아감을 깨닫게 되면, 곧 되돌려 도리의 길로 나아
가게 하라. 그런 생각이 들자마자 곧 깨닫고, 깨달았으면 재빨리 돌려야 한다. 이
것이야말로 불행을 돌려 행복으로 만들고, 죽음에서 벗어나 삶으로 되돌아오는
기로가 되는 것이니 결코 가볍게 지나쳐서는 안 될 것이다.

정 중 념 려 징 철 견 심 지 진 체 한 중 기 상 종 용 식 심 지 진 기 담 중 의 취 충 이 득 심 지 진 미
靜中念慮澄徹 見心之眞體 閑中氣象從容 識心之眞機 淡中意趣冲夷 得心之眞味
관 심 증 도 무 여 차 삼 자
觀心證道 無如此三者

고요한 가운데 생각이 맑으면 마음의 본체를 볼 수 있고, 한가한 가운데 기상이
조용하면 마음의 참된 기틀을 알게 되고, 담백함 가운데 마음의 뜻이 평온하면 마
음의 참맛을 얻을 수 있다. 마음을 보며 도를 체득하는 데는 이 세 가지보다 나은
게 없다.

88

정 중 정 비 진 정 동 처 정 득 래 재 시 성 천 지 진 경
靜中靜非眞靜 動處靜得來 纔是性天之眞境
낙 처 락 비 진 락 고 중 락 득 래 재 견 이 체 지 진 기
樂處樂非眞樂 苦中樂得來 纔見以體之眞機

고요한 가운데 고요함은 참된 고요가 아니다. 소란한 가운데서 고요함을 지켜야만
마음의 참다운 경지에 이를 수가 있다. 즐거운 가운데 즐거움은 참다운 즐거움이 아
니다. 괴로움 가운데서 즐거운 마음을 얻어야만 마음의 참된 본체를 볼 수가 있다.

사 기 무 처 기 의 처 기 의 즉 소 사 지 지 다 괴 의
舍己 毋處其疑 處其疑 卽所舍之志多愧矣

施人 毋責其報 責其報 倂所施之心俱非矣

어떤 일에 몸을 바쳐 일하기로 했다면 그 일을 의심하지 말라. 의심하게 되면 자신의 결심이 부끄러워진다. 남에게 은혜를 베풀었다면 보답을 바라지 말라. 보답을 바란다면 베풀었던 마음마저 그르치게 된다.

90

천 박 아 이 복 오 후 오 덕 이 아 지 천 노 아 이 형 오 일 오 심
天薄我以福 吾厚吾德 以迓之 天勞我以形 吾逸吾心
이 보 지 천 액 아 이 우 오 형 오 도 이 통 지 천 차 아 내 하 재 ?
以補之 天阨我以遇 吾亨吾道 以通之 天且我奈何哉?

하늘이 나에게 복을 박하게 준다면 나의 덕을 두텁게 하여 맞아들이고, 하늘이 내 몸을 수고롭게 한다면 나의 마음을 편하게 하여 도울 것이며, 하늘이 내 처지를 곤궁하게 한다면 나의 도를 형통케 하여 길을 열 것이니, 하늘인들 나를 어찌하겠는가.

91

정 사 무 심 요 복 천 즉 취 무 심 처 유 기 충 섬 인 저 의 피 화
貞士無心徼福 天卽就無心處牖其衷 憸人著意避禍
천 즉 취 저 의 중 탈 기 백 가 견 천 지 기 권 최 신 인 지 지 교 하 익 ?
天卽就著意中奪其魄 可見天之機權最神 人之智巧何益?

뜻이 곧은 선비는 복을 구하는 마음이 없기 때문에 하늘이 알아서 찾아가 그 마음을 열어준다. 간사한 사람은 불행을 피하려고 애쓰기 때문에 하늘은 그 애쓰는 속으로 찾아가 넋을 빼앗아버린다. 가히 하늘의 힘이란 놀라운 것이다. 인간의 잔꾀가 무슨 소용이 있겠는가?

92

성 기 만 경 종 량 일 세 지 연 화 무 애
聲妓 晚景從良 一世之臙花無碍
정 부 백 두 실 수 반 생 지 정 고 구 비
貞婦 白頭失守 半生之情苦俱非
어 운 간 인 지 간 후 반 절 진 명 언 야
語云「看人只看後半截」眞名言也

비록 기녀라 해도 늘그막에 한 남편을 따른다면 한때의 화장기도 문제 될 것이 없

고, 정숙한 여자라도 늘그막에 정조를 잃으면 반평생의 절개가 허사가 되고 만다.
옛말에 이르기를 '사람을 보려면 그 끝 무렵을 보라'로 했으니 가히 명언이다.

93

_{평민긍종덕시혜 변시무위적공상 사부도탐권시총 경성유작적걸인}
平民肯種德施惠 便是無位的公相 士夫徒貪權市寵 竟成有爵的乞人

평민이라도 즐거이 덕을 심고 은혜를 베풀면 벼슬 없는 재상이 되고, 고관대작이
라도 권세를 탐하고 은총을 판다면 마침내 벼슬 있는 걸인이 되고 만다.

94

_{문조종지덕택 오신소향자시 당염기적루지난}
問祖宗之德澤 吾身所享者是 當念其積累之難
_{문자손지복지 오신소이자시 요사기경복지이}
問子孫之福祉 吾身所貽者是 要思其傾覆之易

조상이 남겨준 은혜가 무엇이냐고 묻는다면, 지금 내가 살아 누리는 모든 것이 그
것이니, 그것을 쌓기 위해 어려웠음을 명심해야 한다. 자손에게 물려줄 복이 무엇
이냐고 묻는다면, 내가 지금 행하는 모든 것이 그것이니, 그것이 비뚤어지기 쉬움
을 걱정해야 한다.

95

_{군자이사선 무리소인지사악 군자이개절 불급소인지자신}
君子而詐善 無異小人之肆惡 君子而改節 不及小人之自新

군자로서 위선적인 행동을 한다면, 소인이 악을 거침없이 행하는 것과 같다. 군자
로서 변절을 한다면, 소인이 잘못을 뉘우치는 것만도 못하다.

96

_{가인유과 불의폭로 불의경기 차사난언 차타사은풍지 금일불오}
家人有過 不宜暴怒 不宜經棄 此事難言 借他事隱諷之 今日不悟
_{사내일재경지 여춘풍해동 여화기소빙 재시가정적형범}
俟來日再警之 如春風解凍 如和氣消氷 纔是家庭的型範

가족이 잘못을 하면 크게 화내지도 가볍게 보아 넘기지도 말아야 한다. 그 잘못을

278

말하기가 어렵다면 다른 일을 빌려 넌지시 깨우치게 하고, 오늘 깨닫지 못하면 내일을 기다려 다시 깨우쳐주되 봄바람이 언 땅을 녹이고 온기가 얼음장을 녹이듯 하라. 이것이 바로 가정을 다스리는 규범이다.

97

차 심 상 간 득 원 만　천 하 자 무 결 함 지 세 계
此心常看得圓滿　天下自無缺陷之世界
차 심 상 방 득 관 평　천 하 자 무 협 측 지 인 정
此心常放得寬平　天下自無險側之人情

내 마음을 살펴 항상 원만하게 한다면 세상은 한 점 결함이 없는 세계가 될 것이며, 내 마음을 열어 항상 너그럽게 한다면 세상에 험악한 인정이란 저절로 사라질 것이다.

98

담 박 지 사 필 위 농 염 자 소 의　검 칙 지 인 다 위 방 사 자 소 기 군 자 처 차
澹泊之士必爲濃艶者所疑　檢飭之人多爲放肆者所忌君子處此
고 불 가 소 변 기 조 리　역 불 가 태 로 기 봉 망
固不可少變其操履　亦不可太露其鋒芒

마음이 청렴결백한 사람은 반드시 사치한 자의 의심을 받고 엄격한 사람은 흔히 방종한 자의 미움을 받기 마련이다. 그러나 군자는 어떤 경우에도 일말의 지조도 변함이 없어야 하고 또한 지나치게 그 창 끝을 드러내어 상대방과 충돌해서는 안된다.

99

거 역 경 중　주 신 개 침 폄 약 석　지 절 려 행 이 불 각
居逆境中　周身皆鍼砭藥石　砥節礪行而不覺
처 순 경 내　안 전 진 병 인 과 모　소 고 마 골 이 부 지
處順境內　眼前盡兵刃戈矛　銷膏磨骨而不知

역경에 처해 있을 때는 주위가 모두 침과 약이어서 자신도 모르게 절개와 행실을 갈고 닦게 되나 깨닫지 못한다. 또한 모든 일이 순조로울 때는 눈앞이 모두 칼과 창이어서 살을 말리고 뼈를 깎아도 깨닫지 못한다.

100

생 장 부 귀 총 중 적　기 욕 여 맹 화　권 세 사 열 염
生長富貴叢中的 嗜欲如猛火 權勢似烈焰
약 불 대 사 청 랭 기 미　기 화 염 부 지 분 인　필 장 자 삭 의
若不帶些淸冷氣味 其火焰不至焚人 必將自爍矣

부귀한 집에서 성장한 사람은 그 욕심이 사나운 불길과 같고 그 권세가 무서운 불꽃과 같다. 이때 만약 조금이라도 식히려는 기운을 지니지 않는다면, 그 불길이 남을 태우지는 못하더라도 반드시 그 자신을 태워버리고 말 것이다.

101

인 심 일 진　변 상 가 비　성 가 운　금 석 가 관　약 위 망 지 인
人心一眞 便霜可飛 城可隕 金石可貫 若僞妄之人
형 해 도 구　진 재 이 망　대 인 즉 면 목 가 증　독 거 즉 형 영 자 괴
形骸徒具 眞宰已亡 對人則面目可憎 獨居則形影自媿

사람의 진실한 일념은 여름에도 서리를 내리게 할 수 있고, 울음으로 성곽을 무너뜨릴 수 있으며, 쇠붙이와 돌도 뚫을 수가 있다. 그러나 거짓된 사람은 한낱 사람의 탈만 갖추었을 뿐 참 모습은 이미 사라져, 남을 대하면 얼굴도 흉하게 보이고 혼자 있을 때는 제 모습과 그림자에 스스로 부끄러워진다.

102

문 장 주 도 극 처　무 유 타 기　지 시 흡 호　인 품 주 도 극 처　무 유 타 이　지 시 본 연
文章做到極處 無有他奇 只是恰好 人品做到極處 無有他異 地是本然

문장이 지극한 경지에 다다르면 다른 기이한 것이 있는 게 아니라 다만 꼭 알맞을 뿐이다. 인품이 지극한 경지에 다다르면 달리 뛰어난 것이 있는 게 아니라 다만 본래 그대로일 뿐이다.

103

이 환 적 언　무 론 공 명 부 귀　즉 지 체 역 속 위 형
以幻迹言 無論功名富貴 卽肢體亦屬委形
이 진 경 언　무 론 부 모 형 제　즉 만 물 개 오 일 체
以眞境言 無論父母兄弟 卽萬物皆吾一體
인 능 간 득 파　인 득 진　재 가 임 천 하 지 부 담　역 가 탈 세 간 지 강 쇄
人能看得破 認得眞 纔可任天下之負擔 亦可脫世間之韁鎖

세상의 모든 것을 허상으로 본다면, 부귀 공명은 물론 내 육신까지도 잠시 빌린 것에 불과하다. 세상의 모든 것을 실상으로 본다면, 부모 형제는 물론 세상 만물이 나와 한 몸이 아닌 것이 없다. 세상이 허상임을 알고 만물이 나와 한 몸임을 깨닫는다면, 비로소 세상의 짐을 맡아 이끌어 나갈 수 있고 세상의 속박에서 벗어날 수가 있다.

104

상 구 지 미　개 란 장 부 골 지 약　오 분 변 무 앙
爽口之味 皆爛腸腐骨之藥 五分便無殃
쾌 심 지 사　실 패 신 상 덕 지 매　오 분 변 무 회
快心之事 悉敗身喪德之媒 五分便無悔

입을 즐겁게 하는 음식은 모두가 장을 상하게 하고 뼈를 썩게 하는 독약과 같으니, 많이 먹지 말고 절반쯤에서 그쳐야 화를 면한다. 마음을 즐겁게 하는 쾌락은 모두가 몸을 망치고 덕을 잃게 하는 매개물이니, 깊이 탐닉하지 말고 절반쯤에서 그쳐야 후회가 없을 것이다.

105

불 책 인 소 과　불 발 인 음 사　불 염 인 구 악　삼 자 가 이 양 덕　역 가 이 원 해
不責人小過 不發人陰私 不念人舊惡 三者可以養德 亦可以遠害

남의 조그만 허물을 꾸짖지 않으며, 남의 사사로운 비밀을 폭로하지 않으며, 남의 지난 잘못을 새겨두지 말라. 이 세 가지를 명심하면 스스로의 덕을 기를 수 있으며 또한 해로움을 멀리해줄 것이다.

106

사 군 자 지 신 불 가 경　경 즉 물 능 요 아　이 무 유 한 진 정 지 취 용 의 불 가 중
士君子持身不可輕 輕則物能撓我 而無悠閑鎭定之趣用意不可重
중 즉 아 위 물 니　이 무 소 쇄 활 발 지 기
重則我爲物泥 而無蕭灑活潑之機

군자는 행동을 가볍게 하지 말라. 행동이 가벼우면 사물에 마음을 주게 되어 여유와 침착함을 잃게 된다. 또한 군자는 마음가짐을 무겁게 하지 말라. 너무 무거우

면 사물에 얽매여 시원스럽고 활달한 기운을 잃게 된다.

107

천 지 유 만 고 차 신 불 재 득 인 생 지 백 년 차 일 최 이 과
天地有萬古 此身不再得 人生只百年 此日崔易過
행 생 기 간 지 불 가 부 지 유 생 지 락 역 불 가 불 회 허 생 지 우
幸生其間者不可不知有生之樂 亦不可不懷虛生之憂

천지는 변함없이 영원하지만 내 몸은 두 번 다시 태어나지 않는다. 인생은 다만 백

년의 세월뿐으로 오늘 하루가 가장 지나가버리기 쉽다. 다행히 그 사이에 태어난

사람으로서 삶의 즐거움을 깨달아야 할 것이며, 헛된 삶에 대해 근심해야 한다.

108

원 인 덕 창 고 사 인 덕 아 불 약 덕 원 지 양 망
怨因德彰 故使人德我 不若德怨之兩忘
구 인 은 립 고 사 인 지 은 불 약 은 구 지 구 민
仇因恩立 故使人知恩 不若恩仇之俱民

원한은 덕 때문에 비롯된다. 사람들로 하여금 내게 덕이 있다고 여기게 하니 차

라리 덕과 원한을 모두 잊게 하는 것이 낫다. 원수는 은혜로부터 생겨난다. 사람

들로 하여금 나의 은혜를 알게 하니 차라리 은혜와 원한을 모두 없애버리는 것

이 낫다.

109

노 래 질 병 도 시 장 시 초 적 쇠 후 죄 얼
老來疾病 都是壯時招的 衰後罪孽
도 시 성 시 작 적 고 지 영 리 만 군 자 우 긍 긍 언
都是盛時作的 故持盈履滿 君子尤兢兢焉

늙어서 생기는 병은 모두 젊어서 불러들인 것이며, 쇠퇴한 뒤의 재앙은 모두 흥할

때 만들어진 것이다. 그러므로 가장 번성할 때 군자는 더욱 조심하는 법이다.

110

시 사 은 불 여 부 공 의 결 신 지 불 여 돈 구 호
市私恩 不如扶公議 結新知 不如敦舊好

282

입 영 명 불 여 종 은 덕 　상 기 절 　불 여 근 용 행
立營名 不如種隱德 尚奇節 不如謹庸行

사사로이 은혜를 파는 것은 공론公論을 위하는 것만 못하고, 새로운 친구를 사귀
는 것은 옛 친구와의 정을 두텁게 하는 것만 못하다. 명성을 세우기보다는 숨은
공덕을 심는 것이 낫고, 어려운 절의보다는 평소의 행동을 삼가는 것이 낫다.

111

공 평 정 론 　불 가 범 수 　일 범 즉 이 수 만 세
公平正論 不可犯手 一犯則貽羞萬世
권 문 사 두 　불 가 저 각 　일 저 즉 점 오 종 신
權門私竇 不可著脚 一著則點汚終身

공평한 정론에는 손을 대지 말라. 한 번 범하면 부끄러움을 만세에 남기게 된다. 권
세 있는 가문과 사리를 탐내는 집안에는 발을 들여놓지 말라. 한 번 발을 디밀면
평생 동안 씻지 못할 오점을 남기게 된다.

112

곡 의 이 사 인 희 　불 약 직 궁 이 사 인 기 　무 선 이 치 인 예 　불 약 무 악 이 치 인 훼
曲意而使人喜 不若直躬而使人忌 無善而致人譽 不若無惡而致人毁

뜻을 굽혀 남에게서 기쁨을 사느니, 내 행동을 곧게 하여 남의 시기를 받음이 낫
다. 좋은 일을 한 것도 없이 남에게 칭찬을 받느니, 나쁜 짓을 하지 않고도 남에게
헐뜯음을 당하는 편이 낫다.

113

처 부 형 골 육 지 변 　의 종 용 불 의 격 렬 　우 붕 우 교 우 지 실 　의 개 절 불 의 우 유
處父兄骨肉之變 宜從容不宜激烈 遇朋友交遊之失 宜凱切不宜優游

부모 형제나 골육이 변을 당했을 때는 격렬하게 굴지 말고 침착하라. 친구와 사귀
다가 벗의 허물을 보았다면 마땅히 타일러야지 주저하거나 방임하면 안 된다.

114

소 처 불 삼 루 　암 중 불 기 은 　말 로 불 태 황 　재 시 개 진 정 영 웅
小處不滲漏 暗中不欺隱 末路不太荒 纔是個眞正英雄

작은 일에도 물 샐 틈이 없고, 남이 안 보더라도 속이거나 숨기지 않으며, 막바지
에 이르러서도 나태해지거나 거칠어지지 않는다면 진정한 영웅이라 할 수 있다.

115

천금 난결 일시 지환　일반 경치 종신 지감　개 애중 반위 구　박 극 변 성 희 야
千金難結一時之歡　一飯竟致終身之感　蓋愛重反爲仇　薄極蒜成喜也

천금을 주고도 한때의 환심을 사기 어려울 때가 있고, 한 술을 밥으로 평생의 감
은感恩을 이룰 수도 있다. 대체로 사랑이 깊으면 도리어 원수가 되고, 미워함이 몹
시 심하면 오히려 기쁨이 된다.

116

장 교 어 졸　용 회 이 명　우 제 우 탁　이 굴 위 신　진 섭 세 지 일 호　장 신 지 삼 굴 야
藏巧於拙　用晦而明　寓濟于濁　以屈爲伸　眞涉世之一壺　藏身之三窟也

교묘한 재주를 졸렬함으로 감추고, 어둠을 써서 밝게 하며, 맑음을 흐림 속에 깃
들이게 하고, 굽힘으로써 몸을 펴는 근원으로 삼는다면, 이것은 세상살이의 구급
책이요, 안전한 은신처가 될 것이다.

117

쇠 삽 적 경 색　취 재 성 만 중　발 생 적 기 함　즉 재 영 락 내
衰颯的景象　就在盛滿中　發生的機緘　即在零落內
고 군 자 거 안 의 조 일 심 이 려 우　처 변 당 견 백 인 이 도 성
故君子居安宜操一心以慮憂　處變當堅百忍以圖成

쓸쓸한 모습은 번성함 속에 있고, 피어나는 움직임은 시들어감 속에 있다. 그러므
로 군자는 안락할 때 마땅히 마음을 잡아서 뒷날의 환란을 생각하고, 변을 당했을
때는 마땅히 백 번을 참고 견뎌 성공을 도모해야 한다.

118

경 기 희 이 자　무 원 대 지 식　고 절 독 행 자　비 항 구 지 조
驚奇喜異者　無遠大之識　苦節獨行者　非恒久之操

신기한 것에 경탄하고 이상한 것을 좋아하는 것은 원대한 식견이 없기 때문이다.

또한 괴로운 가운데 절개를 지키려고 세상을 등진 채 홀로 도를 닦는다고 해서 영구적인 지조가 되는 것도 아니다.

119

당 노 화 욕 수 정 등 비 처 명 명 지 득 우 명 명 범 저 지 적 시 수?
當怒火慾水正騰沸處 明明知得 又明明犯著 知的是誰?
범 적 우 시 수   차 처 능 맹 연 전 념 사 마 사 위 진 군 의
犯的又是誰? 此處能猛然轉念 邪魔使爲眞君矣

분노가 불길 같고 욕망이 들끓을 때를 당하면 그것을 확실히 억제할 수 있는 마음이 있음을 깨닫게 된다. 그러면 그 마음이란 무엇인가?(그것은 바로 양심이다.) 이때 맹렬히 마음을 돌이키면 사마邪魔도 변하여 곧 참마음이 된다.

120

무 편 신 이 위 간 소 기 무 자 임 이 위 기 소 사
毋偏信而爲奸所欺 毋自任而爲氣所使
무 이 기 지 장 이 형 인 지 단 무 인 기 지 졸 이 기 인 지 능
毋以己之長而形人之短 毋因己之拙而忌人之能

한쪽만 믿음으로써 간계에 속는 사람이 되지 말고, 잘난 체하여 객기를 부리는 사람이 되지 말라. 자신의 장점을 자랑하기 위해 남의 단점을 드러내지 말 것이며, 자기가 졸렬치 않다 하여 남의 재능을 인정하지 않는 자가 되지 말라.

121

인 지 단 처 요 곡 위 미 봉 여 폭 이 양 지 시 이 단 공 단
人之短處 要曲爲彌縫 如暴而揚之 是以短攻短
인 유 완 적 요 선 위 화 회 여 분 이 질 지 시 이 완 제 완
人有頑的 要善爲化誨 如忿以疾之 是而頑濟頑

남의 단점은 마음을 다해 감싸·주어야 한다. 만약 이를 들추어 남에게 알린다면, 이는 단점으로써 단점을 공격하는 것이다. 완고한 사람이 있거든 잘 타일러야 한다. 만약 성을 내고 미워한다면, 이는 완고함을 가지고 완고함을 구제하려는 것이다.

285

122

우 침 침 불 어 지 사 　 막 수 심 　 견 행 행 자 호 지 인 　 응 수 방 구
遇沈沈不語之士 莫輸心 見悻悻自好之人 應須防口

음침해서 말을 잘 안 하는 사람을 만나거든 마음을 주지 말 것이며, 발끈하기 잘

하며 잘난 체하는 사람을 보거든 입을 다물어라.

123

염 두 혼 산 처 　 요 지 제 성 　 염 두 끽 긴 시 　 요 지 방 하
念頭昏散處 要知提醒 念頭喫緊時 要知放下

불 연 　 공 거 혼 혼 지 병 　 우 래 동 동 지 요 의
不然 恐去昏昏之病 又來憧憧之擾矣

마음이 어둡고 산란할 때는 정신을 차릴 줄 알아야 하며, 마음이 긴장될 때면 탁

풀어놓을 줄도 알아야 한다. 그렇지 않으면 어두운 마음을 고칠지라도 조바심이

나는 괴로움은 다시 찾아야 한다.

124

제 일 청 천 　 축 변 위 신 뇌 진 전 　 질 풍 노 우 　 숙 변 위 낭 월 청 공
霽日青天 條變爲迅雷震電 疾風怒雨 倏變爲朗月青空

기 기 하 상? 　 일 호 응 체 　 태 허 하 상? 　 일 호 장 색 　 인 심 지 체 　 역 당 여 시
氣機何常? 一毫凝滯 太虛何常? 一毫障塞 人心之體 亦當如是

갠 날 푸른 하늘이 갑자기 변하여 천둥 번개가 치기도 하며, 거센 바람과 억수 같

은 비도 홀연히 밝은 달 맑은 하늘이 되니 어찌 하늘의 움직임이 일정하겠는가?

그것은 하나의 털끝만 한 막힘 때문이다. 사람 마음의 본체도 이와 같은 것이다.

125

승 사 제 욕 지 공 　 유 왈 식 부 조 　 역 불 이 자 　 유 왈 식 득 파 　 인 불 과 자
勝私制欲之功 有曰識不早 力不易者 有曰識得破 忍不過者

개 식 시 일 과 조 마 적 명 주 　 역 시 일 파 참 마 적 혜 검 　 양 불 가 소 야
蓋識是一顆照魔的明珠 力是一把斬魔的慧劍 兩不可少也

사욕을 억제하는 데 있어서 그것이 무엇인지를 빨리 알지 않으면 이를 억제하기

쉽지 않다고 말하는 사람도 있으며 이를 알았다 하더라도 참을성이 모자라면 억

제하기 힘들다고 말하는 사람도 있다. 그러나 대개 지식이란 심마心魔를 밝혀내는

한 알의 밝은 구슬이요, 의지란 심마를 베는 한 자루의 칼이니, 이 두 가지는 다 없어서는 안 될 것이다.

126

각 인 지 사 불 형 어 언 수 인 지 모 부 동 어 색 차 중 유 무 궁 의 미 역 유 무 궁 수 용
覺人之詐 不形於言 受人之侮 不動於色 此中有無窮意味 亦有無窮受用

남이 속인다는 사실을 알고도 말로 나타내지 않고, 남에게 업신여김을 받아도 안색을 바꾸지 않는다면, 장차 어떠한 일도 해나갈 수가 있고 무궁한 발전이 있을 것이다.

127

횡 역 곤 궁 시 단 련 호 걸 적 일 부 로 추 능 수 기 단 련
橫逆困窮 是煆鍊豪傑的一副鑪錘 能受其煆鍊
즉 심 신 교 익 불 수 기 단 련 즉 심 신 교 손
則心身交益 不受其煆鍊 則心身交損

역경과 곤궁함은 호걸을 단련하는 하나의 용광로와 망치이다. 능히 그 단련을 받으면 몸과 마음이 모두 이로울 것이지만, 그 단련을 받지 못하면 몸과 마음이 모두 해로울 것이다.

128

오 신 일 소 천 지 야 사 희 노 불 건 호 악 유 즉 변 시 섭 리 적 공 부
吾身 一小天地也 使喜怒不愆 好惡有則 便是燮理的功夫
천 지 일 대 부 모 야 사 민 무 원 자 물 무 분 진 역 시 돈 목 적 기 상
天地 一大父母也 使民無怨咨物無氛疹 亦是敦睦的氣象

내 몸은 하나의 작은 천지이다. 기쁨과 노여움으로 인한 허물이 없도록 하고, 싫고 좋음에 절제된 법도가 있도록 하면, 이것이 곧 천지의 이치에 순응하는 공부가 될 것이다. 천지는 하나의 거룩한 부모이다. 백성들로 하여금 원망이 없게 하며 모든 사물에 근심이 없도록 하면, 이 또한 화목을 돈독하게 하는 기상이다.

129

해 인 지 심 불 가 유 방 인 지 심 불 가 무 차 계 소 어 려 야
害人之心 不可有 放人之心 不可無 此戒疎於慮也
영 수 인 지 사 무 역 인 지 사 차 경 상 어 찰 야 이 어 병 존 정 명 이 혼 후 의
寧受人之詐 毋逆人之詐 此警傷於察也 二語並存 精名而渾厚矣

남을 해치려는 마음을 가져서도 안 될 것이며, 남의 해를 막으려는 마음이 없어서도 안 된다. 이것은 생각이 소홀함을 경계하는 말이다. 차라리 남에게 속아 넘어갈망정 미리 남이 나를 속일 것이라고 짐작하지 말라. 이것은 살핌이 지나침을 경계하는 말이다. 이 두 말을 아울러 지닌다면 생각이 깊어져서 덕성이 두터워질 것이다.

무 인 군 의 이 조 독 견 무 임 기 의 이 폐 인 언
毋因群疑而阻獨見 毋任己意而廢人言
무 사 소 혜 이 상 대 체 무 차 공 론 이 폐 사 정
毋私小惠而傷大體 毋借公論而快私情

많은 사람이 의심한다고 해서 자기 의견을 굽히지 말고, 자기 사견에만 끌려 남의 말을 버리지 말라. 또한 사사로운 은혜에 사로잡혀 대국을 해치지 말 것이며, 여론을 빙자하여 남을 공격함으로써 자신을 만족시키지 말라.

131

선 인 미 능 급 친 불 의 예 양 공 래 참 찬 지 간
善人未能急親 不宜預揚 恐來讒讚之奸
악 인 미 능 경 거 불 의 선 발 공 초 매 얼 지 화
惡人未能輕去 不宜先發 恐招媒蘗之禍

착한 사람과 쉽게 친할 수 없거든 미리 칭찬하지 말라. 간악한 사람의 중상모략이 있을까 두렵다. 악한 사람을 쉽게 내칠 수 없다 하여 먼저 발설하지 말라. 뜻밖의 재앙을 부를까 두렵다.

청 천 백 일 적 절 의 자 암 실 옥 루 중 배 래 선 건 전 곤 적 경 륜 자 임 심 리 박 처 조 출
青天白日的節義 自暗室屋漏中培來 旋乾轉坤的經綸 自臨深履薄處操出

푸른 하늘에 빛나는 태양처럼 드높은 절의도 어두운 방 안에서 길러낸 것이며, 천

지를 뒤흔드는 빼어난 경륜도 깊은 못에서 살얼음 밟듯 조심하며 만든 재주이다.

133

부 자 자 효　형 우 제 공　종 주 도 극 처　구 시 합 당 여 차　저 부 득 일 호 감 격 적 염 두
父慈子孝 兄友弟恭 終做到極處 俱是合當如此 著不得一毫感激的念頭
여 시 자 임 덕　수 자 회 사　변 시 노 인　변 성 시 도
如施者任德 受者懷思 便是路人 便成市道

아버지가 사랑하고 아들이 효도하며, 형이 우애가 있고 아우가 공경하여, 비록 극
진한 경지에까지 이르렀다 해도 그것은 마땅히 그렇게 해야 할 것을 한 것일 뿐이
므로 털끝만큼도 감격스런 생각을 가지고 볼 것이 못 된다. 만약 베푸는 자가 덕
으로 여기고, 받는 쪽에서 은혜로 생각한다면 이는 곧 길에서 오다가다 만난 사람
들의 일이요, 장사꾼의 관계가 되고 말 것이다.

134

유 연　필 유 추 위 지 대　아 불 과 연　수 능 추 아?
有妍 必有醜爲之對 我不跨妍 誰能醒我?
유 결　필 유 오 위 지 구　아 불 호 결　수 능 오 아?
有潔 必有汚爲之仇 我不好潔 誰能汚我?

아름다움이 있으면 반드시 추함이 있어 짝을 이루니, 내가 아름다움을 자랑하지 않
는다면 누가 나를 추하다고 할 것인가? 깨끗함이 있으면 반드시 더러움이 있어 짝을
이루니, 내가 깨끗함을 초월하여 자랑하지 않는다면 누가 나를 더럽다 할 것인가?

135

염 량 지 태　부 귀 갱 심 어 빈 천　투 기 지 심　골 육 우 한 어 외 인　차 처
炎涼之態 富貴更甚於貧賤 妬忌之心 骨肉尤狠於外人 此處
약 부 당 이 냉 장　어 이 평 기　선 불 일 좌 번 뇌 장 중 의
若不當以冷腸 御以平氣 鮮不日坐煩惱障中矣

뜨거웠다 차가웠다 하며 변하는 것은 부귀한 사람이 빈천한 사람보다 더 심하고,
질투와 시기하는 마음은 남들보다 육친 간에 더욱 심하다. 만약 이때 냉철한 마음
이나 평정한 마음으로 제어하지 않는다면, 거의 번뇌의 가운데 앉아 지내지 않는
날이 없을 것이다.

136

공 과 불용소혼 혼즉인회타타지심 은구 불가대명 명즉인기휴이지지
功過 不容少混 混則人懷惰墮之心 恩仇 不可大明 明則人起携貳之志

공로와 과실은 조금도 혼동하지 말라. 혼동하면 사람이 게으른 마음을 품을 것이다. 은혜와 원한은 지나치게 밝히지 말라. 이를 밝히면 사람들이 불신하게 된다.

137

작위 불의태성태성즉위
爵位 不宜太盛太盛則危
능사 물의진필진필즉쇠
能事 不宜盡畢盡畢則衰
행의 물의과고과고즉방흥이훼래
行誼 不宜過高過高則謗興而毀來

벼슬자리는 너무 높지 않아야 할 것이니 너무 높으면 위태로우며, 능한 일은 그 힘을 다 쓰지 말아야 할 것이니 힘을 다 쓰면 쇠퇴해지며, 행실은 너무 고상하지 말아야 할 것이니 너무 고상하면 비방이 일어나고 시기가 닥친다.

138

악 기음 선기양 고악지현자화천 이은자화심 선지현자공소 이은자공대
惡忌陰 善忌陽 故惡之顯者禍淺 而隱者禍深 善之顯者功小 而隱者功大

악은 숨겨지기를 싫어하고 선은 드러나기를 싫어한다. 그러므로 드러난 악은 재앙이 얕고 숨겨진 자는 재앙이 깊으며, 선이 나타난 자는 공적이 작고 숨겨진 자는 공적이 크다.

139

덕자 재지주 재자 덕지노 유재무덕
德者 才之主 才者 德之奴 有才無德
여가무주이노용사의 기하불매량이창광?
如家無主而奴用事矣 幾何不魍魎而猖狂?

덕은 재능의 주인이요, 재능은 덕의 종이다. 재능은 있어도 덕이 없으면 주인 없는 집안에 종들끼리만 살림살이를 하는 것과 같으니, 어찌 도깨비가 날뛰지 않겠는가?

140

서 간 두 행 요 방 타 일 조 거 로 약 사 지 일 무 소 용
鋤奸杜倖 要放他一條去路 若使之一無所容
비 여 색 서 혈 자 일 절 거 로 도 색 진 즉 일 절 호 물 구 교 파 의
譬如塞鼠穴者 一切去路 都塞盡 則一切好物 俱咬破矣

간악한 것을 뿌리뽑고 요망한 무리를 막으려면 한 곳 정도의 달아날 길을 터줘야

한다. 만약 한 군데도 몸 둘 곳을 용납하지 않으면, 마치 쥐구멍을 막는 것과 같아

서 소중한 기물들을 모두 물어뜯을 것이다.

141

당 여 인 동 과 부 당 여 인 동 공 동 공 즉 상 기
當與人同過 不當與人同功 同功則相忌
가 여 인 공 환 난 불 가 여 인 공 안 락 안 락 즉 상 구
可與人共患難 不可與人共安樂 安樂則相仇

허물은 남과 함께할지언정 공은 함께하지 말라. 공을 같이하면 서로 시기하게 된

다. 환란은 남과 함께할지언정 안락은 함께하지 말라. 안락을 같이하면 서로 원수

가 되고 만다.

142

사 군 자 빈 불 능 제 물 자 우 인 치 미 처 출 일 언 제 성 지
士君子 貧不能濟物者 遇人痴迷處 出一言提醒之
우 인 급 난 처 출 일 언 해 구 지 역 시 무 량 공 덕
遇人急難處 出一言解救之 亦是無量功德

군자와 선비는 가난하여 물질로 남을 구제하지는 못하지만, 어리석어 방황하는

사람을 만나면 말 한마디로써 깨우쳐주고, 위급하여 허둥대는 사람을 만났을 때

는 말 한마디로써 이를 구해줄 수 있으니, 이 또한 그지없는 공덕이다.

143

기 즉 부 포 즉 양 욱 즉 추 한 즉 기 인 정 통 환 야
饑則附 飽則颺 燠則趨 寒則棄 人情通患也

배고프면 달라붙고, 배부르면 떠나가며, 따뜻하면 몰려들고, 추우면 버리니, 이것

이 바로 인정의 병폐이다.

144

군자의정식냉안 신물경동강장
君子宜淨拭冷眼 愼勿輕動剛腸

군자는 마땅히 냉철한 눈을 깨끗이 닦아야 하고, 굳은 마음을 삼가 가볍게 움직이
지 말아야 한다.

145

덕수양진 양유식장 고욕후기덕 불가불홍기량 욕홍기량 불가불대기식
德隨量進 量由識長 故欲厚其德 不可不弘其量 欲弘其量 不可不大其識

덕은 도량에 따라 발전하고 도량은 식견에 따라 자라나는 것이다. 그러므로 덕을
두터이 하려면 도량을 넓히고, 도량을 넓히려면 식견을 키워야 한다.

146

일등형연 만뢰무성 차오인초입연적시야 효몽초성
一燈螢然 萬籟無聲 此吾人初入宴寂時也 曉夢初醒
군동미기 차오인초출혼돈처야 승차이일념회광 형연반조
群動未起 此吾人初出混沌處也 乘此而一念廻光 炯然返照
시지이목구비개질곡 이정욕기호실기계의
始知耳目口鼻皆桎梏 而情欲嗜好悉機械矣

희미한 등불이 가물거리고 삼라만상이 소리가 없으니, 이는 우리가 편안히 잠이
들 때요, 새벽 꿈에서 막 깨어나 만물이 아직 움직이지 않으니, 이는 우리가 혼돈에
서 벗어날 때이다. 이러한 때에 한 가닥 본심으로 빛을 돌려 환히 비춰보면, 비로소
이목구비가 모두 몸을 묶는 수갑이요, 정욕과 기호嗜好가 다 마음을 타락시키는 기
계임을 알 수 있을 것이다.

147

반기자 촉사개성약석 우인자 동념즉시과모
反己者 觸事皆成藥石 尤人者 動念卽是戈矛
일이벽중선지로 일이준제악지원 상거소양의
一以闢衆善之路 一以濬諸惡之源 相去霄壤矣

자기를 반성하는 사람은 부딪히는 일마다 모두 약이 되고, 남을 탓하는 사람은 생
각하는 것마다 모두 창과 칼이 된다. 하나는 모든 선의 길을 열고, 하나는 온갖 악

의 근원이 되니, 그 차이는 하늘과 땅이다.

148

사 업 문 장 수신소훼수신소훼 이 정 신 만 고 여 신 공 명 부 귀
事業文章 隨身銷毀 而精神萬古如新 功名富貴

축 세 전 이 이 기 절 천 재 일 일 군 자 신 부 당 이 피 역 차 야
逐世轉移 而氣絶千載一日 君子信不當以彼易此也

사업과 문장은 몸을 따라 없어지지만, 정신은 만고에 변함없이 새롭다. 공명과 부
귀는 세상에 따라 바뀌어지지만, 절개는 천 년이 하루와 같다. 군자는 진실로 전자
의 것으로 후자의 것을 바꾸지 말아야 할 것이다.

149

어 망 지 설 홍 즉 리 기 중 당 랑 지 탐 작 우 승 기 후
魚網之設 鴻則罹其中 螳螂之貪 雀又乘其後

기 리 장 기 변 외 생 변 지 교 하 족 시 재
機裡藏機 變外生變 智巧 何足恃哉

어망을 쳐두었더니 기러기가 걸려들고, 사마귀가 먹이를 노리면 그 뒤에서 참새
가 노리고 있으니, 기략 속에 기략이 있고 이변 밖에 또 이변이 생기는지라, 사람
의 지혜나 계교를 어찌 믿을 수 있겠는가.

150

작 인 무 점 진 간 염 두 변 성 개 화 자 사 사 개 허
作人 無點眞懇念頭 便成個花子 事事皆虛

섭 세 무 단 원 활 기 취 변 시 개 목 인 처 처 유 애
涉世 無段圓活機趣 便是個木人 處處有碍

사람으로서 한 점의 진지한 생각이 없다면 이는 곧 거지와 같으니, 무슨 일이든
허망할 것이다. 세상을 살아감에 있어 한 조각의 원활한 맛이 없으면 이는 곧 장
승과 같으니, 가는 곳마다 막힘이 있을 뿐이다.

151

수 불 파 즉 자 정 감 불 예 즉 자 명 고 심 무 가 청
水不波則自定, 鑑不翳則自明 故心無可清

거기혼지자이청자현 낙불필심 거기고지자이락자존
去其混之者而淸自現 樂不必尋 去其苦之者而樂自存

물은 물결만 일지 않으면 스스로 고요하고, 거울은 먼지만 끼지 않으면 스스로 밝은 것이다. 그러므로 마음도 애써 맑게 할 것이 아니라, 괴롭게 하는 것만 버린다면 절로 맑아질 것이다. 또한 즐거움도 굳이 찾을 것이 아니라, 괴롭게 하는 것만 버린다면 절로 즐거워질 것이다.

152
유일념이범귀신지금 일언이상천지지화 일사이양자손지화 최의절계
有一念而犯鬼神之禁 一言而傷天地之和 一事而釀子孫之禍 最宜切戒

한 번 잘못한 생각으로 하늘의 뜻을 거역할 수도 있고, 한마디 잘못한 말로 천지자연의 조화를 깨뜨릴 수도 있으며, 한 가지 그릇된 일로 자손들에게 재앙을 줄수도 있으니, 매사에 생각과 행동을 할 때 모든 주의를 기울여야 한다.

153
사유급지불백자 관지혹자명 조급이속기분
事有急之不白者 寬之或自明 躁急以速其忿
인유조지부종자 종지혹자화 조절이익기완
人有操之不從者 縱之或自化 操切以益其頑

일은 급히 서두르면 명백해지지 않고, 너그럽게 하면 저절로 밝혀지니 조급하게 굴어 그르치지 말라. 사람은 부리려고 할 때 순종하지 않는 자가 있다면, 가만히 놓아두면 스스로 감화되는 수가 있으니 심하게 단속하여 그 고집을 더하게 하지 말라.

154
절의오청운 문장고백운 약불이덕성도용지 종위혈기지사 기능지말
節義傲靑雲 文章高白雪 若不以德性陶鎔之 終爲血氣之私 技能之末

절의가 푸른 하늘을 굽어보고 문장이 백설곡白雪曲: 문선文選에 나오는 뛰어난 시보다 높을지라도, 만약 그것이 덕성으로 수양된 것이 아니라면, 결국에 가서는 혈기의 간신 노릇이나 하고 재주의 손발이 되고 말 것이다.

155

사사 당사어정성지시 거신 의거어독후지야
謝事 當謝於正盛之時 居身 宜居於獨後之也

일자리에서 물러나려거든 전성기 때 물러나고, 몸 둘 곳을 고르려거든 홀로 뒤처진 자리에 앉아라.

156

근덕 수근어지미지사 시은 무시어불보지인
謹德 須謹於至微之事 施恩 務施於不報之人

덕을 삼가려면 모름지기 아주 작은 일에도 삼가고, 은혜를 베풀 때는 갚지 못할 사람에게 힘써 베풀라.

157

교시인 불여우산옹 알주문 불여친백옥 청가담항어
交市人 不如友山翁 謁朱門 不如親白屋 聽街談巷語
불여문초가목영 담금인실덕과거 불여술고인가언의행
不如聞樵歌牧詠 談今人失德過舉 不如述古人嘉言懿行

시중市中 사람을 사귐은 산골 늙은이를 벗 삼는 것만 못하고, 고관대작의 집에 드나들며 허리를 굽실거리는 것은 오막살이를 찾아감만 못하다. 거리에 떠도는 말을 듣는 것은 나무꾼과 목동의 노래를 듣는 것만 못하고, 현재 사람들의 덕 없음과 과실을 말함은 옛사람의 착한 말씀과 아름다운 행실을 이야기하는 것만 못하다.

158

덕자 사업지기 미유기불고이동우견구자
德者 事業之基 未有基不固而棟宇堅久者

덕이란 사업의 바탕이니, 기초가 단단하지 못한데 그 집이 오래간 적은 없었다.

159

심자 후예지근 미유근불식이지엽영무자
心者 後裔之根 未有根不植而枝葉榮茂者

마음은 자손의 뿌리이다. 뿌리를 내리지 않고 가지와 잎이 무성한 일은 없었다.

160

전 인 운　포 각 자 가 무 진 장　연 문 지 발 효 빈 아
前人云「抛却自家無盡藏 沿門持鉢效貧兒」
우 운　폭 부 빈 아 휴 설 몽　수 가 조 리 화 무 연
又云「暴富貧兒休説夢 誰家竈裡火無烟」
일 잠 자 미 소 유　일 잠 자 과 소 유　가 위 학 문 절 계
一箴自味所有 一箴自跨所有 可爲學問切戒

옛사람이 이르기를 "자기 집에 무진장 있는 것을 버려두고 왜 남의 집 문전에 밥 그릇을 내밀며 거지 노릇을 하는가?"라고 했다. 또 이르기를 "갑자기 부자가 된 가난뱅이여, 꿈 이야기는 그만 하라. 누구네 집 부엌인들 불을 때면 연기가 안 날까?"라고 했다. 전자는 있으면서도 어리석은 것을 경계한 것이고, 후자는 있음을 자랑하는 일을 경계한 것이다. 가히 이것을 학문의 절실한 계명으로 삼을 만하다.

도 시 일 종 공 중 물 사　당 수 인 이 접 인　학 시 일 개 심 상 가 반　당 수 사 이 경 척
道是一種公眾物事 當隨人而接引 學是一個尋常家飯 當隨事而警楊惕

도덕은 일종의 공중公眾적인 물건이니 마땅히 사람마다 행하게 하고 학문은 날마다 집에서 먹는 일종의 끼니와 같으니 마땅히 일마다 깨우치고 삼가게 하라.

162

신 인 자　인 미 필 진 성　기 즉 독 성 의　의 인 자　인 미 필 개 사　기 즉 선 사 의
信人者 人未必盡誠 己則獨誠矣 疑人者 人未必皆許 己則先詐矣

남을 믿는다는 것은 사람들이 모두 성실하지 못하더라도 자기만은 성실하기 때문이며, 남을 의심한다는 것은 사람들이 모두 속이지 않더라도 자신이 스스로를 속이기 때문이다.

염 두 관 후 적　여 춘 풍 후 육　만 물 조 지 이 생
念頭寬厚的 如春風煦育 萬物遭之而生
염 두 기 각 적　여 삭 설 음 응　만 물 조 지 이 사
念頭忌刻的 如朔雪陰凝 萬物遭之而死

생각이 너그럽고 두터운 사람은 봄바람이 따뜻하게 만물을 기르는 것 같아서 무

엇이든지 이런 사람을 만나면 살아나고, 마음이 모질고 각박한 사람은 차가운 눈이 만물을 얼게 하는 것과 같아서 무엇이든지 이런 사람을 만나면 죽는다.

164

위선 불견 기익 여초 리동과 자응 암장
爲善 不見其益 如草裡東瓜 自應暗長

위악 불견 기손 여정 전춘설 당필 잠소
爲惡 不見其損 如庭前春雪 當必潛消

착한 일을 하고 그 이익을 보지 못함은 마치 풀 속의 보이지 않는 데서 자라는 동과 東瓜와 같아서 남이 모르는 사이에 저절로 자라나며, 악한 일을 하고 그 손해를 보지 않음은 마치 앞뜰의 봄눈 녹듯 하여 자기도 모르는 사이에 손해를 보게 될 것이다.

165

우고 구지교 의기 요유신 처은 미지사
遇故舊之交 意氣要愈新 處隱微之事

심적 의유현 대쇠 후지인 은례 당유융
心迹宜愈顯 待衰朽之人 恩禮當愈隆

옛 친구를 만나거든 이전에 사귀었던 정에 금이 가지 않도록 마음가짐을 더욱 새롭게 하고, 비밀스런 일을 처리할 때는 남의 의심을 사지 않도록 더욱 분명히 할 것이며, 불우한 친구나 사람을 대할 때는 예우를 더욱 융숭하게 해야 한다.

166

근자 민어 덕의 이세인차 근이제기 빈
勤者 敏於德義 而世人借勤而濟其貧

검자 담어화리 이세인가 검이식기 린
儉者 淡於貨利 而世人假儉以飾其吝

군자지신지부 반위소인영사지구의 석재
君子持身之符 反爲小人營私之具矣 惜哉

근면이란 도덕과 의리의 실행에 민첩함이거늘 세상 사람들은 근면의 이름을 빌려 자신의 가난을 면한다. 검약이란 재물에 담박함이거늘 세상 사람들은 검약의 이름을 빌려 자신의 인색함을 꾸민다. 군자의 몸을 지키는 방법이 도리어 소인의 사리사욕을 영위하는 도구로 쓰이고 있으니 안타까운 일이다.

憑意興作爲者 隨作則隨止 豈是不退之輪?
從情識解悟者 有悟則有迷 終非常明之燈

즉흥적으로 일을 시작한 사람은 일을 시작하자마자 곧 멈추니, 이 어찌 멈추지 않고 돌아가는 수레바퀴라고 할 수 있겠는가? 일시적인 감정과 지혜로 얻은 깨달음은 깨달았는가 하면 금방 흐려지니 영원히 밝은 등불은 될 수 없다.

人之過誤 宜恕 而在己則不可恕 己之困辱 當忍 而在人則不可忍

남의 허물은 용서해야 하지만 자기의 허물은 용서해서는 안 되며, 자기의 고통은 굳게 참아야 하지만 남의 고통에 대해서는 방관하지 말라.

能脫俗 便是奇 作意尚奇者 不爲奇而爲異
不合汚 便是清 絶俗求清者 不爲清而爲激

능히 속세를 초탈할 수 있는 것이 기인奇人이지, 일부러 기이한 척한다면 괴이한 사람이다. 오속汚俗에 섞이지 않아야 곧 청백한 것이지, 속된 것을 끊고 청백만을 찾는 자는 청백이 아니라 과격이 된다.

恩宜自淡而濃 先濃後淡者 人忘其惠
威宜自嚴而寬 先寬後嚴者 人怨其酷

은혜는 박하게 베푸는 것에서 시작하여 두텁게 해야 한다. 처음에는 두텁게 하다가 나중에 박하게 한다면 사람들은 그 은혜를 잊을 것이다. 위엄은 엄격하게 시작하여 너그럽게 해야 한다. 처음에는 너그럽게 하다가 나중에 엄격하게 하면 사람들이 그 가혹함을 원망할 것이다.

171

심 허 즉 성 현　불 식 심 이 구 견 성　여 발 파 멱 월
心虛則性現 不息心而求見性 如撥波覓月
의 정 즉 심 청　불 료 의 이 구 명 심　여 색 경 증 진
意淨則心淸 不了意而求明心 如索鏡增塵

마음을 비우면 본성이 나타난다. 쉬지 않고 본성을 구하려 애쓰는 것은 마치 물결
을 헤치며 달을 찾는 것과 같다. 뜻이 맑으면 마음이 맑아진다. 뜻을 맑게 하지 않고
마음만 밝아지기를 구하는 것은 마치 거울을 찾으려고 하면서 먼지를 더함과 같다.

172

아 귀 이 인 봉 지　봉 차 아 관 대 대 야　아 천 이 인 모 지　모 차 포 의 초 리 야
我貴而人奉之 奉此峨寬大帶也 我賤而人侮之 侮此布衣草履也
연 즉 원 비 봉　아 호 위 희?　원 비 모 아　아 호 위 노?
然則原非奉 我胡爲喜? 原非侮我 我胡爲怒?

내가 귀할 때 사람들이 받드는 것은 나의 높은 감투를 받드는 것이요, 내가 천할 때 업
신여기는 것은 베옷과 짚신을 업신여기는 것이다. 그러므로 진정 나를 받드는 것이
아니니 어찌 기뻐할 것이며, 진정 나를 업신여기는 것이 아니니 어찌 성낼 것인가?

173

위 서 상 류 반　연 아 부 점 등　고 인 차 등 염 두　시 오 인 일 점 생 생 지 기
爲鼠常留飯 憐蛾不點燈 古人此等念頭 是吾人一點生生之機
무 차　변 소 위　토 목 형 해　이 이
無此 便所 謂「土木形骸」而已

'쥐를 위하여 항상 밥 덩어리를 남겨 두고, 나방을 불쌍히 여겨 등불을 켜지 않는
다'라는 옛사람의 생각은, 우리 인간이 태어나서 자라며 생활하는 데 마땅히 있어
야 할 근본적인 것이다. 만약 이런 자비심이 없다면 흙이나 나무와 다름이 없다.

174

심 체 변 시 천 체　일 념 지 희　경 성 경 운　일 념 지 노　진 뇌 폭 우
心體 便是天體 一念之喜 景星慶雲 一念之怒 震雷暴雨

일 념 지 자　화 풍 감 로　일 념 지 엄　열 일 추 상　하 자 소 득?
一念之慈 和風甘露 一念之嚴 烈日秋霜 何者少得?
지 요 수 기 수 멸　곽 연 무 애　변 여 태 허 동 체
只要隨起隨滅 廓然無碍 便與太虛同體

사람의 마음의 바탕은 곧 하늘과 같다. 기쁜 생각은 빛나는 별이나 아름다운 구름

과 같고, 분노는 성난 우레나 사나운 비와 같다. 또한 인자한 생각은 부드러운 바람

이나 달콤한 이슬과 같고, 엄숙한 생각은 뜨거운 햇볕이나 찬 서리와 같으니 어느

것이라도 없어서는 안 된다. 다만 생길 자리에 생기고 스러질 자리에 스러져 시원

스럽고 거리낌이 없어야 하는데, 이럴 수만 있다면 곧 하늘과 한 몸이 되는 것이다.

175

무 사 시　심 이 혼 명　의 적 적 이 조 이 성 성
無事時 心易昏冥 宜寂寂而照以惺惺
유 사 시　심 이 분 일　의 성 성 이 주 이 적 적
有事時 心易奔逸 宜惺惺而主以寂寂

일이 없을 때는 마음이 흐트러지기 쉬우니 정적 속에서도 깨어나 밝게 비춰보아야

하고, 일이 있을 때는 마음이 흩어지기 쉬우니 밝은 지혜로써 침착함을 가져야 한다.

176

의 사 자　신 재 사 외　의 실 리 해 지 정　임 사 자　신 거 사 중　당 망 리 해 지 려
議事者 身在事外 宜悉利害之情 任事者 身居事中 當忘利害之慮

일을 의논하는 사람은 몸을 그 일의 밖에 두어 이해利害의 실정을 모두 살펴야 하

고, 일을 맡을 사람은 몸을 일의 안에 두어 이해의 생각을 버려야 한다.

177

사 군 자 처 권 문 요 로　조 리 요 엄 명　심 기 요 화 이
士君子處權門要路 操履要嚴明 心氣要和易
무 소 수 이 근 성 전 지 당　역 무 과 격 이　범 봉 채 지 독
毋少隨而近腥羶之黨 亦毋過激而 犯峰蠆之毒

군자가 권세 있는 요직에 앉았을 때는 몸가짐을 엄정하고 공평하게 하고, 마음은

온화하고 평이하게 갖되 조금이라도 아첨배들과 가까이하지 말 것이며, 또한 너

무 과격하게 굴어 소인들의 독침을 건드리지 말아야 한다.

300

178

표 절 의 자 필 이 절 의 수 방 방 도 학 자 상 인 도 학 초 우
標節義者 必以節義受謗 榜道學者 常因道學招尤
고 군 자 불 근 악 사 역 불 립 선 명 지 혼 연 화 기 재 시 거 신 지 진
故君子不近惡事 亦不立善名 只渾然和氣 纔是居身之珍

절개와 의리를 표방하는 사람은 절개와 의리 때문에 헐뜯음을 당하고, 도덕과 학

문을 표방하는 사람은 도덕과 학문 때문에 원망을 불러들인다. 그러므로 군자는

악한 일에 가까이하지 않고 좋은 일에도 가까이 서지 않는다. 오직 원만한 화기和氣

만이 곧 몸을 보전하는 보배인 것이다.

179

우 기 사 적 인 이 성 심 감 동 지 우 폭 려 적 인 이 화 기 훈 증 지
遇欺詐的人 以誠心感動之 遇暴戾的人 以和氣薰蒸之
우 경 사 사 곡 적 인 이 명 의 기 절 격 려 지 천 하 무 불 입 아 도 야 중 의
遇傾邪私曲的人 以名義氣節激勵之 天下無不入我陶冶中矣

속이는 자를 만나거든 진심으로 감동시키고, 포악한 자를 만나거든 온화한 기운

으로 감화시키며, 마음이 비뚤어지고 사욕에 어두운 사람을 만나거든 정의와 절

개로 격려하라. 이렇게 하면 천하에 나의 휘하에 들어오지 않는 자가 없을 것이다.

180

일 념 자 상 가 이 온 양 양 간 화 기 촌 심 결 백 가 이 소 수 백 대 청 분
一念慈祥 可以醞釀兩間和氣 寸心潔白 可以昭垂百代清芬

온 생각을 기울인 자비는 가히 천지간의 화기를 빚어낼 것이고, 작은 생각의 결백

은 가히 맑고 향기로운 이름을 백대百代에 걸쳐 밝게 드리울 것이다.

181

음 모 괴 습 이 행 기 능 구 시 섭 세 적 화 태
陰謀怪習 異行奇能 俱是涉世的禍胎
지 일 개 용 덕 용 행 변 가 이 완 혼 돈 이 소 평 화
只一個庸德庸行 便可以完混沌而召平和

음모와 괴상한 습관, 이상한 행동과 기이한 재주는 모두 세상을 사는 데 화근이 된다.

그러므로 오직 한 가지, 평범한 덕행만이 혼돈을 온전히 하여 화평을 부를 수 있다.

어운 등산내측로 답설내위교 일내자극유의미 여경험지인정
語云「登山耐側路 踏雪耐危橋」一耐字極有意味 如傾險之人情
감가지세도 약부득일내자탱지과거 기하불타입진망갱참재?
坎坷之世道 若不得一耐字撐持字過去 幾何不墮入榛莽坑塹哉?

옛말에 이르기를 '산에 오르거든 험한 비탈길을 견디고, 눈을 밟거든 위험한 다리를 건너는 걸 견디라'라고 했다. 즉, 이 견딜 내耐 자 한 글자는 깊은 뜻을 지니고 있다. 만약 이 비뚤어지고 험한 인정과 고르지 못한 세상 길에서 견딜 내 자 한 글자를 얻어 붙잡고 지나가지 않는다면, 어찌 가시덤불과 구렁텅이에 빠지지 않을 수 있겠는가?

과령공업 현요문장 개시고외물주인 부지심체형연
跨逞功業 炫耀文章 皆是坷外物做人 不知心體瑩然
본래불실 즉무촌공척자 역자유당당정정주인처
本來不失 卽無寸功隻字 亦自有堂堂正正做人處

공맹을 자랑하고 문장을 뽐내는 사람은 모두 외물外物에 의해 훌륭해진 것으로 진정한 것이 아니다. 그러므로 마음의 바탕이 찬란하게 빛나는 본래의 모습을 잃지 않았다면, 사소한 공적조차 하나 없고, 글자 한 자 안 배웠다 할지라도 정정당당한 사람이 될 수 있는 것이다.

망리 요투한 수선향한시토개파병
忙裡 要倫閒 須先向閒時討個杷炳
요중 요취정 수선종정처입개주재
鬧中 要取靜 須先從靜處立個主宰
불연 미유불인경이천 수사이미자
不然 未有不因境而遷 隨事而靡者

바쁜 가운데에서 한가로움을 얻으려면 먼저 한가할 때 그 마음의 자루를 찾아들고, 시끄러운 가운데에서 고요함을 취하려면 먼저 고요할 때 그 중심을 세워야 한다. 그렇지 않으면 경우에 따라 움직이게 되고, 사건에 따라 흔들리게 된다.

185

불 매 기 심 부 진 인 정 불 갈 물 력 삼 자 가 이 위 천 지 립 심
不昧己心 不盡人情 不竭物力 三者可以爲天地立心
위 생 민 립 명 위 자 손 조 복
爲生民立命 爲子孫造福

자기 마음을 흐리게 하지 말고, 남의 정을 무시하지 않으며, 재물을 헛되이 다 탕진하지 말라. 이 세 가지는 가히 천지를 위하여 마음을 세우고, 만민을 위하여 목숨을 세우며, 자손을 위하여 복을 만드는 길이다.

186

거 관 유 이 어 왈 유 공 즉 생 명 유 렴 즉 생 위
居官 有二語 曰惟公則生明 惟廉則生威
거 가 유 이 어 왈 유 서 즉 정 평 유 검 즉 용 족
居家 有二語 曰惟恕則情平 惟儉則用足

관직에 임할 때 두 마디의 말이 있으니, 오직 공평하면 밝은 지혜가 생기고, 오직 청렴하면 위엄이 생긴다는 것이다. 가정에는 두 마디의 말이 있으니, 오직 용서하면 불평이 없고, 오직 검소하면 살림이 넉넉하다는 것이다.

187

처 부 귀 지 지 요 지 빈 천 적 통 양 당 소 장 지 시 수 념 쇠 로 적 신 산
處富貴之地 要知貧賤的痛癢 當少壯之時 須念衰老的辛酸

부귀한 처지에 있을 때는 마땅히 빈천한 처지의 고통을 알아야 하고, 젊을 때는 모름지기 노쇠한 처지의 괴로움을 생각해야 한다.

188

지 신 불 가 태 교 결 일 체 오 욕 구 예 요 여 납 득
持身 不可太皎潔 一切汚辱垢穢 要茹納得
여 인 불 가 태 분 명 일 체 선 악 현 우 요 포 용 득
與人 不可太分明 一切善惡賢愚 要包容得

몸가짐은 지나치게 결백하게 하지 말아야 한다. 모든 욕됨과 때묻음을 용납할 수 있어야 한다. 남과 사귈 때는 너무 분명하지 말아야 한다. 모든 선악과 현우賢愚를 받아들일 수 있어야 한다.

휴 여 소 인 구 수　소 인 자 유 대 두　휴 향 군 자 첨 미　군 자 원 무 사 혜
休與小人仇讐 小人自有對頭 休向君子諂媚 君子原無私惠

소인과 원수를 맺지 말라. 소인에게는 스스로 상대가 있다. 군자에게 아첨하지 말라. 군자는 원래 사사로운 은혜를 베풀지 않는다.

종 욕 지 병 가 의　이 집 리 지 병 난 의　사 물 지 장 가 제　이 아 리 지 장 난 제
縱欲之病可醫 而執理之病難醫 事物之障可除 而我理之障難除

욕심에 날뛰는 병은 고칠 수 있으나, 이론理論을 고집하는 병은 고치기 어렵고, 사물의 장애는 없앨 수 있으나, 의리에 얽매인 장애는 없애기 어렵다.

마 려 자　당 여 백 련 지 금　급 취 자　비 수 양
摩礪者 當如百練之金 急就者 非遠養
시 위 자　의 사 천 균 지 노　경 발 자　무 굉 공
施爲者 宜似千鈞之弩 輕發者 無宏功

마음의 수양은 마땅히 백 번을 단련하는 쇠붙이처럼 해야 한다. 급하게 이루어지는 것은 깊은 수양이 아니다. 일을 할 때는 마땅히 천 균鈞이나 나가는 무거운 활로 목표물을 겨냥하듯이 신중을 기해야 한다. 가벼이 한다면 큰 업적을 이룰 수 없다.

영 위 소 인 소 기 훼　무 위 소 인 소 미 열　영 위 군 자 소 책 수　모 위 군 자 소 포 용
寧爲小人所忌毁 毋爲小人所媚悦 寧爲君子所責修 毋爲君子所包容

군자는 차라리 소인에게 미움을 사고 비방하는 말을 들을지언정, 그들에게 아첨이나 칭찬의 말을 듣지 말아야 한다. 또한 소인은 군자에게 꾸지람을 들어가며 깨우칠지언정, 군자에게 포용당해 용서받아서는 안 된다(그렇게 된다면 이미 군자로부터 버림을 받은 것이므로 일종의 수치이다).

193

호 리 자 일 출 어 도 의 지 외　기 해 현 이 천
好利者 逸出於道義之外 其害顯而淺

호 명 자 찬 입 어 도 의 지 중　기 해 은 이 심
好名者 竄入於道義之中 其害隱而深

이욕을 탐하는 자는 어차피 도리에서 벗어나 있기 때문에 애초부터 그 해로움이

겉으로 드러나 있어 해가 끼친다 해도 심하지 않지만, 명예를 탐하는 자는 은근히

도덕 속에 숨어 있어 있기 때문에 그 해로움은 숨겨져 있는 만큼 깊고 심하다.

194

수 인 지 은　수 심 불 보　원 즉 천 역 보 지　문 인 지 악
受人之恩 雖深不報 怨則淺亦報之 聞人之惡

수 은 불 의　선 즉 현 역 의 지　차 각 지 극　박 지 우 야　의 절 계 지
雖隱不疑 善則顯亦疑之 此刻之極 薄之尤也 宜切戒之

남의 은혜는 비록 깊어도 갚지 않으나, 원한은 얕아도 갚는다. 남의 악함을 들었

을 때는 비록 명백하지 않더라도 의심하지 않으나, 선함은 뚜렷해도 의심한다. 이

것이야말로 각박함의 극치이고, 경박함이 심한 것이니 신경 써서 경계해야 한다.

195

참 부 훼 사　여 촌 운 폐 일　불 구 자 명　미 자 아 인　사 극 풍 침 기　불 각 기 손
讒夫毀士 如寸雲蔽日 不久自明 媚子阿人 似隙風侵肌 不覺其損

고자질하고 헐뜯는 사람은 마치 조각구름이 해를 가리는 것과 같아서 오래지 않아

저절로 밝아진다. 아양을 떨고 아첨하는 사람은 마치 틈새로 스며드는 바람이 살갗

을 해치는 것과 같아서 그 해로움을 깨닫지 못한다.

196

산 지 고 준 처 무 목　이 계 곡 회 환　즉 초 목 총 생　수 지 단 급 처 무 어
山之高峻處無木 而谿谷廻環 則草木叢生 水之湍急處無魚

이 연 담 정 축　즉 어 별 취 집　차 고 절 지 행　편 급 지 쇠　군 자 중 유 계 언
而淵潭停蓄 則魚鼈聚集 此高絶之行 褊急之衷 君子重有戒焉

산이 높고 험준한 곳에는 나무가 없으나, 굽이쳐 감도는 골짜기에는 초목이 무성

하다. 물살이 세고 급한 곳에는 물고기가 없으나, 물이 깊고 고요하면 물고기와

자라들이 모여든다. 이처럼 높고 험한 행동과 세고 급한 마음은 군자가 깊이 경
계해야 한다.

197

건 공 입 업 자   다 허 원 지 사   분 사 실 기 자   필 집 요 지 인
建功立業者 多虛圓之士 僨事失機者 必執拗之人

큰 공적을 세우고 큰 사업을 이룬 자는 겸허하고 원만한 성격이 대부분이고, 일을
그르치고 기회를 놓치는 사람 중에는 고집 센 사람이 많다.

198

처 세   불 의 여 속 동   역 불 의 여 속 이   작 사   불 의 영 인 염   역 불 의 영 인 희
處世 不宜與俗同 亦不宜與俗異 作事 不宜令人厭 亦不宜令人喜

세상을 살아가는 데 있어서는 세속과 같게 하지도 말고, 다르게 하지도 말라. 일
을 하는 데 있어서는 남을 싫어하게 하지도 말고, 또한 기쁘게 하지도 말라.

199

일 기 모 이 유 연 하 현 란   세 장 만 이 갱 등 귤 방 형
日旣暮而猶烟霞絢爛 歲將晩而更橙橘芳馨
고 말 로 만 년   군 자 갱 의 정 신 백 배
故末路晩年 君子更宜精神百倍

하루 해가 저물었는데 오히려 노을은 아름답고, 한 해가 장차 저물려고 하는데 새
로이 글이 꽃다운 향기를 뿜는다. 그러므로 군자는 만년晩年에 다시금 정신을 백
곱절 가다듬어야 한다.

200

응 립 여 수   호 행 사 병   정 시 타 확 인 서 인 수 단 처
鷹立如睡 虎行似病 正是他攫人噬人手段處
고 군 자 요 총 명 불 로   재 화 불 령   재 유 견 홍 임 거 적 력 량
故君子要聰明不露 才華不逞 纔有肩鴻任鉅的力量

매의 서 있는 모습은 조는 것 같고, 범의 걸음은 병든 듯하다. 하지만 이것이 바로
사람을 움켜잡고 물어뜯는 그들의 수단이다. 그러므로 군자는 총명함을 드러내

지 말고 재능도 뚜렷하게 나타내지 말아야 하는데, 그렇게 함으로써 큰일을 맡을 역량이 된다.

201

검 미 덕 야　과 즉 위 간 린　위 비 색　반 상 아 도
儉美德也　過則爲慳吝　爲鄙嗇　反傷雅道

양 의 행 야　과 즉 위 족 공　위 곡 근　다 출 기 심
讓懿行也　過則爲足恭　爲曲謹　多出機心

검약은 미덕이 지나치면 인색하고 소심해져 도리어 정도正道를 손상시키고, 겸양은 미행美行이나 지나치면 아첨과 비굴이 되어 꾸미는 마음이 많아진다.

202

무 우 불 의　무 희 쾌 심　무 시 구 안　무 탄 초 난
毋憂拂意　毋喜快心　毋恃久安　毋憚初難

뜻대로 되지 않음을 근심하지 말고, 마음이 유쾌함을 기뻐하지 말며, 오래 편안함을 믿지 말고, 처음 당한 어려움을 꺼리지 말라.

203

음 연 지 락 다　불 시 개 호 인 가　성 화 지 습 승
飮宴之樂多　不是個好人家　聲華之習勝

부 시 개 호 사 자　명 위 지 념 중　불 시 개 호 신 사
不是個好士子　名位之念重　不是個好臣士

술잔치의 즐거움이 많으면 좋은 집안이 아니고, 명성이 나기를 좋아하면 선비가 아니며, 높은 벼슬에 생각이 많으면 좋은 신하가 아니다.

204

세 인 이 심 긍 처 위 락　각 피 락 심 인 재 고 처
世人以心肯處爲樂　却被樂心引在苦處

달 사 이 심 불 처 위 락　종 위 고 심 환 득 락 래
達士以心佛處爲樂　終爲苦心換得樂來

세상 사람들은 마음에 맞는 것으로 즐거움을 삼기 때문에 도리어 즐거운 마음에 이끌려 괴로운 곳에 있게 되고, 통달한 선비는 마음에 어긋나는 것으로도 즐거움

을 삼기 때문에 마침내 괴로운 마음이 바뀌어 즐거움이 된다.

205

거 영 만 자　여 수 지 장 일 미 일　절 기 재 가 일 적
居盈滿者 如水之將溢未溢 切忌再加一滴
처 위 급 자　여 목 지 장 절 미 절　절 기 재 가 일 닉
處危急者 如木之將折未折 切忌再加一搦

가득 차 있는 곳에 있는 사람은 마치 물이 넘치려다가 아직 넘치지 않음과 같아서
다시 한 방울이 더해지는 것도 간절히 꺼리고, 위급한 자리에 있는 사람은 마치
나무가 꺾이려다가 아직 꺾이지 않음과 같아서 조금 더 눌려지는 것도 간절히 꺼
린다.

206

냉 안 관 인　냉 이 청 어　냉 정 당 감　냉 심 사 리
冷眼觀人 冷耳聽語 冷情當感 冷心思理

냉정한 눈으로 사람을 보고, 냉정한 귀로 말을 들으며, 냉정한 정으로 일에 대응
하고, 냉정한 마음으로 도리를 생각하라.

207

인 인　심 지 관 서　변 복 후 이 경 장　사 사 성 개 관 서 기 상
仁人 心地寬舒 便福厚而慶長 事事成個寬舒氣象
비 부　염 두 박 촉　변 녹 박 이 택 단　사 사 득 개 박 촉 규 모
鄙夫 念頭迫促 便祿薄而澤短 事事得個薄促規模

어진 사람은 마음이 너그럽고 느긋하기 때문에 복이 두텁고 경사慶事가 오래가며
일마다 너그럽고 느긋한 기상을 이룬다. 천한 사람은 마음이 좁고 급하기 때문에
녹祿이 박하고 은혜로움이 적어 일마다 좁고 급한 모양을 이룬다.

208

문 악　불 가 취 악　공 위 참 부 설 서　문 선　불 가 급 친　공 인 간 인 진 신
聞惡 不可就惡 恐爲讒夫洩怒 聞善 不可急親 恐引奸人進身

남의 악행을 들었더라도 곧 미워하면 안 되는데, 중상하는 자의 모략일지도 모르

기 때문이다. 남의 선행을 들었더라도 급하게 사귀어서는 안 되는데, 간악한 자가 자신을 천거하기 위한 방편일지도 모르기 때문이다.

209

성 조 심 조 자　일 사 무 성　심 화 기 평 자　백 복 자 집
性燥心粗者 一事無成 心和氣平者 百福自集

성질이 조급하고 마음이 거친 자는 한 가지도 이루어지는 일이 없고, 마음이 화평하고 기상이 평탄한 자는 백 가지 복이 절로 모인다.

210

용 인　불 의 각　각 즉 사 효 자 거　교 우　불 의 람　남 즉 공 유 자 래
用人 不宜刻 刻則思效者去 交友 不宜濫 濫則貢諛者來

사람을 부릴 때는 각박하지 말라. 각박하게 대하면 성과를 올리려는 사람도 떠나게 된다. 친구를 사귈 때는 마구 사귀지 말라. 마구 사귀면 아첨하는 자가 모여든다.

211

풍 사 우 급 처　요 입 득 각 정　화 농 류 염 처　요 착 득 안 고　노 위 경 험 처　요 회 득 두 조
風斜雨急處 要立得脚定 花濃柳艶處 要着得眼高 路危經險處 要回得頭早

바람이 비껴 불고 비가 급한 곳에서는 두 다리를 바르게 세워 안정을 기하고, 꽃이 무르익고 버들이 탐스러운 곳에서는 눈을 높은 데 두고, 길이 위태롭고 험한 곳에서는 머리를 재빨리 돌려야 한다.

212

절 의 지 인　제 이 화 충　재 불 계 분 쟁 지 로　공 명 지 사　승 이 겸 덕　방 불 개 질 투 지 문
節義之人 濟以和衷 搞不啓念爭之路 功名之士 承以謙德 方不開嫉妬之門

절개와 의리가 있는 사람은 온화한 마음을 길러야 분쟁의 길을 걷지 않을 것이고, 공명심이 강한 사람은 겸양의 덕을 체득해야 비로소 질투의 문을 열지 않을 것이다.

213

사 대 부 거 관　불 가 간 독 무 절　요 사 인 난 견　이 두 행 단
士大夫居官 不可竿牘無節 要使人難見 以杜倖端
거 향　불 가 애 안 태 고　요 사 인 이 견　이 돈 구 호
居鄕 不可崖岸太高 要使人易見 以敦舊好

선비가 벼슬자리에 있을 때는 편지 한 장에도 절도가 있어야 한다. 사람들로 하여
금 마음을 읽어내기 어렵게 하여 소인이 요행을 잡으려는 단서를 막아야 하기 때
문이다 시골에 돌아와서는 몸가짐을 너무 높게 갖지 말아야 한다. 사람들로 하여
금 마음을 읽어내기 쉽도록 해줌으로써 옛정을 두텁게 해야 하기 때문이다.

214

대 인 불 가 불 외　외 대 인 즉 무 방 일 지 심
大人不可不畏 畏大人則無放逸之心
소 민 역 불 가 불 외　외 소 민 즉 무 호 횡 지 명
小民亦不可不畏 畏小民則無豪橫之名

대인을 두려워하라. 대인을 두려워하면 방종한 마음이 없어진다. 서민도 두려워
하라. 서민을 두려워하면 횡포를 휘두른다는 평을 듣지 않을 것이다.

215

사 초 불 역　변 사 불 여 아 적 인　즉 원 우 자 소
事稍佛逆 便思不如我的人 則怨尤自消
심 초 태 황　변 사 승 사 아 적 인　즉 정 신 자 분
心稍怠荒 便思勝似我的人 則精神自奮

일이 조금이라도 뜻한 대로 되지 않거든 나보다 못한 사람을 생각하라. 그러면 원
망이 저절로 사라질 것이다. 마음이 조금이라도 게을러지거든 곧 나보다 나은 사
람을 생각하라. 그러면 정신이 저절로 분발할 것이다.

216

불 가 승 희 이 경 락　불 가 인 취 이 생 진　불 가 승 쾌 이 다 사　불 가 인 권 이 선 종
不可乘喜而輕諾 不可因醉而生嗔 不可乘快而多事 不可因倦而鮮終

기쁨에 들떠 가벼이 승낙하지 말고, 술 취한 기분에 성내지 말라. 유쾌함에 들떠
일을 많이 벌리지 말고, 고달프다 하여 끝나기도 전에 그치지 말아라.

217

선 독 서 자 요 독 도 수 무 족 도 처 방 불 락 전 제
善讀書者 要讀到手舞足蹈處 方不落筌蹄
선 관 물 자 요 관 도 심 융 신 흡 시 방 불 니 적 상
善觀物者 要觀到心融神洽時 方不泥迹象

독서를 즐겨 하는 사람은 책을 읽어 손발이 춤추는 경지에까지 이르러야 한다. 그래야 비로소 형식에 구애받지 않는다. 사물을 잘 보는 사람은 마음과 정신이 녹아서 물건과 하나가 될 때까지 이르러야 한다. 그래야 비로소 외형에 구애받지 않는다.

218

천 현 일 인 이 회 중 인 지 우 이 세 반 령 소 장 이 형 인 지 단
天賢一人 以誨眾人之愚 而世反逞所長 以形人之短
천 부 일 인 이 제 중 인 지 곤 이 세 반 협 소 유 이 능 인 지 빈 진 천 지 륙 민 재
天富一人 以濟眾人之困 而世反狹所有 以凌人之貧 真天之戮民哉

하늘은 어진 사람 하나를 보내 여러 사람의 어리석음을 깨우치게 했거늘, 세상은 오히려 제 잘난 것을 뽐내어 남의 모자라는 것을 들춰내고 있다. 하늘은 부유한 사람 하나를 보내 여러 사람을 가난에서 구제하게 했거늘, 세상은 오히려 제 가진 것을 자랑하여 남의 가난함을 업신여기고 있다. 참으로 천벌을 받을 악인이 아닐 수 없다.

219

지 인 하 사? 하 려? 우 인 불 식 부 지 가 여 논 학 역 가 여 건 공
至人 何思? 何慮? 愚人 不識不知 可與論學 亦可與建功
유 중 재 적 인 다 일 번 사 려 지 식 변 다 일 번 억 탁 시 의 사 사 난 여 하 수
唯中才的人 多一番思慮知識 便多一番憶度猜疑, 事事難與下手

지극한 현인이야 무슨 걱정이 있겠는가? 또한 어리석은 사람은 아는 것도 없고, 생각하는 바도 없기 때문에 더불어 학문을 논할 수도 있고 공을 세울 수도 있다. 그런데 유독 중간치 사람들이 문제이다. 그들은 나름대로 생각과 지식이 있기 때문에 억측과 시기도 많아서 일마다 함께하기가 어렵다.

220

구 내 심 지 문 수 구 불 밀 설 진 진 기 의 내 심 지 족 방 의 불 엄 주 진 사 혜
口乃心之門 守口不密 洩盡真機 意乃心之足 防意不嚴 走盡邪蹊

입은 곧 마음의 문이다. 그러므로 입 지키기를 엄하게 하지 않으면 진정한 기밀이
모두 새어나간다. 뜻은 곧 마음의 발이다. 그러므로 뜻 막기를 엄하게 하지 않으
면 비뚤어진 길로 달아나게 된다.

221

책 인 자 원 무 과 어 유 과 지 중   즉 정 평 책 기 자 구 유 과 어 무 과 지 내 즉 덕 진
責人者 原無過於有過之中 則情平 責己者 求有過於無過之內 則德進

남을 꾸짖을 때는 허물이 있는 가운데서도 허물이 없음을 찾아내면 감정이 평온해
진다. 자기를 꾸짖을 때는 허물 없는 속에서도 허물이 있음을 찾아내면 덕이 자란다.

222

자 제 자 대 인 지 배 태 수 재 자 사 부 지 배 태
子弟者 大人之胚胎 秀才者 士夫之胚胎
차 시 약 화 력 부 도 도 주 불 순 타 일 섭 세 입 조 종 난 성 개 영 기
此時 若火力不到 陶鑄不純 他日 涉世立朝 終難成個令器

어린이는 어른의 씨앗이고 수재秀才는 사대부의 씨앗이다. 그러므로 만약 어릴 때
화력火力이 모자라 단련이 완전하지 못하면, 훗날 세상을 살아가고 조정에 설
때 훌륭한 그릇이 되기 어렵다.

223

군 자 처 환 난 이 불 우 당 연 유 이 이 척 려 우 권 호 이 불 구 대 경 독 이 경 심
君子處患難而不優 當宴遊而惕慮 遇權豪而不懼 對惸獨而警心

군자는 환난에 처했을 때는 근심하지 않지만, 즐거운 잔치 자리에서 놀 때면 근심
을 한다. 또한 군자는 권세 있는 사람을 만났을 때는 두려워하지 않지만, 고독한
사람을 대하면 마음으로 놀라게 된다.

224

도 리 수 염 하 여 송 장 백 취 지 견 정? 이 행 수 감 하 여 등 황 귤 록 지 형 렬?
桃李雖艶 何如松蒼栢翠之堅貞? 梨杏雖甘 何如橙黃橘綠之馨冽?
신 호! 농 요 불 급 담 구 조 수 불 여 만 성 야
信乎! 濃夭不及淡久 早秀不如晚成也

복숭아꽃과 오얏꽃이 비록 곱다 한들 어찌 푸른 소나무의 굳은 절개와 같을 수 있겠는가? 배와 살구가 비록 달다 한들 어찌 노란 유자와 푸른 귤의 맑은 향기와 같을 수 있겠는가? 진실로 알겠노라! 곱고 일찍 시드는 것은 담박하고 오래가는 것만 못하며, 일찍 숙성하는 것은 늦게 이루어지는 것만 못하다는 것을.

225

풍 념 랑 정 중　견 인 생 지 진 경　미 담 성 희 처　식 심 체 지 본 연
風恬浪靜中　見人生之眞境　味淡聲希處　識心體之本然

바람 자고 물결 고요한 가운데에서 인생의 참다운 경지를 볼 수 있고, 맛이 담담하고 소리가 드문 곳에서 마음의 본래 모습을 알 수 있다.

菜根譚 後集

1

담산림지락자 미필진득산림지취 염명리지담자 미필진망명리지정
談山林之樂者 未必眞得山林之趣 厭名利之談者 未必盡忘名利之情

산림의 즐거움을 이야기하는 사람은 아직 산림의 맛을 진정 깨닫지 못했기 때문이
고, 명리의 이야기를 싫어하는 사람은 아직 명리의 달콤함을 잊지 못했기 때문이다.

2

조수 일사야 상지생살지병 혁기 청희야 차동전쟁지심
釣水 逸事也 尙持生殺之炳 奕碁 淸戱也 且動戰爭之心
가견희사불여생사지위적 다능불약무능지전진
可見喜事不如省事之爲適 多能不若無能之全眞

낚시질은 조용하고 뛰어난 일이지만 그래도 살생하는 마음이 있는 것이고, 장기
와 바둑은 깨끗한 놀이지만 그래도 전쟁하는 마음을 일으키게 한다. 이것으로 보
아 기쁜 일이란 일을 덜어 마음에 알맞도록 하는 것이 최고이고, 재능이 많은 것
보다는 무능하여 본래의 마음을 보전하는 것이 더 나은 것임을 알 수 있다.

3

앵 화무 이 산 농곡 염 총 시건 곤지환경
鶯花茂而山濃谷艶 總是乾坤之幻鏡

수 목 락 이 석 수 애 고   재 시 천 지 지 진 오
水木落而石瘦崖枯 纔是天地之眞吾

꾀꼬리가 지저귀고 꽃이 피어 산과 골짜기가 아름다운 것은 모두 천지의 한때 거짓된 모습이다. 물이 마르고 낙엽이 져서 돌과 벼랑이 앙상하게 드러났을 때 비로소 천지의 참모습을 보게 된다.

4

세 월 본 장   이 망 자 자 촉   천 지 본 관
歲月本長 而忙者自促 天地本寬
이 비 자 자 애   풍 화 설 월 본 한   이 노 양 자 자 용
而鄙者自隘 風花雪月本閒 而勞攘者自冗

세월은 본래 길건만 바쁜 자는 스스로 줄이고, 천지는 본래 넓건만 천한 자는 스스로 좁히며, 바람과 꽃과 눈과 달은 본래 한가한 것이건만 악착같은 자는 스스로 분주하다.

5

득 취 부 재 다   분 지 권 석 간   연 하 구 족   회 경 부 재 원   봉 창 죽 옥 하   풍 월 자 사
得趣不在多 盆池拳石間 烟霞具足 會景不在遠 蓬窓竹屋下 風月自賒

풍취風趣를 얻는 것은 많은 데 있는 것이 아니다. 동이만한 연못과 주먹만한 돌 사이에도 산수의 경치는 갖추어지는 것이다. 훌륭한 경치는 먼 데 있는 것이 아니다. 쑥대 우거진 창문과 초가집 아래에도 맑은 바람 밝은 달은 스스로 한가한 법이다.

6

청 정 야 지 종 성   환 성 몽 중 지 몽   관 징 담 지 월 영   규 견 신 외 지 신
聽靜夜之鐘聲 喚醒夢中之夢 觀澄潭之月影 窺見身外之身

고요한 밤에 종소리를 듣고는 잠 속의 꿈을 불러 깨우고, 맑은 연못의 달 그림자를 보고는 몸 밖의 몸을 엿본다.

7

조 어 충 성   총 시 전 심 지 결   화 영 초 색   무 비 견 도 지 문
鳥語蟲聲 總是全心之訣 花英草色 無非見道之文

학자요천기청철 흉차령롱 촉물 개유회심처
學者要天機淸澈 胸次玲瓏 觸物 皆有會心處

새 소리나 벌레 소리는 모두 마음과 마음을 전해주는 비결이고, 꽃잎과 풀잎도 진리를 나타내는 글이 아닌 게 없다. 배우는 자는 마땅히 마음을 맑게 하고 가슴을 영롱하게 하여 듣고 보는 것마다 모두 마음에 깨닫는 바가 있어야 한다.

8

인 해 독 유 자 서 불 해 독 무 자 서 지 탄 유 현 금
人解讀有字書 不解讀無字書 知彈有絃琴
부 지 탄 무 현 금 이 적 용 불 이 신 용 하 이 득 금 서 지 취?
不知彈無絃琴 以跡用 不以神用 何以得琴書之趣?

사람들은 문자 있는 책은 읽을 줄 알되 문자가 없는 책은 읽을 줄 모르며, 줄 있는 거문고는 탈 줄 알되 줄 없는 거문고는 탈 줄 모른다. 눈앞의 형체가 있는 것만 쓸 줄 알고 정신을 쓸 줄 모른다면, 어찌 거문고와 책의 참맛을 깨달을 수 있겠는가?

9

심 무 물 욕 즉 시 추 공 제 해 좌 유 금 서 변 성 석 실 단 구
心無物欲 卽是秋空霽海 坐有琴書 便成石室丹丘

마음에 물욕이 없으면 이것이 곧 가을 하늘과 잔잔한 바다요, 곁에 거문고와 책이 있으면 이곳이 곧 선경仙境이다.

10

빈 붕 운 집 극 음 임 리 락 의 아 이 루 진 촉 잔 향 소 명 랭
賓朋雲集 劇飮淋漓團樂矣 我而漏盡燭殘 香銷茗冷
불 각 반 성 구 열 영 인 색 연 무 미 천 하 사 솔 류 차 인 내 하 부조 회 두 야?
不覺反成嘔咽 令人索然無味 天下事率類此 人奈何不早回頭也?

손님과 벗들이 구름처럼 모여들어 질탕하게 술을 마시며 즐기다가 이윽고 시간이 다하고 촛불 가물거리며 향불이 꺼지고 차도 식어버리면, 자기도 모르는 사이에 슬퍼져 사람을 한없이 처량하게 만든다. 세상 모든 일이 다 이와 같거늘 사람들은 어찌하여 빨리 머리를 돌리지 않는단 말인가?

11

회 득 개 중 취　오 호 지 연 월　진 입 촌 리　파 득 안 전 기　천 고 지 영 웅　진 귀 장 악
會得個中趣 五湖之烟月 盡入寸裡 破得眼前機 千古之英雄 盡歸掌握

사물 속에 깃든 참맛을 깨달으면 오호五湖의 아름다운 풍경도 다 내 마음속에 들어
올 것이요, 눈앞의 기밀을 깨닫는다면 천고의 뛰어난 영웅도 다 손아귀에 들어온다.

12

산 하 대 지　이 속 미 진　이 황 진 중 지 진?
山河大地 已屬微塵 而況塵中之塵?
혈 육 신 구　차 귀 포 영　이 황 영 외 지 영?　비 상 상 지　무 료 료 심
血肉身軀 且歸泡影 而況影外之影? 非上上智 無了了心

산하와 대지도 이미 하나의 작은 티끌이거늘 하물며 티끌 속의 티끌이야 일러 무
엇하겠는가? 피와 살과 몸뚱이도 물거품이나 그림자에 지나지 않거늘 하물며 그
림자 밖의 그림자야 일러 무엇하겠는가? 최상의 지혜가 아니면 환히 깨닫는 밝은
마음이 없으리라.

13

석 화 광 중　쟁 장 경 단　기 하 광 음?　와 우 각 상　교 자 논 웅　허 대 세 계?
石火光中 爭長競短 幾何光陰? 蝸牛角上 較雌論雄 許大世界?

번쩍 하는 불빛 속에서 길고 짧음을 다툰들 그 시간이 얼마나 길겠는가? 달팽이
뿔 위에서 자웅을 겨룬들 그 세계가 얼마나 넓겠는가?

14

한 등 무 염　폐 구 무 온　총 시 파 농 광 경　신 여 고 목　심 사 사 회　불 면 타 재 완 공
寒燈無焰 敝裘無溫 總是播弄光景 身如槁木 心似死灰 不免墮在頑空

식어 가는 등불에 불꽃이 없고, 해진 옷에 온기가 없다는 것은 모두 자연 섭리를 농
락함이요, 몸이 고목과 같고 마음이 식은 재와 같음은 곧 적막 속에 떨어진 것이다.

15

인 긍 당 하 휴　변 당 하 료　약 요 심 개 헐 처　즉 혼 가 수 완　사 역 불 소
人肯當下休 便當下了 若要尋個歇處 則婚嫁雖完 事亦不少

승도수호 심역불료 전인운 여금휴거 변휴거 약멱료시 무료시 견지탁의
僧道雖好 心亦不了 前人云「如今休去 便休去 若覓了時 無了時」見之卓矣

그 자리에서 쉬고자 하면 곧 그 자리에서 쉬어라. 만약 따로 쉴 곳을 찾는다면 쉽

지 않다. 아들 장가들이고 딸 시집 보낸 뒤에도 일은 많은 법이고, 승려와 도사가

된 뒤에도 역시 도를 깨닫기가 쉽지 않다. 옛사람이 이르기를 '당장 쉬면 쉴 수 있

으나 만일 끝날 때를 찾는다면 끝날 때가 없으리라'고 했는데, 진실로 탁견이다.

16

종 냉 시 열 연 후 지 열 처 지 분 주 무 익 종 용 입 한 연 후 각 한 중 지 자 미 최 장
從冷視熱 然後知熱處之奔走無益 從冗入閒 然後覺閒中之滋味最長

냉정한 눈으로 열광했을 때를 바라본 뒤에라야 열광할 때의 분주함이 무익했음

을 알게 되고, 번잡함에서 한가함으로 돌아온 뒤에라야 한가한 가운데의 재미가

가장 길다는 것을 깨닫게 된다.

17

유 부 운 부 귀 지 풍 이 불 필 엄 서 혈 처 무 고 황 천 석 지 벽 이 상 자 취 주 탐 시
有浮雲富貴之風 而不必嚴棲穴處 無膏肓泉石之癖 而常自醉酒耽詩

부귀를 뜬구름으로 여기는 기풍이 있을지라도 반드시 산골 깊숙이 살지는 않으

며, 신수를 좋아하는 버릇은 없을지라도 늘 스스로 취하고 시를 읊는 취미가 있어

야 한다.

18

경 축 정 인 이 불 혐 진 취 염 담 적 기 이 불 과 독 성
競逐 聽人而不嫌盡醉 恬淡 適己而不誇獨醒
차 석 씨 소 위 불 위 법 전 불 위 공 전 신 심 양 자 재 자
此釋氏所謂 不爲法纏 不爲空纏 身心兩自在者

명리의 다툼질은 남들에게 모두 맡겨서 그들 모두가 취하더라도 미워하지 말고,

고요하고 담박함은 내가 즐거워하되 홀로 깨어 있음은 자랑하지 말아야 한다. 이

는 불교에서 이르는, 법法에도 매이지 않고 공空에도 매이지 않아 몸과 마음이 더

자유로운 사람이다.

318

19

연 촉 유 어 일 념 관 착 계 지 촌 심 고 기 한 자
延促由於一念 寬窄係之寸心 故機閑者
일 일 요 어 천 고 의 광 자 두 실 관 약 양 간
一日遙於千古 意廣者 斗室寬若兩間

길고 짧음은 한 생각에 말미암고, 넓고 좁음은 한 마음에 달려 있다. 그러므로 마음이 한가한 사람은 하루가 천 년보다 길고, 뜻이 넓은 사람은 한 칸의 방이 하늘과 땅 사이만큼 넓다.

20

손 지 우 손 재 화 종 죽 진 교 환 오 유 선 생
損之又損 栽花種竹 儘交還烏有先生
망 무 가 망 분 향 자 명 총 불 문 백 의 동 자
忘無可忘 焚香煮茗 總不問白衣童子

욕심을 덜고 덜어 꽃 가꾸고 대나무 심으니 무아의 경지에 있었다는 오유선생이 되어가고, 세상일 잊고 잊어 향 피우고 차 끓이니 도연명에게 술을 바쳤다는 백의동자는 되어 무엇하리.

21

도 래 안 전 사 지 족 자 선 경 부 지 족 자 범 경
都來眼前事 知足者仙境 不知足者凡境
총 출 세 상 인 선 용 자 생 기 불 선 용 자 살 기
總出世上因 善用者生機 不善用者殺機

눈앞의 모든 일을 만족하다고 여기면서 보면 그것이 곧 선경이요, 불만족스럽게 여기면서 보면 그것이 곧 속세이다. 세상에 나타나는 모든 원인을 잘 쓰면 살리는 계기가 되지만, 잘못 쓰면 죽이는 계기가 된다.

22

추 염 부 세 지 화 심 참 역 심 속 누 념 수 일 지 미 최 담 역 최 장
趨炎附勢之禍 甚慘亦甚速 樓恬守逸之味 最淡亦最長

권력을 좇고 세력에 아부하는 재앙은 참혹하고 아주 빠르며, 고요함에 살고 편안함을 지키는 맛은 가장 맑고 가장 오래간다.

23

송 간 변 휴 장 독 행 입 처 운 생 파 납 죽 창 하 침 서 고 와 각 시 월 침 한 전
松澗邊 携杖獨行 立處 雲生破衲 竹窓下 枕書高臥 覺時 月侵寒氈

소나무 시냇가에 지팡이 끌고 홀로 걷다 문득 서보니 흰 구름이 해진 누더기에서 일고, 대나무 창 아래 책을 높이 베고 누웠다가 문득 잠에서 깨어나니 밝은 달빛이 낡은 담요에 쏟아지는구나.

24

색 욕 화 치 이 일 념 급 병 시 변 흥 사 한 회 명 리 이 감 이 일 상 도 사 지
色慾火熾 而一念及病時 便興似寒灰 名利飴甘 而一想到死地
변 미 여 작 랍 고 인 상 우 사 려 병 역 가 소 환 업 이 장 도 심
便味如嚼蠟 故人常憂死慮病 亦可消幻業而長道心

색욕이 불길처럼 타오를지라도 한 생각이 병든 때에 미치면 문득 그 흥이 식은 재와 같아지고, 명리가 엿처럼 달지라도 한 생각이 죽은 처지에 이르게 되면 문득 그 맛이 밀랍을 씹는 것 같아진다. 그러므로 인간이 언제나 죽음을 생각하고 병을 근심한다면 가히 헛된 일을 버리고 마음을 기를 수 있다.

25

쟁 선 적 경 로 착 퇴 후 일 보 자 관 호 일 보
爭先的徑路窄 退後一步 自寬乎一步
농 염 적 자 미 단 청 담 일 분 자 유 장 일 분
濃艷的滋味短 清淡一分 自悠長一分

앞을 다투는 길은 좁으니 한 걸음 뒤로 물러서면 저절로 한 걸음 넓어지고, 짙고 고운 맛은 짧으니 한 푼만이라도 맑고 엷게 하면 저절로 한 푼만큼 길어질 것이다.

26

망 처 불 란 성 수 한 처 심 신 양 득 청 시 시 부 동 심 수 생 시 사 물 간 득 파
忙處不亂性 須閒處心神兩得清 死時不動心 須生時事物看得破

바쁠 때 자기 본성을 어지럽히지 않으려면 한가할 때에 심신을 맑게 길러야 하고, 죽을 때 미음이 흔들리지 않으려면 살아 있을 때 시물의 참모습을 간파해야 한다.

27

은 일 림 중　무 영 욕　도 의 노 상　무 염 랑
隱逸林中　無榮辱　道義路上　無炎凉

숨어 사는 사람에게는 영예와 욕됨이 없고, 도의에 따라 사는 사람에게는 더웠다
차가웠다 하는 인정의 변화가 없다.

28

열 불 필 제　이 제 차 열 뇌　신 상 재 청 량 대 상
熱不必除　而除此熱惱　身常在淸凉臺上
궁 불 가 견　이 견 차 궁 수　심 상 거 안 락 와 중
窮不可遣　而遣此窮愁　心常居安樂窩中

더위를 꼭 없앨 수는 없지만 덥다고 짜증내는 마음을 없애면 몸은 항시 서늘한 마
루에 있을 것이요, 가난은 꼭 쫓을 수는 없지만 가난을 근심하는 마음을 쫓으면
마음은 항상 안락한 집에 있을 것이다.

29

진 보 처　변 사 퇴 보　서 면 촉 번 지 화　저 수 시　선 도 방 수　재 탈 기 호 지 위
進步處　便思退步　庶免觸藩之禍　著手時　先圖放手　纔脫騎虎之危

한 걸음 나아갈 때에 곧 한 걸음 물러설 것을 생각해두면 뿔이 울타리에 걸리는
재난을 면할 것이요, 일을 시작할 때 먼저 손을 뗄 것을 도모해두면 비로소 호랑
이의 등에 올라타는 위험에서 벗어날 것이다.

30

탐 득 자 분 금　한 부 득 옥　봉 공　원 불 수 후　권 호 자 감 걸 개
貪得者分金　恨不得玉　封公　怨不受侯　權豪自甘乞丐
지 족 자 려 갱　지 어 고 량　포 포　난 어 호 학　편 민 불 양 왕 공
知足者黎羹　旨於膏粱　布袍　煖於狐貉　編民不讓王公

욕심이 많은 자는 금을 나누어주어도 옥을 얻지 못함을 한탄하고, 공작으로 봉해
주어도 제후가 되지 못함을 원망하며, 부귀하면서도 더 많은 부를 얻으려고 스스
로 거지 노릇도 달게 여긴다. 그러나 족함을 아는 자는 명아주국도 고깃국보다 맛
있게 여기고, 베 두루마기도 여우가죽 옷보다 따뜻하게 생각하니 이는 서민이면

서도 왕과 같다.

31

<ruby>矜名<rt>긍 명</rt></ruby> <ruby>不羞逃名趣<rt>불 수 도 명 취</rt></ruby> <ruby>練事<rt>연 사</rt></ruby> <ruby>何如省事閑<rt>하 여 생 사 한</rt></ruby>

이름을 자랑함은 이름을 숨기는 멋만 못하고, 일에 익숙함은 일을 덜어 한가로움
만 못하다.

32

<ruby>嗜寂者<rt>기 적 자</rt></ruby> <ruby>觀白雲幽石而通玄<rt>관 백 운 유 석 이 통 현</rt></ruby> <ruby>趨榮者<rt>추 영 자</rt></ruby> <ruby>見清歌妙舞而忘倦<rt>견 청 가 묘 무 이 망 권</rt></ruby>
<ruby>唯自得之士<rt>유 자 득 지 사</rt></ruby> <ruby>無喧寂<rt>무 훤 적</rt></ruby> <ruby>無榮枯<rt>무 영 고</rt></ruby> <ruby>無往非自適之天<rt>무 왕 비 자 적 지 천</rt></ruby>

적막함을 즐기는 사람은 흰 구름과 그윽한 돌을 보고 깊은 진리를 깨달으며, 영화
를 쫓는 사람은 맑은 노래와 묘한 춤을 보고 싫증을 안 내니, 오직 스스로 깨달은
선비라야 시끄러움과 고요함, 번창함과 쇠퇴에 상관없이 가는 곳마다 마음에 안
맞는 세상이 없을 것이다.

33

<ruby>孤雲出岫<rt>고 운 출 수</rt></ruby> <ruby>去留一無所係<rt>거 류 일 무 소 계</rt></ruby> <ruby>朗鏡懸空<rt>낭 경 현 공</rt></ruby> <ruby>靜躁兩不相干<rt>정 조 양 불 상 간</rt></ruby>

외로운 구름이 골짜기에서 피어나도 머무름이 거리낌이 없고, 밝은 달이 하늘에
걸려도 조용하고 시끄러움을 서로 상관치 않는다.

34

<ruby>悠長之趣<rt>유 장 지 취</rt></ruby> <ruby>不得於醲釅<rt>부 득 어 농 엄</rt></ruby> <ruby>而得於啜菽飲水<rt>이 득 어 철 숙 음 수</rt></ruby> <ruby>惆悵之懷<rt>추 창 지 회</rt></ruby>
<ruby>不生於枯寂<rt>불 생 어 고 적</rt></ruby> <ruby>而生於品竹調絲<rt>이 생 어 품 죽 조 사</rt></ruby> <ruby>固知濃處味常短<rt>고 지 농 처 미 상 단</rt></ruby> <ruby>淡中趣獨真也<rt>담 중 취 독 진 야</rt></ruby>

유장한 취미는 진하고 맛좋은 술에서 얻지 못하나 콩 씹고 물 마시는 데서 얻을
수 있다. 그리운 회포는 메마르고 적막한 데서 생기지 않으나 피리 소리 맞추고

거문고 줄을 고르는 데서 생기니, 진실로 짙은 맛은 늘 짧지만 덤덤한 맛은 홀로
참다움을 안다.

35

선종왈 기래끽반 권래면 시지왈 안전경치구두어
禪宗曰「饑來喫飯 倦來眠」詩旨曰「眼前景致口頭語」
개극고우어극평 지난출어지이 유의자반원 무심자자근야
蓋極高寓於極平 至難出於至易 有意者反遠 無心者自近也

선종禪宗에 이르기를 '배고프면 밥을 먹고 고단하면 잠을 잔다'고 했다. 또한 시지
에 이르기를 '눈앞의 경치를 평범하게 쓰던 말로 표현하라'고 했다. 대개 가장 높
은 것은 가장 평범한 것에 깃들어 있고, 지극히 어려운 것은 지극히 쉬운 데서 나
오는 법이니, 뜻을 갖는 이는 도리어 멀어지고, 마음을 두지 않는 이는 저절로 가
까워진다.

36

수류이경무성 득처훤견적지취 산고이운불애 오출유입무지기
水流而境無聲 得處喧見寂之趣 山高而雲不碍 悟出有入無之機

물은 흐르면서도 소리 없이 흐르니, 시끄러운 곳에 처해 있으면서도 정적을 보는
맛을 얻어야 할 것이다. 산이 높아도 구름은 거리끼지 않으니, 유에서 나와 무로
돌아가는 마음을 깨달은 것이다.

37

산림시승지 일영연 변성시조 서화시아사 일탐치
山林是勝地 一營戀 便成市朝 書畵是雅事 一貪痴
변성상고 개심무염저 욕계시선도 심유계연 낙경성고해의
便成商賈 蓋心無染著 欲界是仙都 心有係戀 樂境成苦海矣

산과 숲은 아름다운 곳이지만 한 번 현혹되어 집착하면 곧 시장 바닥이 되고, 글
과 그림은 청아한 것이지만 한번 탐내어 마비되면 장사꾼이 된다. 대개 마음에 물
든 것이 없으면 속세도 곧 선경仙境이고 마음에 붙잡히는 데가 있으면 선경도 곧
고해苦海가 된다.

38

시 당 훤 잡 즉 평 일 소 기 억 자 개 만 연 망 거 경 재 청 녕
時當喧雜 則平日所記憶者皆漫然忘去 境在清寧
즉 숙 석 소 유 망 자 우 황 이 현 전 가 견 정 조 초 분 혼 명 돈 이 야
則夙昔所遺忘者又怳爾現前 可見靜躁稍分 昏明頓異也

시끄럽고 번잡한 때를 당하면 평소에 기억하던 것도 멍하니 잊어버리고, 깨끗하고 편안한 곳에 있으면 옛날에 잊어버렸던 것도 뚜렷이 기억난다. 이것으로 고요함과 시끄러움이 조금만 갈려도 마음의 어둡고 밝음이 판이하게 달라지는 것을 알 수 있다.

39

노 화 피 하 와 설 면 운 보 전 득 일 와 야 기 죽 엽 배 중 음 풍 농 월 타 리 료 만 장 홍 진
蘆花被下 臥雪眠雲 保全得一窩夜氣 竹葉杯中 吟風弄月 躲離了萬丈紅塵

갈대꽃 이불을 덮고 흰 눈 위에 누워 구름을 보고 잠들면 한 칸 방의 청명한 기운을 다 누릴 수 있고, 술을 마시고 바람에 시를 읊조리며 달을 감상하면 온갖 속세의 일에서 떠날 수 있을 것이다.

40

곤 면 행 중 저 일 여 장 적 산 인 변 증 일 단 고 풍 어 초 로 상
袞冕行中 著一藜杖的山人 便增一段高風 漁樵路上
저 일 곤 의 적 조 사 전 첨 허 다 속 기 고 지 농 불 승 담 속 불 여 아 야
著一袞衣的朝士 轉添許多俗氣 固知濃不勝淡 俗不如雅也

높은 벼슬아치 일행 가운데 명아주 지팡이를 짚은 은사隱士가 섞여 있으면 문득 한결 고상한 풍취를 더하고, 고기잡이와 나무꾼이 다니는 길 위에 비단옷을 입은 고관이 섞여 있으면 문 듯 숱한 속기俗氣를 더한다. 이를 통해 진실로 짙은 것은 담박한 것만 못하고, 속된 것은 고상한 것만 못함을 알게 된다.

41

출 세 지 도 즉 재 섭 세 중 불 필 절 인 이 도 세 요 심 지 공 즉 재 진 심 내 불 필 절 욕 이 회 심
出世之道 即在涉世中 不必絶人以逃世 了心之功 即在盡心內 不必絶欲以灰心

속세를 벗어나는 길은 곧 세상을 건너는 가운데 있으니, 반드시 사람들을 끊고 세

상에서 도망쳐야 하는 것은 아니다. 마음을 깨닫는 공부는 곧 마음을 다하는 속에 있으니, 반드시 욕심을 끊어 마음을 식은 재처럼 해야 하는 것은 아니다.

42

차 신 상 방 재 한 처　영 욕 득 실　수 능 수 견 아?　차 심 상 안 재 정 중　시 비 리 해　수 능 만 매 아?
此身常放在閒處 榮辱得失 誰能羞遣我? 此心常安在靜中 是非利害 誰能瞞昧我?

몸을 항상 한가한 곳에 놓아두면 영욕이나 득실로 어느 누가 나를 부릴 것인가? 마음을 항상 고요함 속에 편히 있게 하면 시비나 이해로 어느 누가 나를 속일 것인가?

43

죽 리 하　홀 문 견 폐 계 명　황 사 운 중 세 계　운 창 중　아 청 선 음 아 조　방 지 정 리 건 곤
竹籬下 忽聞犬吠鷄鳴 恍似雲中世界 芸窓中 雅聽蟬吟鴉噪 方知靜裡乾坤

대나무 울타리 아래에서 홀연히 개 짖고 닭 우는 소리 들으면 황홀하여 구름 속에 있는 듯하고, 서재 안에서 매미 울고 까마귀 지저귀는 소리 들으면 바야흐로 고요한 별천지임을 알게 된다.

44

아 불 희 영　하 우 호 리 록 지 향 이　아 불 경 진　하 외 호 사 관 지 위 기
我不希榮 何憂乎利祿之香餌 我不就進 何畏乎仕官之危機

내가 부귀영화를 바라지 않는데 어찌 이록利祿의 미끼를 근심할 것이며, 내가 나아감을 다투지 않거늘 어찌 벼슬살이의 위태로움을 두려워하겠는가.

45

상 양 어 산 림 천 석 지 간　이 진 심 점 점 식　이 유 어 시 서 도 화 지 내
徜徉於山林泉石之間 而塵心漸息 夷猶於詩書圖畵之內
이 속 기 점 소　고 군 자 수 불 완 물 상 지　역 상 차 경 조 심
而俗氣潛消 故君子雖不玩物喪志, 亦常借境調心

산속 샘물가에서 거닐면 티끌 같은 마음이 점차 없어지고, 시서와 그림 속에서 노닐면 속된 기운이 저절로 사라진다. 그러므로 군자는 비록 사물에 빠져도 뜻은 잃지 않거니와 또한 항상 아름다운 경지를 빌려 마음을 바로잡아 나간다.

46

춘 일 기 상 번 화　영 인 심 신 태 탕　물 약 추 일 운 백 풍 청
春日氣象繁華 令人心神駘蕩 不若秋日雲白風淸
난 방 계 복　수 천 일 색　상 하 공 명　시 인 신 골 구 청 야
蘭芳桂馥 水天一色 上下空明 使人神骨俱淸也

봄날은 기상이 변화하여 사람으로 하여금 마음이 넓고 커지게 한다. 이것이 어찌
가을날 구름이 희고 바람이 맑으며, 난초가 아름답고 계수나무가 향기로우며, 물
과 하늘이 한 자지 빛이고, 천지에 달이 밝아 사람의 심신을 모두 맑게 하는 것과
같겠는가.

47

일 자 불 식　이 유 시 의 자　득 시 가 진 취　일 게 불 참　이 유 선 미 자　오 선 교 현 기
一字不識 而有詩意者 得詩家眞趣 一偈不參 而有禪味者 悟禪敎玄機

글자를 하나도 모를지라도 시를 아는 사람은 시인의 참 멋을 알 것이요, 참선을
한 번도 듣지 않았어도 선禪의 맛을 지닌 사람은 선의 깊은 진리를 깨닫는다.

48

기 동 적　궁 영 의 위 사 갈　침 석 시 위 복 호　차 중 혼 시 살 기
機動的 弓影疑爲蛇蝎 寢石視爲伏虎 此中渾是殺氣
염 식 적　석 호 가 작 해 구　와 성 가 당 고 취　촉 처 구 시 진 기
念息的 石虎可作海鷗 蛙聲可當鼓吹 觸處俱是眞機

마음이 흔들리면 활 그림자도 의심하여 뱀이라 하고, 쓰러진 바위도 호랑이로 보
이니 이런 가운데에서는 모두가 해치는 기운뿐이다. 마음이 가라앉으면 사나운 석
호石虎도 바다 갈매기로 길들일 수 있고, 개구리 울음소리도 음악처럼 들리니 이르
는 곳마다 참다운 것을 보게 될 것이다.

49

신 여 불 계 지 주　일 임 류 행 감 지　심 사 기 회 지 목　하 방 도 할 향 도
身如不繫之舟 一任流行坎止 心似旣灰之木 何妨刀割香塗

몸은 매어놓지 않은 배와 같아서 흘러가고 멈추는 데 맡겨둘 일이고, 마음은 이미
재가 된 나무와 같은 것이니 쪼개건 향을 칠하건 아랑곳하지 말 일이다.

50

인정 청앵제즉회 문와명즉염 견화즉사배지 우초즉욕거지
人情 聽鶯啼則喜 聞蛙鳴則厭 見花則思培之 遇草則欲去之
단시 이형기 약이성천시지 하자비자명기천기 비자창기생 의야?
但是以形氣 若以成天視之 何者非自鳴其天機 非自暢其生意也?

사람의 감정이란 꾀꼬리 우는 소리를 들으면 기뻐하고, 개구리 우는·소리를 들으면 싫어하며, 꽃을 보면 가꾸고 싶고, 풀을 보면 뽑아버리고 싶어 한다. 이는 다만 생김새와 그 성질만 가지고 사물을 구분하기 때문이다. 만약 본래의 바탕을 가지고 본다면 무엇이든 천기天機의 울림이 아닌 게 없고, 스스로 삶의 뜻을 펴지 않는 것이 없다.

51

발 락 치 소 임 환 형 지 조 사 조 음 화 소 식 자 성 지 진 여
髮落齒疎 任幻形之彫謝 鳥吟花笑 識自性之眞如

머리카락이 빠지고 이가 성글어지는 것은 거짓 형체의 변천에 맡기고, 새가 노래하고 꽃이 피거든 자연 본연의 변함없는 진리가 있음을 깨달아라.

52

욕 기 중 자 파 비 한 담 산 림 불 견 기 적 처 기 중 자 냉 생 혹 서 조 시 부 지 기 훤
欲其中者 波沸寒潭 山林不見其寂 處其中者 冷生酷暑朝市不知其喧

욕심이 가득 차면 깊은 못에서도 물결이 끓어 산림 속의 고요함을 보지 못하고, 마음이 텅 비면 무더위 속에서도 서늘함이 일어 시장의 한가운데 있어도 시끄러운 줄 모른다.

53

다 장 자 후 망 고 지 부 불 여 빈 지 무 려 고 보 자 질 전 고 지 귀 불 여 천 지 상 안
多藏者厚亡 故知富不如貧之無慮 高步者疾顚 故知貴不如賤之常安

많이 가진 자는 잃을 것 또한 많으므로 부자는 가난한 사람의 근심이 없는 것만 못하다. 거들먹거리고 다니는 사람은 넘어지기도 쉬우므로 귀하다는 것은 천한 사람이 항상 편안한 것보다 못하다.

54

독 역 효 창 단 사 연 송 간 지 로 담 경 오 안 보 경 선 죽 하 지 풍
讀易曉窓 丹砂研松間之露 談經午案 寶磬宣竹下之風

새벽 창가에서 《주역》을 읽다가 소나무 숲의 이슬로 주묵을 갈며, 한낮에 책상에서
불경을 논하다 대나무 숲에서 불어오는 바람에 경쇠작은 방울 소리를 실려 보낸다.

55

화 거 분 내 종 핍 생 기 조 입 롱 중 변 멸 천 취
花居盆內 終乏生機 鳥入籠中 便滅天趣

불 약 산 간 화 조 착 집 성 문 고 상 자 약 자 시 유 연 회 심
不若山間花鳥 錯集成文 翺翔自若 自是悠然會心

꽃은 화분 속에 있으면 마침내 생기가 없어지고, 새는 새장 안에 있으면 문득 자
연의 맛이 줄어든다. 그러니 이것이 어찌 산속의 꽃이나 새가 한데 어울려 색색의
무늬를 이루며 마음껏 즐거워하는 것과 같을 수 있겠는가.

56

세 인 지 연 인 득 아 자 태 진 고 다 종 종 기 호 종 종 번 뇌
世人只緣認得我字太眞 故多種種嗜好 種種煩惱

전 인 운 불 부 지 유 아 하 지 물 위 귀?
前人云「不復知有我 何知物爲貴?」

우 운 지 신 불 시 아 번 뇌 갱 하 침? 진 파 적 지 언 야
又云「知身不是我 煩惱更何侵?」眞破的之言也

세상 사람은 다만 '나' 라는 글자만을 참된 것으로 안다. 그러므로 갖가지 기호嗜好
와 번뇌가 생겨난다. 옛사람이 말하기를 "내가 있음도 알지 못하면서 어찌 사물의
귀함을 알겠는가"라고 했다. 또한 "이 몸이 내가 아님을 안다면 어찌 번뇌가 다시
침범하겠는가?"라고 했으니, 참으로 적당한 말이다.

57

자 로 시 소 가 이 소 분 치 각 축 지 심 자 췌 시 영 가 이 절 분 화 미 려 지 념
自老視少 可以消奔馳角逐之心 自瘁視榮 可以絶紛華靡麗之念

늙은 눈으로 젊음을 보면 바쁘게 달리고 서로 다투는 마음을 없앨 수 있고, 쇠퇴
한 처지에서 영화로움을 보면 사치하고 화려한 생각을 끊을 수 있다.

58

인 정 세 태 숙 홀 만 단 불 의 인 득 태 진
人情世態 倏忽萬端 不宜認得太眞

요 부 운 「석 일 소 운 아 이 금 각 시 이 부 지 금 일 아 우 속 후 래 수
堯夫云「昔日所云我 而今却是伊 不知今日我 又屬後來誰」

인 당 작 시 관 변 가 해 각 흉 중 견 의
人常作是觀 便可解却胸中罥矣

인정과 세태는 갑자기 만 가지로 변하는 법이니 너무 참된 것으로 알지 말아야 한다.

송나라 유학자 소강절 선생이 말하기를 "어제의 내 것이 오늘은 문득 남의 것이 되

었으니, 오늘의 내 것이 내일은 또 누구의 것이 될 것인가?"라고 했으니, 사람이 항상

이런 마음으로 세상을 본다면 능히 가슴속에 얽매인 것들을 풀 수가 있을 것이다.

59

열 료 중 저 일 냉 안 변 생 허 다 고 심 사 냉 락 처 존 일 열 심 변 득 허 다 진 취 미
熱鬧中 著一冷眼 便省許多苦心事 冷落處 存一熱心 便得許多眞趣味

일 많아 번잡하고 시끄러운 때도 한 번 냉정한 눈으로 보면 문득 괴로운 생각을 덜

게 되고, 역경에 처했을 때도 한 번 뜨거운 마음을 지니면 문득 참 취미를 얻게 된다.

60

유 일 락 경 계 취 유 일 불 락 적 상 대 등 유 일 호 광 경 취 유 일 불
有一樂境界 就有一不樂的相對待 有一好光景 就有一不好

호 적 상 승 제 지 시 심 상 가 반 소 위 풍 광 재 시 개 안 락 적 와 소
的相乘除 只是尋常家飯 素位風光 纔是個安乐的窩巢

한 가지 즐거운 경지가 있으면 다른 한 가지 즐겁지 않은 경지가 있어 서로 대립

되고, 하나의 좋은 풍경이 있으면 다른 하나의 좋지 못한 풍경이 있어 서로 엇갈

리는 법이다. 오직 늘 먹는 밥과 지위 없는 경치야말로 안락한 것이다.

61

염 롱 고 창 간 청 산 녹 수 탄 토 운 연 식 건 곤 지 자 재
簾櫳高敞 看青山綠水呑吐雲煙 識乾坤之自在

죽 수 부 소 임 유 연 명 구 송 영 시 서 지 물 아 지 양 망
竹樹扶疎 任乳燕鳴鳩送迎時序 知物我之兩忘

발 높이 걸고 창문 활짝 열어 청산과 녹수綠水가 구름과 안개를 삼키고 토해냄을

보면 천지의 자유자재함을 알게 되고, 대나무와 나무 우거진 곳에서 새끼 친 제비
와 우는 비둘기가 계절을 맞고 보내는데 그런 곳에 몸을 맡기면 물아物我를 모두
잊음을 알게 된다.

62

지 성 지 필 패 즉 구 성 지 심 불 필 태 견 지 생 지 필 사 즉 보 생 지 도 불 필 과 영
知成之必敗 則求成之心 不必太堅 知生之必死 則保生之道 不必過勞

이룬 것이 반드시 무너짐을 안다면, 성취하기를 구하는 마음이 지나치게 강하지
않을 것이요, 삶이 반드시 죽는 것임을 안다면 삶을 보전하는 것에 지나치게 애태
우지 않을 것이다.

63

고 덕 운 죽 영 소 계 진 부 동 월 륜 천 소 수 무 흔
古德云「竹影掃階塵不動 月輪穿沼水無痕」
오 유 운 수 류 임 급 경 상 정 화 락 수 빈 의 자 한
吾儒云「水流任急 境常靜 花落雖頻 意自閒」
인 상 지 차 의 이 응 사 접 물 신 심 하 등 자 재 ?
人常持此意 以應事接物 身心何等自在?

옛날 고송이 이르기를 '대나무 그림자가 뜰을 쓸되 티끌은 움직이지 않고, 달 그
림자가 연못을 뚫되 물에는 흔적이 없다'고 하였다. 또 우리 유학자가 말하기를
'물의 흐름이 아무리 급해도 그 둘레는 언제나 고요하고, 꽃의 떨어짐은 비록 잦
지만 마음은 스스로 한가하다'고 하였다. 사람이 항상 이런 뜻을 가지고 일에 임
하고 물건에 접한다면 몸과 마음이 얼마나 자유롭겠는가?

64

임 간 송 운 석 상 천 성 정 리 청 래 식 천 지 자 연 명 패
林間松韻 石上泉聲 靜裡聽來 識天地自然鳴佩
초 제 연 광 수 심 운 영 한 중 관 거 견 건 곤 최 상 문 장
草際烟光 水心雲影 閒中觀去 見乾坤最上文章

숲 사이 솔바람 소리와 바위에 흐르는 샘물 소리를 고요히 들으면 천지자연의 음
악임을 알 수 있고, 수풀 사이의 안개 빛과 물속의 구름 그림자를 한가로운 가운

데 보면 이 세상 최고의 문장임을 알게 된다.

65

안 간 서 진 지 형 진　유 긍 빙 백 인　신 속 북 망 지 호 토　상 석 황 금
眼看西晉之荊榛 猶矜白刃 身屬北邙之狐兔 尚惜黃金

어 운　맹 수 이 복　인 심 난 항　계 학 이 만　인 심 난 만　신 재
語云「猛獸易伏 人心難降 谿壑易滿 人心難滿」信哉!

눈으로 서진西晉의 가시밭을 보면서도 오히려 칼날을 뽐내고, 몸이 북망산의 여우
와 토끼에게 맡겨져 있건만 오히려 황금을 아까워한다. 옛말에 이르기를 '사나운
짐승은 굴복 받기 쉬워도 사람의 마음은 항복 받기 어렵고, 골짜기는 채우기 쉬워
도 사람의 마음은 채우기 어렵다'고 하였는데, 참으로 믿을 만한 말이다.

66

심 지 상　무 풍 도　수 재 개 청 산 녹 수　성 천 중　유 화 육　촉 처 견 어 약 연 비
心地上 無風濤 隨在皆靑山綠水 性天中 有化育 觸處見魚躍鳶飛

마음속에 바람과 물결이 없으면 이르는 곳마다 모두 푸른 산 푸른 물이요, 천성
가운데 만물을 포용하는 기운이 있으면 이르는 곳마다 물고기가 뛰놀고 솔개가
나는 것을 볼 것이다.

67

아 관 대 대 지 사　일 단 도 경 기 소 립　표 표 연 일 야　미 필 주 동 기 자 차
峨冠大帶之士 一旦睹輕蓑小笠 飄飄然逸也 未必不動其咨嗟

장 연 광 석 지 호　일 단 우 소 렴 정 궤　유 유 언 정 야　미 필 부 중 기 권 연
長筵廣席之豪 一旦遇疏簾淨几 悠悠焉靜也 未必不增其綣戀

인 내 하 구 이 화 우　유 이 풍 마　이 불 사 자 적 기 성 재?
人奈何驅以火牛 誘以風馬 而不思自適其性哉?

고관대작도 어느 날 도롱이를 쓰고 한가하게 일하는 농부와 어부를 보면, 문득 부
러워서 탄식하지 않을 수 없을 것이며, 백만장자도 발을 드리운 채 책상에 앉아
고요히 책을 읽는 선비를 보면 못내 그리워하지 않을 수 없을 것이다. 그런데 세상
사람들은 어찌하여 성난 소처럼 쫓아 들어가서 빼앗기를 좋아하고, 권력 있는 자
에게는 암내 난 말처럼 달라붙어 아부하여 명리만 취하여 하는가, 어찌 자기 본성

331

에 유유자적함을 생각하지 않는가?

68

어 득 수 서 이 상 망 호 수 조 승 풍 비
魚得水逝 以相忘乎水 鳥乘風飛
이 부 지 유 풍 식 차 가 이 초 물 루 가 이 락 천 기
而不知有風 識此 可以超物累 可以樂天機

물고기는 물속에서 헤엄을 치지만 물을 잊어버리고, 새는 바람을 타고 날아다니지
만 바람이 있음을 알지 못한다. 이 이치를 알면 가히 물질에 얽매이는 것에서 벗어
날 수 있고 하늘의 오묘한 작용을 즐길 수 있다.

69

호 면 패 체 토 주 황 대 진 시 당 년 가 무 지 지 노 냉 황 화 연 미 쇠 초
狐眠敗砌 兎走荒臺 盡是當年歌舞之地 露冷黃花 烟迷衰草
실 속 구 시 쟁 전 지 장 성 쇠 하 상? 강 약 안 재? 염 차 영 인 심 회
悉屬舊時爭戰之場 盛衰何常? 强弱安在? 念此 令人心灰

여우는 무너진 섬돌에 잠들고 토끼는 서질어진 궁궐터를 달리니, 이는 다 당시 노
래하고 춤추던 곳이요, 이슬은 국화에 싸늘하고 안개는 마른 풀에 감도니, 이는
다 옛날의 싸움터이다. 성함과 쇠함이 어찌 항상 같을 것이며, 강함과 약함이 어
디 있겠는가? 이를 생각하면 사람 마음은 재처럼 싸늘하게 식는다.

70

총 욕 불 경 한 간 정 전 화 개 화 락 거 류 무 의 만 수 천 외 운 권 운 서 청 공 낭 월
寵辱不驚 閑看庭前花開花落 去留無意 漫隨天外雲卷雲舒 晴空朗月
하 천 불 가 고 상 이 비 아 독 투 야 촉? 청 천 녹 훼 하 물 불 가 음 탁 이 치 악 편 기 부 서?
何天不可翶翔而飛蛾獨投夜燭? 淸泉綠卉 何物不可飮啄而鴟鴉偏嗜腐鼠?
희! 세 지 불 위 비 아 치 악 자 기 하 인 재?
噫! 世之不爲飛蛾者幾何人哉?

영화와 욕됨에 놀라지 않고, 한가롭게 뜰 앞의 꽃 피고 꽃 지는 것을 바라보며, 가
고 머무는 것에 뜻을 두지 않으니, 무심히 하늘 밖에서 구름이 일고 걷힘에 따르
게 되는구나. 하늘은 맑고 달은 밝으니 어느 하늘인들 날지 못하겠는가만 부나비
는 홀로 밤 촛불에 몸을 던지고, 샘물 맑고 풀이 푸르니 어느 것인들 먹지 못하겠

는가만 올빼미는 굳이 썩은 쥐를 즐겨 먹는구나. 아, 세상에 부나비와 올빼미 아닌 사람이 그 몇 명이나 되겠는가?

71

纔就筏 便思舍筏 方是無事道人 若騎驢 又復覓驢 終爲不了禪師

뗏목에 타자마자 곧 뗏목을 버릴 것을 생각한다면 이는 할 일 없는 도인이지만, 만약 나귀를 타고 또 나귀를 찾는다면 끝내 깨닫지 못하는 선사禪師이다.

72

權貴龍驤 英雄虎戰 以冷眼視之 如蟻聚羶 如蠅競血
是非蜂起 得失蝟興 以冷情當之 如冶化金 如湯消雪

권세 있고 부귀한 사람들은 용처럼 다투고, 영웅과 호걸들은 호랑이처럼 싸우는데, 냉정한 눈으로 바라보면 마치 개미떼가 비린내 나는 고깃덩어리에 모여드는 것과 같고, 파리떼가 다투어 피를 빠는 것과 같다. 시비의 다툼이 벌레처럼 일어나고 이해득실의 싸움이 고슴도치의 바늘처럼 일어서는데, 냉정한 마음으로 대해보면 마치 도가니 속에서 쇠를 녹이고 끓는 물이 눈을 녹이는 것과 같다.

73

霸銷於物欲 覺吾生之可哀 夷猶於性眞 覺吾生之可樂
知其可哀 則塵情立破 知其可樂 則聖境自臻

물욕에 얽매이면 우리 삶이 슬프다는 것을 깨달을 것이고, 천성에 따라 유유자적하게 선을 행하며 살면 삶이 즐겁다는 것이 깨달을 것이다. 그러므로 물욕의 슬픔을 알면 속세의 욕심이 사라지고, 선행의 즐거움을 알면 저절로 성인聖人의 경지에 이르게 된다.

74

흉 중 기 무 반 점 물 욕   이 여 설 소 려 염   빙 소 일
胸中 旣無半點物欲 已如雪消爐焰 氷消日
안 전 자 유 일 단 공 명   시 견 월 재 청 천   영 재 파
眼前 自有一段空明 始見月在青天 影在波

마음속에 자그마한 물욕도 없다면 화롯불에 눈이 녹듯, 햇살에 얼음이 녹듯 스러
질 것이다. 눈앞에 한 조각 밝은 마음이 있으면 언제나 달이 푸른 하늘에 있고 그
그림자가 물결 속에 있는 것을 볼 것이다.

75

시 사 재 파 릉 교 상   미 음 취   임 수 변 이 호 연
詩思在灞陵橋上 微吟就 林岫便已浩然
야 흥 재 경 호 곡 변   독 왕 시   산 천 자 상 영 발
野興在鏡湖曲邊 獨往時 山川自相映發

시상詩想은 자연 속에 묻혀 있는 패능교 다리 위에 있으니 작은 소리로 읊조리면
숲과 골짜기가 문득 호연해지고, 맑은 흥취는 고요한 경호 호숫가에 있으니 혼자
서 거닐면 산과 내가 스스로 서로 비친다.

76

복 구 자   비 필 고   개 선 자   사 독 조   지 차   가 이 면 종 등 지 우   가 이 소 조 급 지 념
伏久者 飛必高 開先者 謝獨早 知此 可以免蹭蹬之憂 可以消躁急之念

오래 엎드려 있던 새는 반드시 높게 날고 먼저 핀 꽃은 홀로 일찍 떨어진다. 사람
도 이런 이치를 알면 가히 발을 헛디딜 근심을 면할 수 있고, 가히 초조한 생각을
없앨 수 있다.

77

수 목 지 귀 근   이 후 지 화 악 지 엽 지 도 영   인 사 지 개 관   이 후 지 자 녀 옥 백 지 무 익
樹木至歸根 而後知花蕚枝葉之徒榮 人事至蓋棺 而後知子女玉帛之無益

나무는 뿌리로 돌아간 뒤에야 꽃과 가지와 잎의 헛된 영화를 알게 되고, 사람은
관 뚜껑을 덮은 다음에야 자손과 재물이 쓸데없다는 것을 알게 된다.

78

진공 불공 집상비진 파상역비진 문세존 여하발부?
眞空 不空 執相非眞 破相亦非眞 問世尊 如何發付?
재세 출세 순욕시고 절욕역시고 청오제선자수지
「在世 出世 徇欲是苦 絶欲亦是苦」 聽吾儕善自修持

참된 공空은 공이 아니고, 형상에 집착하는 것은 진리가 아니며, 형상을 피하는 것
또한 진리가 아니다. 묻느니 세존世尊은 뭐라고 말씀하셨던가? '세상에 있으면서
세상을 벗어나라. 욕망을 따르는 것도 괴로움이요, 욕망이 끊는 것도 괴로움이
라.' 우리는 스스로 마음을 잘 닦고 몸을 바르게 가져야 한다.

79

열사양천승 탐부쟁일문 인품성연야 이호명불수호리
烈士讓千乘 貪夫爭一文 人品星淵也 而好名不殊好利
천자영국가 걸인호용손 위분소양야 이초사하이초성
天子營國家 乞人號饔飱 位分霄壤也 而焦思何異焦聲?

의로운 선비는 천승千乘의 나라도 사양하고, 탐욕스런 사람은 한 푼의 돈도 다투
니, 그 인품은 하늘과 땅 차이지만 명예를 좋아함과 이익을 좋아함에는 다를 바가
없는 것이다. 천자는 나라를 다스리고, 거지는 조석의 끼니를 구걸하니, 그 신분
은 하늘과 땅 차이지만 애타게 생각하는 것은 다를 바가 없다.

80

포암세미 일임복우번운 총용개안 회진인정 수교호우환마 지시점두
飽諳世味 一任覆雨翻雲 總慵開眼 會盡人情 隨教呼牛喚馬 只是點頭

세상의 맛을 다 알게 되면 손바닥을 엎고 뒤집어 비를 만들거나 구름을 만들거나 상
관하지 않고 그대로 맡겨둔 채 눈뜨기조차 귀찮아한다. 사람이 마음을 온전히 깨달
으면 소라고 부르거나 말이라 부르거나 그대로 두고 다만 머리를 끄덕일 뿐 이다.

81

금인전구무념 이종불가무 지시전념불체
今人專求無念 而終不可無 只是前念不滯
후념불영 단장현재적수연 타발득거 자연점점입무
後念不迎 但將現在的隨緣 打發得去 自然漸漸入無

지금 사람들은 오로지 생각을 없애려고 애를 쓰나 결국 없애지 못한다. 그러니 앞의 생각을 마음에 두지 말고, 뒤의 일을 섣불리 추측하지 말며, 단지 현재의 일을 충실하게 처리해 나가면 차츰 무념無念의 경지로 들어가게 된다.

82

의 소 우 회　변 성 가 경　물 출 천 연　재 견 진 기　약 가 일 분 조 정 포 치
意所偶會 便成佳境 物出天然 纔見眞機 若加一分調停布置
취 미 변 감 의　백 씨 운　의 수 무 사 적　풍 축 자 연 청　유 미 재! 기 언 지 야!
趣味便減矣 白氏云「意隨無事適 風逐自然清」有味哉! 其言之也!

우연히 자기 뜻에 맞는 곳은 아름답게 느껴진다. 모든 자연은 천연 그대로의 것이라야 비로소 참맛을 보게 된다. 만약 조금이라도 고쳐서 늘어놓으면 그 맛이 문득 줄어든다. 당나라 시인 백낙천이 말하기를 '마음은 일이 없을 때 유유자적 하고, 바람은 저절로 불 때 맑다'라고 했으니, 의미가 있구나! 이 말이여!

83

성 천 징 철　즉 기 식 갈 음　무 비 강 제 신 심
性天澄徹 卽饑喰渴飮 無非康濟身心
심 지 침 미　종 담 선 연 게　총 시 파 롱 정 혼
心地沈迷 縱談禪演偈 總是播弄精魂

천성이 맑으면 기갈을 면할 정도만으로 심신을 건강하게 할 수 있지만, 가장 중요한 심지가 혼미하여 걷잡을 수 없이 흔들리면 비록 선을 이야기하고 부처님의 진리를 풀이한다 해도 이는 모두가 정신을 희롱하는 일일 따름이다.

84

인 심 유 개 진 경　비 사 비 죽 이 자 념 유　불 연 불 명 이 자 청 분
人心有個眞景 非絲非竹而自恬愉 不烟不茗而自清芬
수 념 정 경 공　여 망 형 석　재 득 이 유 연 기 중
須念淨境空 慮忘形釋 纔得以游衍其中

사람의 마음에는 하나의 참경지가 있어 거문고와 피리가 아니더라도 저절로 편안하고 즐거워질 수 있으며, 향 사르고 차를 마시지 않더라도 저절로 맑고 향기로워질 수가 있다. 모름지기 생각을 깨끗이 하고, 보고 듣는 것을 끊어 잡념을 버린 채

형체까지도 잊을 정도의 무아경無我境이 되어야 비로소 그 경지에서 노닐 수 있다.

85

금 자 광 출 옥 종 석 생 비 환 무 이 구 진 도 득 주 중 선 우 화 리 수 아 불 능 리 속
金自鑛出 玉從石生 非幻 無以求眞 道得酒中 仙遇花裡 雖雅 不能離俗

금은 광석에서 나오고 옥은 돌에서 생기니 환상이 아니면 참다운 실상을 구할 수
가 없다. 술 가운데서 도를 얻고 꽃 속에서 신선을 만났다고 하는 것은 비록 풍아
風雅한 듯하지만 완전히 속세에서 벗어난 것은 아니다.

86

천 지 중 만 물 인 륜 중 만 정 세 계 중 만 사 이 속 안 관
天地中萬物 人倫中萬情 世界中萬事 以俗眼觀
분 분 각 이 이 도 안 관 종 종 시 상 하 번 분 별? 하 용 취 사?
紛紛各異 以道眼觀 種種是常 何煩分別? 何用取捨?

천지 가운데 물과 인륜 가운데 만정萬情, 그리고 세계 속의 만사를 속된 안목으로
본다면 하나하나가 각각 다르지만, 깨달은 안목으로 본다면 그 여러 가지가 모두
같으니, 어찌 번거롭게 분별을 하고 취사선택을 할 필요가 있겠는가?

87

신 감 포 피 와 중 득 천 지 충 화 지 기 미 족 여 갱 반 후 식 인 생 담 박 지 진
神酣 布被窩中 得天地冲和之氣 味足 藜羹飯後 識人生澹泊之眞

정신이 왕성하면 베 이불을 덮고 작은 방 안에 누워도 천지의 화평한 기운을 깨닫
게 되고, 입맛이 좋으면 명아주국에 밥을 먹어도 인생의 참맛을 알게 된다.

88

전 탈 지 재 자 심 심 료 즉 도 사 조 점 거 연 정 사 불 연 종 일 금 일 학 일 화 일 훼
纏脫只在自心 心了則屠肆糟店 居然淨士 不然 縱一琴一鶴 一花一卉
기 호 수 청 마 장 종 재 어 운 능 휴 진 경 위 진 경 미 료 승 가 시 속 가 신 부
嗜好雖淸 魔障終在 語云「能休 塵境爲眞境 未了 僧家是俗家」信夫

얽매임과 벗어남은 오직 자기 마음에 달려 있는 것이니 마음에 깨달음이 있으면
푸줏간과 주막도 극락정토요, 그렇지 못하면 비록 거문고와 학을 벗 삼고 꽃과 풀

을 가꾸어 그 즐거움이 맑을지라도 끝내 악마의 방해는 있을 것이다. 옛말에 이르기를 '버릴 줄 알면 티끌세상도 선경이 되고 깨달음을 얻지 못하면 절에 있어도 곧 속세이다'라고 했으니, 실로 명언이다.

89

두실중 만려도연 설심화동비운 주렴권우
斗室中 萬慮都捐 說甚畵棟飛雲 珠簾捲雨
삼배후 일진자득 유지소금횡월 단적음풍
三杯後 一眞自得 唯知素琴橫月 短笛吟風

좁은 방 안일지라도 모든 시름 다 버린다면, 어찌 호화스런 생활을 탐내어 말할 수 있겠는가. 서너 잔 술을 마신 후에 모든 진리를 깨닫는다면, 허름한 거문고를 달 아래서 비껴 뜯고 피리를 불어 청풍에 실려보내는 것으로도 족하지 않겠는가.

90

만뢰적료중 홀문일조농성 변환기허다유취 만훼최박후
萬籟寂寥中 忽聞一鳥弄聲 便喚起許多幽趣 萬卉摧剝後
홀견일지탁수 변촉동무한생기 가견성천미상고고 기신최의촉발
忽見一枝擢秀 便觸動無限生機 可見性天未常枯槁 機神最宜觸發

모든 소리가 고요해진 가운데 홀연히 한 마리 새 소리를 들으면 문득 그윽한 취미를 불러일으키고, 모든 초목이 시들어진 다음에 한 가지 빼어난 꽃을 보면 모든 무한한 삶의 기운이 움직임을 알게 된다. 이로써 사람의 본성은 항상 메마르지 않고, 기동하는 정신은 사물과 접하게 되면 가장 잘 나타나게 됨을 알 수 있다.

91

백씨운 불여방신심 명연임천조 조씨운 불여수신심 응연귀적정 방자
白氏云「不如放身心 冥然任天造」晁氏云「不如收身心 凝然歸寂定」放者
유위창광 수자 입어고적 유선조신심적 파병재수 수방자여
流爲猖狂 收者 入於枯寂 唯善操身心的 把柄在手 收放自如

당나라 시인 백낙천은 '몸과 마음을 놓아버려 눈을 감고, 자연이 되어가는 대로 맡김이 상책이다'라 하였다. 이와는 반대로 송나라 시인 조보지는 '몸과 마음을 거둬들여 단속을 하고 일체의 잡념을 버리고 선禪의 극치에 들어감이 상책이다'

라고 했다. 이 둘의 말은 극단적인데, 전자의 말대로 마음을 놓아버리면 미치광이가 되고, 후자의 말대로 마음을 엄히 단속하면 생기가 없어질 것이다. 그러므로 몸과 마음의 잣대를 꽉 잡고 놓아도 될 때는 놓고 조여야 할 때는 조이면서 중용의 도를 취하면 모든 것을 원만하게 이끌어갈 수가 있다.

92

당 설 야 월 천　심 경 변 이 징 철　우 춘 풍 화 기
當雪夜月天 心境便爾澄徹 遇春風和氣

의 계 역 자 충 융　조 화 인 심　혼 합 무 간
意界亦自冲融 造化人心 混合無間

눈이 내린 뒤 달 밝은 밤을 맞이하면 심경이 밝아지고, 봄바람의 화창한 기운을 만나면 마음 또한 절로 부드러워지니 자연과 사람은 흔연히 융합되어 조금의 틈도 없다.

93

이 졸 진　도 이 졸 성　일 졸 자　유 무 한 의 미　여 조 원 견 폐　상 간 계 명　하 등 순 방
以拙進 道以拙成 一拙字 有無限意味 如桃源犬吠 桑間鷄鳴 何等淳厖?

지 어 한 담 지 월　고 목 지 아　공 교 중　변 각 유 쇠 삽 기 상 의
至於寒潭之月 古木之鴉 工巧中 便覺有衰颯氣象矣

글은 졸拙함으로써 발전하고, 도는 졸함으로써 이루어지니, 이 졸拙 자 한 자에 무한한 뜻이 있는 것이다. 이를테면 '복사꽃 핀 마을에서 개가 짖고 뽕나무 밭 사이에서 닭이 운다'는 글은 얼마나 순박한가. 그러나 '차가운 연못에 달이 비추고 고목에서는 까마귀 운다'라는 글은 교묘하게 짓기는 했으나, 그 속에서 문득 쓸쓸하고 처량한 기상을 느끼게 된다.

94

이 아 전 물 자　득 고 불 희　실 역 불 우　대 지 진 속 소 요
以我轉物者 得固不喜 失亦不憂 大地盡屬逍遙

이 물 역 아 자　이 물 역 아 자　순 역 생 애　일 모 변 생 전 박
以物役我者 逆固生憎 順亦生愛 一毛便生纏縛

자신이 만물의 주인공이 되어 만물을 자기 뜻대로 쓸 줄 아는 사람은 명리를 얻었

다고 해서 기뻐하지 않고, 잃었다 해서 근심하지 않는다. 이처럼 유연하게 세상을 산다면 온천지가 다 그의 것이 된다. 그러나 만물의 지배를 받는 사람은 물건의 노예가 되기 때문에 고난과 역경을 싫어하고, 또한 순경順境을 아끼니 털끝만 한 일에도 금방 얽매이게 된다.

95

理寂則事寂 遺事執理者 似去影留形
心空則境空 去境存心者 如聚羶却蚋

도리道理가 비어 쓸쓸하면 일도 비어 쓸쓸한 법인데, 일을 버리고 도리만 잡으려는 것은 마치 그림자는 버리고 형체만을 남게 하려는 것과 같다. 마음이 비면 환경도 비는 법인데, 환경은 버리고 마음만 지니려는 것은 마치 비린내 나는 고깃덩어리를 모아놓고 쇠파리를 쫓으려는 것과 같다.

96

幽人淸事 緫在自適 故酒以不勸爲歡 棋以不爭爲勝 笛以無腔爲適
琴以無絃爲高 會以不期約爲振率 客以不迎送爲坦夷 若一牽文泥跡
便落塵世苦海矣

은둔자의 맑은 흥취는 모두가 유유자적하는 데에 있다. 그러므로 술은 권하지 않는 것으로 즐거움을 삼고, 바둑은 승패를 다투지 않는 것으로 참된 승부를 삼으며, 구멍 없는 피리와 줄 없는 거문고로써 어떤 음악에도 구애되지 않는 것을 고상하게 여기고, 만남은 기약하지 않는 것을 참됨으로 삼으며, 손님은 마중과 배웅하지 않는 것이 서로 스스럼이 없다고 여긴다. 만약 한번 겉치레에 이끌리고 형식에 얽매인다면, 곧 속세의 고해苦海로 떨어질 것이다.

97

시 사 미 생 지 전 유 하 상 모 우 사 기 사 지 후 작 하 경 색
試思未生之前 有何象貌 又思旣死之後 作何景色
즉 만 념 회 랭 일 성 적 연 자 가 초 물 외 유 상 선
則萬念灰冷 一性寂然 自可超物 外遊象先

시험 삼아 이 몸이 생겨나기 전에 어떤 모습이었을까를 생각해보고, 또 죽은 후에
어떻게 될지를 생각한다면 곧 일만 가지 허욕과 근심이 다 사라져서 식은 재와 같
아지고, 본성만이 고요히 남아 속세의 얽매임에서 벗어나 천지 만물이 창조되기
이전의 세계에서 노닐 수 있을 것이다.

우 병 이 후 사 강 지 위 보 처 란 이 후 사 평 지 위 복 비 조 지 야
遇病而後思强之爲寶 處亂而後思平之爲福 非蚤智也
행 복 이 선 지 기 위 화 지 본 탐 생 이 선 지 기 위 사 지 인 기 탁 견 호!
倖福而先知其爲禍之本 貪生而先知其爲死之因 其卓見乎!

병이 든 후에 건강이 보배인 줄 알고, 어려움에 처해서야 평화가 복인 줄 안다. 이
는 일찍 아는 것이 아니다. 복을 바라는 것이 재앙의 근본이 된다는 사실을 알고,
살기를 탐내는 것이 죽음의 원인이 된다는 것을 아는 것이 탁견卓見이다.

99

우 인 부 분 조 주 효 연 추 어 호 단 아 이 가 잔 장 파 연 추 하 존?
優人傅粉調味 效妍醜於豪端 俄而歌殘場罷 妍醜何存?
혁 자 쟁 선 경 후 교 자 웅 어 저 자 아 이 국 진 자 수 자 웅 안 재?
奕者爭先競後 較雌雄於著子 俄而局盡子收 雌雄安在?

배우는 분을 바르고 연지를 찍어 붓끝으로 고움과 미움을 이루지만, 이윽고 노래
가 끝나고 막이 내리면 곱고 미움이 어디 있겠는가? 바둑 두는 기사는 앞뒤를 다
투어 바둑돌로 승패를 겨루지만, 이윽고 판이 끝나고 돌을 거두면 이기고 지는 것
이 어디 있겠는가?

풍 화 지 소 쇄 설 월 지 공 청 유 정 자 위 지 주
風花之瀟洒 雪月之空清 唯靜者爲之主

수 목 지 영 고 죽 석 지 소 장 독 한 자 조 기 권
水木之榮枯 竹石之消長 獨閑者操其權

바람과 꽃이 시원하고 아름다우며 눈과 달이 깨끗하고 맑음은 오직 고요함을 좋
아하는 사람만이 그 주인이 되고, 물과 나무의 무성함과 앙상함, 대나무와 돌의
자라나고 사라짐은 홀로 한가한 사람만이 그 소유권을 갖게 된다.

101

전 부 야 수 어 이 황 계 백 주 즉 흔 연 희 문 이 정 식 즉 부 지 어 이 온 포 단 갈
田夫野叟 語以黃鷄白酒 則欣然喜 問以鼎食 則不知 語以縕袍短褐
즉 유 연 락 문 이 곤 복 즉 불 식 기 천 전 고 기 욕 담 차 시 인 생 제 일 개 경 계
則油然樂 問以袞服 則不識 其天全 故其欲淡 此是人生第一個境界

시골 사람들은 닭이나 막걸리를 이야기하면 흔연히 기뻐하나 고급 요리를 말하
면 알지 못하고, 무명 두루마기와 베잠방이를 이야기하면 슬며시 좋아하나 고급
예복을 이야기하면 알지 못한다. 이것은 그 천성이 온전하기 때문이다. 그러므로
그 담백한 욕망이 인생의 제일가는 경계이다.

102

심 무 기 심 하 유 어 관? 석 씨 왈 관 심 자 중 증 기 장
心無其心 何有於觀? 釋氏曰「觀心」者 重增其障
물 본 일 물 물 본 일 물? 장 생 왈 제 물 자 자 부 기 동
物本一物 何待於齊? 莊生曰「齊物」者 自剖其同

마음에 망령된 생각이 없다면 어찌 그 마음을 볼 필요가 있겠는가? 석가가 말하
는 관심觀心:마음을 들여다본다는 뜻이란 마음에 자그마한 잡념도 없는 사람에게는 거듭
하여 그 장애만 더할 뿐이다. 만물은 본래 하나인데 어찌 고르게 할 필요가 있겠
는가? 장자가 말하는 만물을 고르게 한다는 것은 스스로 같은 것을 갈라놓는 일
이다.

103

생 가 정 농 처 변 자 불 의 장 왕 선 달 인 철 수 현 애
笙歌正濃處 便自拂衣長往 羨達人撒手懸崖
갱 누 이 잔 시 유 연 야 행 불 휴 소 속 사 침 신 고 해
更漏已殘時 猶然夜行不休 咲俗士沈身苦海

피리 소리와 노래 소리가 바야흐로 무르익었을 때, 문득 옷자락 떨치고 일어나서 나감은 마치 통달한 사람이 벼랑길에서 손을 젓고 걸어가는 것 같아서 부럽고, 시간이 이미 늦은 때에 오히려 쉬지 않고 밤길을 쏘다니는 것은 마치 속인 이 그 몸을 고해에 담그는 것과 같아서 우습다.

104

파 악 미 정 의 절 역 진 효   사 차 심 불 견 가 욕 이 불 란   이 징 오 정 체
把握未定 宜絶迹塵囂 使此心不見可欲而不亂 以澄吾靜體
조 지 기 견 우 당 혼 적 풍 진   사 차 심 견 가 욕 이 역 불 란   이 양 오 원 기
操持旣堅 又當混跡風塵 使此心見可欲而亦不亂 以養吾圓機

마음을 아직 꽉 잡지 못했거든 마땅히 시끄러운 속세에서 발길을 끊어 내 마음이 하고 싶은 것을 보지 못하도록 함으로써 마음을 어지럽히지 않도록 하고, 내 고요한 심성을 맑게 하라. 마음을 굳게 잡았거든 마땅히 속세로 뛰어들어 내 마음으로 하여금 하고 싶은 것을 보더라도 마음이 어지럽지 않도록 하여 내 활동을 원활하게 하라.

105

희 적 염 훤 자   왕 왕 피 인 이 구 정   부 지 의 재 무 인   변 성 아 상
喜寂厭喧者 往往避人以求靜 不知意在無人 便成我相
심 착 어 정   변 시 동 근   여 하 도 득 인 아 일 시   동 정 양 망 적 경 계?
心着於靜 便是動根 如何到得人我一視 動靜兩忘的境界?

고요함을 좋아하고 시끄러움을 싫어하는 사람은 흔히 사람을 피하여 고요함을 찾는데, 그 뜻이 사람 없음에 있다면 곧 자아에 사로잡힘이 되는 것이다. 마음이 고요함에만 집착한다면 이것이 바로 어지러움의 뿌리가 된다는 사실을 모르는 것이니, 어찌 남과 나를 하나로 보고 움직임과 고요함을 모두 잊는 경지에 도달하겠는가?

106

산 거   흉 차 청 쇄   촉 물 개 유 가 사   견 고 운 야 학   이 기 초 절 지 사   우 석 간 류 천
山居 胸次淸洒 觸物皆有佳思 見孤雲野鶴 而起超絶之思澡 遇石澗流泉
이 동 조 설 지 사   무 로 회 한 매   이 경 절 정 립   여 사 구 미 록   이 기 심 돈 망
而動澡雪之思 撫老檜寒梅 而勁節挺立 侶沙鷗麋鹿 而機心頓忘
약 일 주 입 진 환   무 론 물 불 상 관   즉 차 신 역 속 췌 류 의
若一走入塵寰 無論物不相關 卽此身亦屬贅流矣

산속에 살면 마음이 맑고 시원하여 대하는 것마다 모두 아름다운 생각이 든다. 외로운 구름과 들의 학을 보면 속세에서 초월한 생각이 들고, 돌 사이를 흐르는 샘물을 만나면 때묻은 마음을 씻어버리고 싶은 생각이 일어난다. 늙은 전나무 와 추위 속의 매화를 어루만지면 절개가 우뚝 서고, 모래밭 갈매기와 사슴들과 노닐면 번거로운 마음을 다 잊게 된다. 그러나 만일 한 번 속세로 뛰어들면 사물과 상관하지 않는다 해도 자기 몸은 무용지물이 되고 말 것이다.

107

興_흥逐_축時_시來_래 芳_방草_초中_중 撤_철履_리間_간行_행 野_야鳥_조 忘_망機_기時_시作_작伴_반
景_경與_여心_심會_회 落_낙花_화時_시 拔_피襟_금兀_올坐_좌 白_백雲_운 無_무語_어漫_만相_상留_류

흥취가 절로 일어 맨발로 향기 그윽한 풀숲을 거닐면 새도 겁내지 않고 날아와 벗이 되고, 경치가 마음에 맞아 옷깃을 헤치고 낙화 속에 우두커니 앉아 있으면 구름도 말없이 곁에 와서 머문다.

108

人_인生_생福_복境_경禍_화區_구 皆_개念_념想_상造_조成_성 故_고釋_석氏_씨云_운 「利_이欲_욕熾_치然_연 卽_즉是_시火_화坑_갱 貪_탐愛_애沈_침溺_닉 便_변爲_위苦_고海_해
一_일念_념清_청淨_정 烈_열焰_염成_성池_지 一_일念_념警_경覺_각 船_선登_등彼_피岸_안」 念_염頭_두稍_초異_이
境_경界_계頓_돈殊_수 可_가不_불愼_신哉_재?

인생의 복과 재앙은 모두 마음속에서 이루어진다. 그러므로 석가모니는 '욕심이 타오르면 그것이 곧 불구덩이요, 탐애貪愛에 빠지면 그것이 곧 고해苦海이다. 마음이 맑으면 불길도 연못이 되고, 마음을 깨닫게 되면 배는 피안에 닿는다'고 하였으니, 생각이 달라지면 이처럼 경계는 갑자기 변하게 된다. 그러니 가히 삼가지 않을 수 있겠는가?

109

승거목단 수적석천 학도자 수가역색
繩鋸木斷 水滴石穿 學道者 須加力索

수도거성 과숙체락 득도자 일임천기
水到渠成 瓜熟蒂落 得道者 一任天機

새끼로도 톱을 삼아서 오래 쓰면 나무를 자르고, 물방울도 오래 떨어지면 돌을 뚫는다. 도를 배우는 사람은 모름지기 힘써 찾기를 더해야 한다. 물이 모이면 도랑이 되고, 참외는 익으면 꼭지가 떨어지니 도를 얻으려는 사람은 하늘에 맡겨야 할 것이다.

110

기식시 변유월도풍래 불필고해인세
機息時 便有月到風來 不必苦海人世

심원처 자무차진마적 하수고질구산?
心遠處 自無車塵馬迹 何須痼疾丘山?

꾸미는 마음을 잠재우면 곧 마음속에 달이 뜨고 맑은 바람이 부니, 이 세상이 반드시 고해만은 아니다. 마음을 멀리 하면 수레소리와 말굽소리가 절로 없어지니, 어찌 산수만을 찾겠는가?

111

초목재영락 변로맹영어근저 시서수용한 종회양기어비회
草木纔零落 便露萌穎於根柢 時序雖凝寒 終回陽氣於飛灰

숙살지중 생생지의상위지주 즉시가이견천지지심
蕭殺之中 生生之意常爲之主 卽是可以見天地之心

풀과 나무는 시들어 떨어지면 문득 뿌리에서 새싹이 돋아나고, 계절은 비록 얼어붙는 추위가 닥쳐와도 마침내 동지가 되면 봄기운이 돌아온다. 만물을 죽이는 기운 가운데에서도 자라나게 하는 뜻이 항상 주인이 되어 있으니, 이것으로써 능히 천지의 뜻을 볼 수가 있다.

112

우여 관산색 경상변각신연 야정 청종성 음향우위청월
雨餘 觀山色 景象便覺新妍 夜靜 聽鐘聲 音響尤爲淸越

비가 갠 뒤에 산색山色을 보면 경치가 문득 새롭다고 느끼며, 고요한 밤에 종소리를 들으면 그 울림이 더욱 맑고 높은 법이다.

113

등고 사인심광 임류 사인의원 독서어우설지야
登高 使人心曠 臨流 使人意遠 讀書於雨雪之夜
사인신청 서소어구부지령 사인흥매
使人神淸 舒嘯於丘阜之嶺 使人興邁

높은 곳에 오르면 사람의 마음이 넓어지고, 흐름에 임하면 사람의 뜻이 멀리까지 이른다. 비나 눈이 오는 밤에 글을 읽으면 정신이 맑아지고, 언덕에 올라 휘파람을 불면 흥이 돋구어진다.

114

심광 즉만종여와부 심애 즉일발사차륜
心曠 則萬鍾如瓦缶 心隘 則一髮似車輪

마음이 넓으면 만종萬鍾이나 되는 엄청난 녹봉祿俸도 질항아리와 같고, 마음이 좁으면 터럭 하나라도 수레바퀴처럼 보인다.

115

무풍월화류 불성조화 무정욕기호 불성심체
無風月花柳 不成造化 無情欲嗜好 不成心體
지이아전물 불이물역아 즉기욕막비천기 즉시리경의
只以我轉物 不以物役我 則嗜欲莫非天機 卽是理境矣

바람과 달, 꽃과 나무가 없으면 천지의 조화를 이룰 수 없고, 정욕과 기호가 없으면 마음의 바탕도 이루어지지 않는다. 다만 나로써 만물을 부리고 만물로써 나를 부리지 않는다면 기호와 정욕도 하늘의 작용이 되고, 속세의 마음도 우주의 진리와 일치되는 경지에 이를 것이다.

116

취일신료일신자 방능이만물부만물 환천하어천하자 방능출세간어세간
就一身了一身者 方能以萬物付萬物 還天下於天下者 方能出世間於世間

자기 한 몸에 대하여 온전히 깨달은 사람은 능히 만물로써 만물에 맡길 수 있고, 천하를 천하에 돌리는 사람은 능히 속세에 있으면서도 속세에서 벗어날 수 있다.

117

인 생 태 한 즉 별 념 절 생 태 망 즉 진 성 불 현
人生太閒 則別念竊生 太忙 則眞性不現
고 사 군 자 불 가 불 포 신 심 지 우 역 불 가 불 탐 풍 월 지 취
故士君子不可不抱身心之憂 亦不可不耽風月之趣

사람이 너무 한가하면 다른 생각이 슬그머니 일어나고, 너무 바쁘면 참다운 마음의 본성이 나타나지 않는다. 그러므로 군자는 불가피하게 몸과 마음의 근심을 지녀야 하고, 또한 청풍명월의 취미를 갖지 않을 수 없는 것이다.

118

인 심 다 종 동 처 실 진 약 일 념 불 생 징 연 정 좌 운 흥 이 유 연 공 서 우 적 이 냉 연 구 청
人心多從動處失眞 若一念不生 澄然靜坐 雲興而悠然共逝 雨滴而冷然俱淸
조 제 이 흔 연 유 회 화 락 이 소 연 자 득 하 지 비 진 경 하 물 비 진 기?
鳥啼而欣然有會 花落而瀟然自得 何地非眞境 何物非眞機?

사람의 마음은 흔히 움직임에 따라서 본성을 잃어버리게 된다. 만약 아무 생각도 일어나지 않도록 맑게 하고 조용히 앉아 있으면 구름이 일어나면 유유히 함께 가고, 빗방울이 떨어지면 시원하게 함께 맑아지며, 새가 지저귀면 기쁜 느낌이 있고, 꽃이 지면 스스로 뚜렷한 깨달음이 있을 것이니, 어느 곳인들 참된 경지가 아니며, 어느 것인들 참된 작용이 아닐 것인가?

119

자 생 이 모 위 강 적 이 도 규 하 희 비 우 야?
子生而母危 鏹積而盜窺 何喜非憂也?
빈 가 이 절 용 병 가 이 보 신 하 우 비 희 야?
貧可以節用 病可以保身 何憂非喜也?
고 달 인 당 순 역 일 시 이 흔 척 양 망
故達人當順逆一視 而欣戚兩忘

자식이 태어나면 어미가 위태롭고 돈이 쌓이면 도둑이 엿보니, 어떤 기쁨인들 근심이 아니겠는가? 가난은 돈을 아껴 쓰게 하고 병은 몸을 보전하게 하니, 어떤 근

심인들 기쁨이 아니겠는가? 그러므로 통달한 사람은 순경과 역경을 똑같은 것으로 보고 기쁨과 근심을 모두 잊는다.

120

^{이 근 사 표 곡 투 향} ^{과 이 불 류} ^{즉 시 비 구 사}
耳根似颷谷投響 過而不留 則是非俱謝
^{심 경 여 월 지 침 색} ^{공 이 부 저} ^{즉 물 아 양 망}
心境如月池浸色 空而不著 則物我兩忘

귀는 마치 회오리바람이 골짜기에 소리를 울리게 하는 것과 같은 것이니, 그저 지나가게 하고 담아두지 않으면 시비도 함께 사라진다. 마음은 마치 연못에 달빛이 비치는 것과 같은 것이니 텅 비게 하고 잡아두지 않으면 사물과 나를 모두 잊게 된다.

121

^{세 인 위 영 리 전 박} ^{동 왈} ^{진 세 고 해} ^{부 지 운 백 산 청} ^{천 행 석 립}
世人爲榮利纏縛 動曰「塵世苦海」 不知雲白山青 川行石立
^{화 영 조 소} ^{곡 답 초 구} ^{세 역 불 진} ^{해 역 불 고} ^{피 자 진 고 기 심 이}
花迎鳥笑 谷答樵謳 世亦不塵 海亦不苦 彼自塵苦其心爾

세상 사람들은 영리를 위해 속박 당해 있으면서 걸핏하면 티끌 같은 세상이요 괴로운 바다라고 말하지만, 이것은 모두 구름이 희고 산이 푸르며, 냇물이 흐르고 바위가 서 있으며, 꽃이 피어 새를 반기고, 골짜기가 나무꾼의 노랫소리에 화답하는 줄을 모르기 때문이다. 세상은 티끌도 아니고 또한 괴로운 바다도 아닌데, 스스로 자기 마음을 그렇게 만들었을 뿐이다.

122

^{화 간 반 개} ^{주 음 미 훈} ^{차 중 대 유 가 취}
花看半開 酒飲微醺 此中大有佳趣
^{약 지 란 만 모 도} ^{변 성 악 경} ^{이 영 만 자} ^{의 사 지}
若至爛漫酕醄 便成惡境 履盈滿者 宜思之

꽃은 반쯤 피었을 때 보고, 적당히 취하도록 술을 마시면 그런 가운데 아름다운 흥취가 있는 것이다. 만약 꽃이 활짝 피고 술에 흠뻑 취하면 문득 재앙의 경지에 이르게 된다. 가득 찬 곳에 있는 사람은 마땅히 이것을 생각해야 한다.

123

산효불수세간관개 야금불수세간환양 기미개향이차열
山肴不受世間灌漑 野禽不受世間豢養 其味皆香而且冽
오인능불위세법소점염 기취미불형연별호?
吾人能不爲世法所點染 其臭味不迥然別乎?

산나물은 사람이 가꾸지 않아도 절로 자라고, 들새는 사람이 기르지 않아도 절로 자라지만 그 맛은 모두 향기롭고 또 맑다. 우리 사람들도 세상 법도에 물들지 않는다면 그 맛품위이 뛰어날 것이다.

124

재화종죽 완학관어 우요유단자득처 약도류연광경
栽花種竹 玩鶴觀魚 又要有段自得處 若徒留連光景
완농물화 역오유지구이 석씨지완공이이 하유가취?
玩弄物華 亦吾儒之口耳 釋氏之頑空而已 何有佳趣?

꽃을 가꾸고 대나무를 심으며 학을 즐기고 물고기를 바라볼지라도 그 가운데에서 깨닫는 바가 있어야 한다. 만약 한낱 그 광경에 빠져 겉모습만 희롱한다면 이는 역시 우리 유교에서 말하는 구이지학口耳之學이요, 불교에서 말하는 일체가 공空일뿐이니, 어찌 진리를 깨달았다고 할 수 있겠는가.

125

산림지사 청고이일취자요 농야지부 비략이천진혼구
山林之士 淸苦而逸趣自饒 農野之夫 鄙略而天眞渾具
약일실신시정장인회 불약전사구학 신골유청
若一失身市井駔儈會 不若轉死溝壑 神骨猶淸

산림에 묻혀 사는 선비는 청빈하게 살아도 마음은 항상 맑고 취미가 고상하다. 농사짓는 시골 사람도 비록 무식하나 꾸밀 줄 모르고 천진난만함을 그대로 지녔다. 그런데 만약 이들이 시장판에서 장사나 거간 노릇을 해 먹고 사는 인간들과 한 무리가 된다면 차라리 산골에 묻혀 살다 이름 없이 죽어 몸과 마음을 깨끗이 지니는 것만 못하다.

126

비분지복 무고지획 비조물지조이 즉인세지기정
非分之福 無故之獲 非造物之釣餌 卽人世之機阱
차처 저안불고 선불타피술중의
此處 著眼不高 鮮不墮彼術中矣

분수에 맞지 않는 복과 까닭 없이 얻게 되는 것은 조물주의 낚시 미끼 아니면 세상 사람들이 파놓은 함정이다. 그러니 이런 경우에는 눈을 높이 들지 않으면 그 꾐에 빠지지 않을 자가 없을 것이다.

127

인생원시일괴뢰 지요근체재수 일사불란 권서자유
人生原是一傀儡 只要根蔕在手 一絲不亂 卷舒自由
행지재아 일호불수타인제철 변초출차장중의
行止在我 一毫不受他人提掇 便超出此場中矣

인생은 원래 하나의 꼭두각시놀음이니 오직 그 밑뿌리를 손에 쥐고 있어야 한다. 한 가닥의 줄도 헝클어짐이 없어야 감고 풀음이 자유롭고, 나아가고 멈춤이 내게 있어서 털끝만큼도 남의 간섭을 받지 말아야 문득 이 놀이마당에서 벗어날 수 있다.

128

일사기 즉일해생 고천하상이무사위복
一事起 則一害生 故天下常以無事爲福
독전인시운 권군막화봉후사 일장공성만골고
讀前人詩云「勸君莫話封侯事 一將功成萬骨枯」
우운 천하상영만사평 궤중불석천년사
又云「天下常令萬事平 匣中不惜千年死」
수유웅심맹기 불각화위빙산의
雖有雄心猛氣, 不覺化爲氷霰矣

한 가지 기쁜 일이 생기면 또한 해로운 일도 생기니, 천하는 항상 일이 없는 것을 복으로 여긴다. 옛사람의 시에 이르기를 '그대에게 권하노니 제후諸侯에 봉하는 일을 말하지 말라. 한 장수가 공을 이루는 데는 1만 병사의 뼈가 마른다'고 하였다. 또 이르되 '천하가 항상 무사 태평하다면 칼이 칼집 속에서 천년을 썩어도 아깝지 않다'고 하였으니 비록 영웅의 용맹스러움이 있을지라도 모르는 사이에 녹아버릴 것이다.

129

음분지부 교이위니 열중지인 격이입도 청정지문 상위음사연수야여차
淫奔之婦 矯而爲尼 熱中之人 激而入道 淸淨之門 常爲婬邪淵藪也如此

음란하던 여인이 극단에는 비구니가 되고, 일에 열중하던 사람이 실패하면 격해져
서 중이 되기도 하니, 맑고 깨끗해야 할 절이 항상 음사陰邪의 소굴이 되는 것이다.

130

파랑겸천 주중부지구 이주외자한심 창광매좌 석상부지경
波浪兼天 舟中不知懼 而舟外者寒心 猖狂罵坐 席上不知警
이석외자사설 고군자 신수재사중 심요초사외야
而席外者咋舌 故君子 身雖在事中 心要超事外也

물결이 하늘에 닿으면 배 안에서는 두려움을 모르지만 배 밖의 사람은 마음을 졸
이고, 미치광이가 좌중에서 외쳐대면 함께 있는 사람은 경계하지 않지만 함께 있
지 않은 사람은 혀를 찬다. 그러므로 군자는 비록 봄은 일 안에 있을지라도 마음
은 반드시 일 밖에 있어야 한다.

131

인생감생이분 변초탈일분 여교유감 변면분요 언어감 변과건우
人生減省一分 便超脫一分 如交遊減 便免紛擾 言語減 便寡愆尤
사려감 즉정신불모 총명감 즉혼돈가완 피불구일감이구일증자
思慮減 則精神不耗 聰明減 則混沌可完 彼不求日減而求日增者
진질곡차생재
眞桎梏此生哉

사람의 한평생은 무슨 일이고 한 푼을 덜어내면 곧 한 푼을 벗어나는 것이다. 만약
교류를 줄이면 시끄러움을 면하고, 말을 줄이면 허물이 적어지며, 생각을 줄이면 정
신이 소모되지 않고, 총명함을 덜면 본성을 보전할 수 있다. 날로 덜어내는 데 열중
하지 않고, 날로 더하는 데만 열중하는 자는 스스로 자기 인생을 속박하는 것이다.

132

천운지한서이피 인생지염량난제 인생지염량이제 오심지빙탄난거
天運之寒暑易避 人生之炎涼難除 人生之炎涼易除 吾心之氷炭難去
거득차중지빙탄 즉만강개화기 자수지유춘풍의
去得此中之氷炭 則萬腔皆和氣 自隨地有春風矣

351

천지天地 운행運行의 추위와 더위는 피하기 쉽지만, 인간 세상의 더위와 추위는 제어하기 어렵고, 인간 세상의 더위와 추위는 제어하기 쉽다 해도 내 마음의 얼음과 숯불은 버리기 어렵다. 만일 내 마음속의 변덕을 버릴 수만 있다면, 가슴 가득히 화기가 넘쳐 가는 곳마다 절로 봄바람이 있을 것이다.

133

차불구정 이호역부조 주불구렬 이준역불공 소금무현
茶不求精 而壺亦不燥 酒不求洌 而樽亦不空 素琴無絃
이상조 단적무강 이자적 종난초월희황 역가필주계원
而常調 短笛無腔 而自適 終難超越羲皇 亦可匹儔稽阮

차를 굳이 좋은 것만 찾지 않는다면 차 주전자가 마르지 않을 것이고, 술도 맛 좋은 것만 찾지 않는다면 술통이 비지 않을 것이다. 장식을 안한 거문고는 줄이 없어도 언제나 고른 소리가 나고, 단소는 구멍이 없어도 스스로 즐겁다. 비록 중국 고대황제인 복희씨만은 못하더라도 죽림칠현에 필적할 수는 있을 것이다.

134

석씨수연 오유소위사자 시도해적부낭 개세로망망
釋氏隨緣 吾儒素位四字 是渡海的浮囊 蓋世路莽莽

불교에서 말하는 수연隨緣 : 인연을 따름과 유교에서 말하는 소위素位 : 본분을 지킴, 이 네 글자는 곧 바다를 건너는 부낭浮囊 : 헤엄칠 때 부력을 돕기 위하여 쓰는 기구이다. 대개 세상살이란 아득하게 먼지라 오로지 한 생각이 완전하기를 구한다면 만 갈래 마음의 실마리가 어지럽게 일어나는 법이다. 그러므로 인연에 따라 편하게 살면 이르는 곳마다 얻지 못하는 것이 없을 것이다.